張文治編

國學治要

第四編

理學治要

中華書局印行

理學治要卷一 序

理學七家

理學一名道學本古諸子儒家者流其名之成立始於元人修宋史而作道學傳以敍周張程朱諸子之行事其學之實質大抵以返觀切己修身濟世爲要而其理氣心性之說則所以窮極其爲學之容量與深微之故其所著述校以古諸子之立說與漢人之注經固有區別而推本於孔孟所傳則彼諸儒之先後闡明者亦不爲少是以本編繼諸子治要之後而復有此理學七家之選俾四庫內部之書源流略備而便於互考也大要此七家者莫非一代之英造就深博確具心得雖各家於爲學入門之功夫或不免時持異論儼若抗衡然百慮一致殊途同歸例之周秦諸子其宗本不同者今尚不能偏廢況均是爲孔孟之學者乎獨怪其後之末學口耳剽竊第知拘守門戶標榜詬爭終之墮其師說見病於世故嘗略考其本末以謂理學之盛莫盛於宋明之時其衰也則在有淸樸學代興之際馴至今日功利物質之說尤深入人心而其學幾乎息矣雖然盛衰無常人實參天如於其盛也性循向之末學所爲呼和取鬧則卽其學之所以衰也於其衰也苟能發憤自建研深究博又未嘗不可爲其復盛之基焉噫好學之士觀此七家之言略其門戶之私而察其盛衰之本亦將有

理學治要卷一目錄

理學七家

周敦頤太極圖說　通書誠上第一　誠下第二　誠幾德第三　聖第四　慎動第五

道第六　師第七　幸第八　思第九　志學第十　順化第十一　治第十二　禮樂

第十三　務實第十四　受敬第十五　動靜第十六　樂上第十七　樂中第十八

樂下第十九　聖學第二十　公明第二十一　理性命第二十二　顏子第二十三

師友上第二十四　師友下第二十五　過第二十六　勢第二十七　文辭第二十八

聖蘊第二十九　精蘊第三十　乾損益動第三十一　家人睽復无妄第三十二　孔子

富貴第三十三　陋第三十四　擬議第三十五　刑第三十六　公第三十七　孔子

上第三十八　孔子下第三十九　蒙艮第四十

張載西銘　東銘　正蒙節　理窟十五則說各一則附論語說詩　語錄十一則

程顥答橫渠張子厚先生書　論王霸之辨疏　請修學校尊師儒取士箚子　語錄三十

五則

程頤顏子所好何學論　禮序　答朱長文書　答楊時論西銘書　明道先生墓表　四

朱熹　觀心說　仁說　與魏應仲書　答吳叔晦書　答呂伯恭書　答林謙之書　答胡

廣仲書二首　記答胡廣仲論性稿後　答吳斗南書　周子太極通書後序　程氏遺

書後序　讀唐志　福州州學經史閣記　白鹿洞書院揭示　六先生像贊　書畫象

自儆　語錄五十二則

陸九淵　論語語說　天地之性人爲貴論　白鹿洞書院講義　荊門軍講義　與賀宅之書

與劉深甫書　又與劉淳叟書　與傅聖謨書　與邵中孚書　與趙詠道書　與李

宰書　與陶贊仲書　贈二趙書　經德堂記　武陵縣學記　語錄二

十七則

王守仁　大學問　答顧東橋書　答羅整庵少宰書　教條示龍場諸生立志 勸學

改過 責善

弟立志說　論泰和楊茂　客坐私祝　書顧維賢卷　稽山書院尊經閣記　傳習錄

十二則

理學治要卷二 序

宋元以來各家論學名著

此類之立其說與諸子編之爲諸子論學名著類同惟彼上溯隋唐以往此則下窮宋元以來而其選輯之難易亦有不同者耳何以言之蓋宋元以來之著述辭義明顯篇章完整語錄則失之繁碎。其依託竄亂之事皆不多見但作者則百倍古昔卷帙繁蕪醇駁雜出故網羅難周論定需時此其難易之辨也今之所錄於易者固不敢忽於難者當更加盡心用是詳考各集不主一家都計選存若干篇其大要有推衍理學之緒餘者有立論切實或卓越不專以理學爲名而亦不外於前七家者又有自成家派特與理學諸儒相抗而其著述確有心得者有其人雖不以講學名家而評論諸家之得失談言微中深入肯綮者凡此等類以篇數並少不復細分子目而壹以時代爲次惟宋元明學案序錄等篇因其以書爲主其文於近代儒林之宗派及學說之異同略具梗概故取附卷末俾學者循源討流與前所錄各家之說同觀而互證焉

理學治要卷二目錄

宋元以來各家論學名著

邵雍擊壞集詩四十八首

司馬光答劉蒙書　訓儉示康

呂大鈞呂氏鄉約

李侗謂羅從彥書

胡宏知言節錄附朱熹疑義

張栻孟子講義序

張九韶居家正本上篇　居家正本下篇　居家制用上篇　居家制用下篇

陳亮與朱元晦祕書書

程端蒙董銖學則

眞德秀大學衍義序

程端禮集慶路江東書院講義

吳澄尊德性道問學齋記

方孝孺求古齋記　家人箴十五首並序

薛瑄讀書錄三十七則

羅欽順與王陽明書　又與王陽明書

胡直六錮節錄

呂坤好人歌　爲善記

黃宗羲原君　原臣　原法

顧炎武與友人論學書

張爾岐辨志　答顧寧人書

陸世儀論讀書

張履祥與何商隱書

朱用純治家格言

王夫之俟解七則

湯斌理學宗傳序　答陸稼書書

陸隴其學術辨上　學術辨中　學術辨下

顏元明親

李塨與許酉山先生書　上顔習齋先生書

方苞原人上　原人下　李剛主墓志銘

李紱原教　原學上　原學下

劉大櫆息爭附錄朱琦辨學中

袁枚代潘學士答雷翠庭祭酒書

戴震答問性　答問理欲之辨　答問關宋儒之言字義疏證以上孟子字義疏證

陸燿復戴東原書

洪榜上朱笥河書

宋史道學傳序

宋元儒學案序錄宋元學案

明儒學案序錄明儒學案

理學七家

周敦頤

周敦頤　湖南營道人字茂叔嘗為桂陽令徙知南昌皆有治績熙寧時為轉運判官以疾求知南康軍因家廬山蓮花峯下所居曰濂溪世稱濂溪先生黃庭堅稱其人品甚高胸懷灑落如光風霽月程顥程頤兄弟皆從受業敦頤每令尋孔顏樂處所樂何事故顥之言曰自再見周茂叔後吟風弄月以歸有吾與點也之意候師聖學於程頤訪敦頤敦頤曰吾老矣不可不詳留對楊彥談越三日乃還頤驚異之曰非從周茂叔來耶其善開發人類此著太極圖說通書推論陰陽五行之理以見道體本源其文簡質為性理學最早最精之作朱熹以之比論語蓋宋之道學實以敦頤為開祖焉卒年五十七謚元公傳其學者謂之濂學

太極圖說

無極而太極太極動而生陽動極而靜靜而生陰靜極復動一動一靜互為其根分陰分陽兩儀立焉陽變陰合而生水火木金土五氣順布四時行焉五行一陰陽也陰陽一太極也太極本無極也五行之生也各一其性無極之真二五之精妙合而凝乾道成男坤道成女二氣交感化生萬物萬物生生而變化無窮焉惟人也得其秀而最靈形既生矣神發知矣五性感動而善惡分萬事出矣聖人定之以中正仁義而主靜立人極焉故聖人與天地合

其德日月合其明四時合其序鬼神合其吉凶君子修之吉小人悖之凶故曰立天之道曰

陰與陽立地之道曰柔與剛立人之道曰仁與義又曰原始反終故知死生之說大哉易也

斯其至矣。

通書

誠上第一

誠者聖人之本大哉乾元萬物資始誠之源也乾道變化各正性命誠斯立焉純粹至善者

也故曰一陰一陽之謂道繼之者善也成之者性也元亨誠之通利貞誠之復大哉易也性

命之源乎

誠下第二

聖誠而已矣誠五常之本百行之源也靜無而動有至正而明達也五常百行非誠非也邪

暗塞也故誠則無事矣至易而行難果而確無難焉故曰一日克己復禮天下歸仁焉

誠幾德第三

誠無為幾善惡德愛曰仁宜曰義理曰禮通曰智守曰信性焉安焉之謂聖復焉執焉之謂

賢發微不可見充周不可窮之謂神

聖第四

寂然不動者誠也感而遂通者神也動而未形有無之間者幾也誠精故明神應故妙幾微

故幽誠神幾曰聖人。

慎動第五

動而正曰道用而和曰德匪仁匪義匪禮匪智匪信悉邪也邪動辱也甚焉害也故君子慎

動。

道第六

聖人之道仁義中正而已矣守之貴行之利廓之配天地豈不易簡豈為難知不守不行不

廓耳。

師第七

或問曰曷為天下善曰師曰何謂也曰性者剛柔善惡中而已矣不達曰剛善為義為直為

斷為嚴毅為幹固惡為猛為隘為彊梁柔善為慈為順為巽惡為懦弱為無斷為邪佞惟中

也者和也中節也天下之達道也聖人之事也故聖人立教俾人自易其惡自至其中而止

矣故先覺覺後覺闇者求於明而師道立矣師道立則善人多善人多則朝廷正而天下治

矣。

幸第八

人之生不幸不聞過大不幸無恥必有恥則可教聞過則可賢

思第九

洪範曰思曰睿睿作聖無思本也思通用也幾動於彼誠動於此無思而無不通為聖人不思則不能通微不睿則不能無不通是則無不通生於通微通微生於思故思者聖功之本而吉凶之機也易曰君子見幾而作不俟終日又曰知幾其神乎

志學第十

聖希天賢希聖士希賢伊尹顏淵大賢也伊尹恥其君不為堯舜一夫不得其所若撻於市顏淵不遷怒不貳過三月不違仁志伊尹之所志學顏子之所學過則聖及則賢不及則亦不失於令名

順化第十一

天以陽生萬物以陰成萬物生仁也成義也故聖人在上以仁育萬物以義正萬民天道行而萬物順聖德修而萬民化大順大化不見其迹莫知其然之謂神故天下之眾本在一人道豈遠乎哉術豈多乎哉

治第十二

十室之邑人人提耳而誨且不及況天下之廣兆民之眾哉曰純其心而已矣仁義禮智四

四

著。動靜言貌視聽無違之謂純。心純則賢才輔。賢才輔則天下治。純心要矣。用賢急焉。

禮樂第十三

禮理也。樂和也。陰陽理而後和。君君臣臣父父子子兄弟弟夫夫婦婦萬物各得其理。然後和。故禮先而樂後。

務實第十四

實勝善也名勝恥也。故君子進德修業。孳孳不息。務實勝也。德業有未著則恐恐然畏人知遠恥也。小人則偽而已。故君子日休。小人日憂。

愛敬第十五

有善不及曰不及則學焉。問曰有不善則告之不善。且勸曰庶幾有改乎。斯為君子。有善一不善二則學其一而勸其二。有語曰斯人有是之不善。非大惡也則曰孰無過焉。知其不能改。改則為君子矣。不改為惡惡者天惡之。彼豈無畏耶。烏知其不能改。故君子悉有眾善無弗愛且敬焉。

動靜第十六

動而無靜靜而無動物也。動而無動靜而無靜神也。動而無動靜而無靜非不動不靜也。物則不通神妙萬物。水陰根陽火陽根陰五行陰陽陰陽太極四時運行萬物終始混兮闢兮其無窮兮。

樂上第十七

古者聖王制禮法修敎化三綱正九疇敘百姓太和萬物咸若乃作樂以宣八風之氣以平天下之情故樂聲淡而不傷和而不淫入其耳感其心莫不淡且和焉淡則欲心平和則躁心釋優柔平中德之盛也天下化中治之至也是謂道配天地古之極也後世禮法不修政刑苛繁縱使敗度下民困苦謂古樂不足聽也代變新聲妖淫愁怨導欲增悲不能自止故有賊君棄父輕生敗倫不可禁者矣嗚呼樂者古以平心今以助欲古以宣化今以長怨不復古禮不變今樂而欲至治者遠矣。

樂中第十八

樂者本乎政也政善民安則天下之心和故聖人作樂以宣暢其和心達於天地天地之氣感而太和焉天地和則萬物順故神祇格鳥獸馴。

樂下第十九

樂聲淡則聽心平樂辭善則歌者慕故風移而俗易矣妖聲豔辭之化也亦然。

聖學第二十

聖可學乎曰可曰有要乎曰有請聞焉曰一爲要一者無欲也無欲則靜虛動直靜虛則明。

明則通，動直則公，公則溥。明通公溥，庶矣乎。

公明第二十一

公於己者公於人，未有不公於己而能公於人也。明不至則疑生，明無疑也。謂能疑為明，何啻千里。

理性命第二十二

厥彰厥微，匪靈弗瑩。剛善剛惡，柔亦如之，中焉止矣。二氣五行，化生萬物。五殊二實，二本則一。是萬為一，一實萬分。萬一各正，小大有定。

顏子第二十三

顏子一簞食，一瓢飲，在陋巷，人不堪其憂，而不改其樂。夫富貴，人所愛也。顏子不愛不求，而樂乎貧者，獨何心哉。天地間有至貴至愛可求，而異乎彼者，見其大而忘其小焉爾。見其大則心泰，心泰則無不足，無不足則富貴貧賤處之一也。處之一則能化而齊，故顏子亞聖。

師友上第二十四

天地間，至尊者道，至貴者德而已矣。至難得者人，人而至難得者，道德有於身而已矣。求人至難得者有於身，非師友則不可得也已。

師友下第二十五

道義者身有之則貴且尊人生而蒙長無師友則愚是道義由師友有之而得貴且尊其義
不亦重乎其聚不亦樂乎

過第二十六

仲由喜聞過令名無窮焉今人有過不喜人規如護疾而忌醫寧滅其身而無悟也噫。

勢第二十七

天下勢而已矣勢輕重也極重不可反識其重而亟反之可也反之力也識不早力不易也
力而不競天也不識不力人也天乎人也何尤。

文辭第二十八

文所以載道也輪轅飾而人弗庸徒飾也況虛車乎文辭藝也道德實也篤其實而藝者書
之美則愛愛則傳焉賢者得以學而至之是為教故曰言之無文行之不遠然不賢者雖父
兄臨之師保勉之不學也強之不從也不知務道德而第以文辭為能者藝焉而已矣弊也
久矣。

聖蘊第二十九

不憤不啟不悱不發舉一隅不以三隅反則不復也子曰予欲無言天何言哉四時行焉百
物生焉然則聖人之蘊微顏子殆不可見發聖人之蘊教萬世無窮者顏子也聖同天不亦

深乎。常人有一聞知恐人不速知其有也急人知而名也薄亦甚矣。

精蘊第三十

聖人之精畫卦以示聖人之蘊因卦以發卦不畫聖人之精不可得而見微卦聖人之蘊殆不可悉得而聞易何止五經之源其天地鬼神之奧乎

乾損益動第三十一

君子乾乾不息於誠然必懲忿窒慾遷善改過而後至乾之用其善是損益之大莫是過聖人之旨深哉吉凶悔吝生乎動噫吉一而已動可不慎乎

家人暌復无妄第三十二

治天下有本身之謂也治天下有則家之謂也本必端端本誠心而已矣則必善善則和親而已矣家難而天下疏也家人離必起於婦人故暌次家人以二女同居而志不同行也堯所以釐降二女于嬀汭舜可禪乎吾茲試矣是治天下觀於家治家觀身而已矣身端心誠之謂也誠心復其不善之動而已矣不善之動妄也妄復則无妄矣无妄則誠矣故无妄次復而曰先王以茂對時育萬物深哉。

富貴第三十三

君子以道充為貴身安為富故常泰無不足而銖視軒冕塵視金玉其重無加焉耳。

陋第三十四

聖人之道入乎耳存乎心蘊之為德行行之為事業彼以文辭而已者陋矣

擬議第三十五

至誠則動動則變變則化故曰擬之而後言議之而後動擬議以成其變化

刑第三十六

天以春生萬物止之以秋物之生也既成矣不止則過焉故得秋以成聖人之法天以政養萬民蕭之以刑民之盛也欲動情勝利害相攻不止則賊滅無倫焉故得刑以治情偽微曖其變千狀苟非中正明達果斷者不能治也訟卦曰利見大人以剛得中也噬嗑曰利用獄以動而明也嗚呼天下之廣主刑者民之司命也任用可不慎乎

公第三十七

聖人之道至公而已矣或曰何謂也曰天地至公而已矣

孔子上第三十八

春秋正王道明大法也孔子為後世王者而修也亂臣賊子誅死者於前所以懼生者於後也宜乎萬世無窮王祀夫子報德報功之無盡焉

孔子下第三十九

道德高厚教化無窮實與天地參而四時同其惟孔子乎。

蒙艮第四十

童蒙求我我正果行如筮焉筮叩神也再三則瀆矣瀆則不告也山下出泉靜而清也汩則亂亂不決也愼哉其惟時中乎艮其背背非見也靜則止止非為也為不止矣其道也深乎。

理學七家

張載　陝西郿縣橫渠鎮人字子厚少喜談兵以書謁范仲淹仲淹勸讀中庸載猶以為未通又訪諸釋老反而求之六經嘗坐虎皮講易京師程顥兄弟與論易次日撤坐輟講與二程語道學之要渙然自失盡棄異學熙寧初為崇文院校書郎移疾屏居南山下終日危坐一室俯讀仰思有得則志之或中夜起燭以書敝衣蔬食與諸生講學每告以知禮成性之道學必如聖人而後已著書號正蒙又作東銘西銘及易說程頤嘗稱其西銘理一分殊擴前聖所未發與孟子性善養氣之論同功卒年五十八諡明公後定諡獻傳其學者號曰關學

西銘

乾稱父坤稱母予茲藐焉乃混然中處故天地之塞吾其體天地之帥吾其性民吾同胞物吾與也大君者吾父母宗子其大臣宗子之家相也尊高年所以長其長慈孤弱所以幼其幼聖其合德賢其秀也凡天下疲癃殘疾惸獨鰥寡皆吾兄弟之顛連而無告者也于時保之子之翼也樂且不憂純乎孝者也違德曰悖害仁曰賊惡者不才其踐形惟肖者也知化則善述其事窮神則善繼其志不愧屋漏為無忝存心養性為匪懈惡旨酒崇伯子之顧養育英才穎封人之錫類不施勞而底豫舜其功也無所逃而待烹申生其恭也體其受而

歸全者參乎勇於從而順令者伯奇也富貴福澤將厚吾之生也貧賤憂戚庸玉女於成也

存吾順事沒吾寧也

東銘

戲言出於思也戲動作於謀也發乎聲見乎四支謂非己心不明也欲人無己疑不能也過

言非心也過動非誠也失於聲繆迷其四體謂己當然自誣也欲他人己從誣人也或者以

出於心者歸咎為己戲失於思者自誣為己誠不知戒其出汝者歸咎其不出汝者長傲且

遂非不知孰甚焉。

正蒙節錄

太和所謂道中涵浮沈升降動靜相感之性是生絪蘊相盪勝負屈伸之始其來也幾微易

簡其究也廣大堅固起知於易者乾乎效法於簡者坤乎散殊而可象為氣清通而不可象

為神不如野馬絪蘊不足謂之太和語道者知此謂之知道學易見此者謂之見易不如是

雖周公才美其智不足稱也已

太虛無形氣之本體其聚其散變化之客形爾至靜無感性之淵源有識有知物交之客感

爾客感客形與無感無形惟盡性者一之

天地之氣雖聚散攻取百塗然其為理也順而不妄氣之為物散入無形適得吾體聚為有

象不失無常太虛不能無氣氣不能不聚而爲萬物萬物不能不散而爲太虛循是出入是
皆不得已而然也然則聖人盡道其間兼體而不累者存神其至矣彼語寂滅者往而不反
徇生執有者物而不化二者雖有間矣以言乎失道則均焉
氣𡨚然太虛升降飛揚未嘗止息易所謂絪緼莊生所謂生物以息相吹野馬者與此虛實
動靜之機陰陽剛柔之始浮而上者陽之清降而下者陰之濁其感遇聚散爲風雨爲雪霜
萬品之流形山川之融結糟粕煨燼無非敎也
氣聚則離明得施而有形氣不聚則離明不得施而無形方其聚也安得不謂之客方其散
也安得遽謂之無故聖人仰觀俯察但云知幽明之故不云知有無之故盈天地之間者法
象而已文理之察非離不相覩也方其形也有以知幽之因方其不形也有以知明之故
氣之聚散於太虛猶冰凝釋於水知太虛卽氣則無無故聖人語性與天道之極盡於參伍
之神變易而已諸子淺妄有有無之分非窮理之學也
由太虛有天之名由氣化有道之名合虛與氣有性之名合性與知覺有心之名
鬼神者二氣之良能也聖者至誠得天之謂神者太虛妙應之目凡天地法象皆神化之糟
粕爾
氣本之虛則湛本無形感而生則聚而有象有象斯有對對必反其爲有反斯有仇仇必和

而解。故愛惡之情同出於太虛而卒歸於物欲候而生忽而成不容有毫髮之間其神矣夫

以上太
和篇

一物兩體氣也一故神。兩在故不測、兩故化。推行於二、此天之所以參也。

陰陽之精互藏其宅則各得其所安故日月之形萬古不變若陰陽之氣則循環迭至聚散

相盪升降相求絪縕相揉蓋相兼相制欲一之而不能此其所以屈伸無方運行不息莫或

使之不曰性命之理謂之何哉
以上參兩篇

天道四時行百物生無非至教聖人之動無非至德夫何言哉

天之不測謂神神而有常謂天道
以上天
道篇

神天德化天道德其體道其用一於氣而已。

大可為也大而化。不可為也在熟而已易謂窮神知化乃德盛仁熟之致非智力能強也

精義入神事豫吾內求利吾外也利用安身素利吾外致養吾內也窮神知化乃養盛自致

非思勉之能強故崇德而外君子未或致知也

知神而後能饗帝饗親見易而後能知神是故不聞性與天道而能制禮作樂者末矣

無我然後得正己之盡存神然後妙應物之感化
以上神
化篇

誠明所知乃天德良知非聞見小知而已。

一六

義命合一存乎理。仁知合一存乎聖。動靜合一存乎神。陰陽合一存乎道。性與天道合一存乎誠。

天所以長久不已之道乃所謂誠。仁人孝子所以事天誠身不過不已於仁孝而已。故君子誠之為貴。

自明誠由窮理而盡性也。自誠明由盡性而窮理也。

性者萬物之一源。非有我之得私也。惟大人為能盡其道。是故立必俱立。知必周知。愛必兼愛成不獨成。彼自蔽塞而不知順吾理者。則亦未如之何矣。

天所性者通極於道氣之昏明不足以蔽之天所命者通極於性遇之吉凶不足以戕之不免乎蔽之戕之者未之學也性通乎氣之外命行乎氣之內氣無內外假有形而言爾故思知人不可不知天盡其性然後能至於命

湛一氣之本攻取氣之欲口腹於飲食鼻舌於臭味皆攻取之性也知德者屬厭而已不以嗜欲累其心不以小害大末喪本焉爾

心能盡性人能弘道也性不知檢其心非道弘人也

盡其性能盡人物之性至於命者亦能至人物之命莫不性諸道命諸天我體物未嘗遺物體我知其不遺也至於命然後能成己成物不失其道

形而後有氣質之性反之則天地之性存焉故氣質之性君子有弗性者焉。

德不勝氣性命於氣德勝其氣性命於德窮理盡性則天德命天理。

纖惡必除善斯成性矣察惡未盡善雖善必粗矣莫非天也陽明勝則德性用陰濁勝則物欲

行領惡而全好者其必由學乎

生直理順則吉凶莫非正也不直其生者非幸福於回則免難於苟也明篇

大其心則能體天下之物物有未體則心為有外世人之心止於聞見之狹聖人盡性不以

見聞梏其心其視天下無一物非我孟子謂盡心則知性知天以此天大無外故有外之心。

不足以合天心。

釋氏不知天命而以心法起滅天地以小緣大以末緣本其不能窮而謂之幻妄真所謂疑

冰者與心篇　以上大

可欲之謂善志仁則無惡也誠善於心之謂信充內形外之謂美塞乎天地之謂大大能成

性之謂聖天地同流陰陽不測之謂神

知德以大中為極可謂知至矣擇中庸而固執之乃至之之漸也惟知學然後能勉能勉然

後日進而不息可期矣

極其大而後中可求止其中而後大可有。

不尊德性則學問從而不道不致廣大則精微無所立其誠不極高明則擇乎中庸失時措

之宜矣

意有思也必有待也固不化也我有方也四者有一焉則與天地為不相似

將窮理而不顧理將精義而不徙義欲資深且習察吾不知其知也

溫故知新多識前言往行以畜德繹舊業而知新益思昔未至而今至緣舊所見聞而察來

皆其義也

責己者當知天下國家無皆非之理故學至於不尤人學之至也

學者四失為人則失多好高則失寡不察則易苦難則止

學者捨禮義則飽食終日無所猷為與下民一致所事不踰衣食之間燕游之樂爾

儒者窮理故率性可以謂之道浮屠不知窮理而自謂之性故其說不可推而行以上正篇

至當之謂德百順之謂福德者福之基福者德之致無入而非百順故君子樂得其道以上中

正己而不求於人不願乎外之盛者與

必物之同者己則異矣必物之是者己則非矣大人者有容物無去物有愛物無徇物天之

道然天以直養萬物代天而理物者曲成而不害其直斯盡道矣

志大則才大事業大故日可大又曰富有志久則氣久德性久故日可久又曰日新以上當篇至

困而不知變民斯爲下矣不待困而喻賢者之常也困之進人也爲德辨爲感速孟子謂人

有德慧術知者存乎疢疾以此自古困於內無如舜困於外無如孔子以孔子之聖而下學

於困則其蒙難正志聖德日躋必有人所不及知而天獨知之者矣故曰莫我知也夫知我

者其天乎

顏淵從師進德於孔子之門孟子命世修業於戰國之際此所以潛見之不同十篇（以上十三篇）

行修言道則當爲人取不務徇物强施以引取乎人故往敎妄說皆取人之弊也

言有敎動有法盡有爲宵有得息有養瞬有存困辱非憂取困辱爲憂榮利非樂忘榮利爲

樂○以上有樂德篇

大易不言有無言有無諸子之陋也

易爲君子謀不爲小人謀故撰德於卦雖爻有小大及繫辭其爻必諭之以君子之義

一物而兩體其太極之謂與陰陽天道象之成也剛柔地道法之效也仁義人道性之立也

三才兩之莫不有乾坤之道陰陽剛柔仁義之本立而後知趨時應變故乾坤毀則无以見

易○以上大易篇

開物於幾先故知來明患而弭其故故曰藏往極數知來前知也前知其變有道術以通

之君子所以措於民者遠矣○易篇

至誠天性也不息天命也人能至誠則性盡而神可窮矣不息則命行而化可知矣學未至

知化非真得也

浮屠明鬼謂有識之死受生循環逐厭苦求免以人生為妄可謂知鬼乎以人生天人

一物輒生取舍可謂知天乎孔孟所謂天彼所謂道惑者指游魂為變為輪迴未之思也大

學當先知天德知天德則知聖人知鬼神今浮屠極論要歸必謂死生轉流非得道不免謂

之悟道可乎自其說熾傳中國儒者未容窺聖學門牆已為引取淪胥其間指為大道其俗

達之天下致善惡智愚男女臧獲人人著信使英才間氣生則溺耳目恬習之事長則師世

儒宗尚之言遂冥然被驅因謂聖人可不修而至大道可不學而知故未識聖人心已謂不

必求其迹未見君子志已謂不必事其文此人倫所以不察庶物所以不明治所以忽德所

以亂異言滿耳上無禮以防其偽下無學以稽其弊自古誂淫邪遁之詞翕然並興一出於

佛氏之門者千五百年自非獨立不懼精一自信有大過人之才何以正立其間與之較是

非計得失

理窟十五則 附論語說詩說各一則

將修己必先厚重以自持厚重知學德乃進而不固矣忠信進德惟尚友而急賢欲勝己者

觀無如改過之不吝

以上乾稱篇

治天下不由井地終無由得平。周道止是均平。

管攝天下人心收宗族厚風俗使人不忘本須是明譜系世族與立宗子法。

不知疑者只是不便實作。既實作則須有疑。

多見聞適足長小人之氣。君子莊敬日強。始則須拳拳服膺出於牽勉。至於中禮卻是從容。

如此方是爲己之學。

嘗謂文字歷過見得無可取。則可放下。唯六經則須著循環。能使晝夜不息。理會得六七年。

則自無可得看。若義理則儘無窮。待自家長得一格則又看得別。

學貴心悟守舊無功。

爲學大益在自能變化氣質不爾卒無所發明。不得見聖人之奧。故學者先須變化氣質變

化氣質與虛心相表裏。

讀書少則無由考校得義精。蓋書以維持此心。一時放下則一時德性有懈。讀書則此心常

在不讀書則終看義理不見。書須成誦。精思多在夜中或靜坐得之。不記則思不起。但須通

貫得大原後書亦易記。所以觀書者釋己之疑。明己之未達。每見每知所益則學進矣。於不

疑處有疑方是進矣。

既學而先有以功業爲意者。於學便相害。既有意必穿鑿創作起事也。德未成而先以功業

為事。是代大匠斲希不傷手也。

戲謔直是大無益出於無敬心戲謔不已不惟害事志亦為氣所流不戲謔亦是持氣之一端善戲謔之事雖不為無傷。

觀書解大義非聞也必以了悟為聞。

學者不論天資美惡亦不專在勤苦但觀其趣向著心處如何。

義理有疑則濯去舊見以來新意心中苟有所開即便箚記不思則還塞之矣更須得朋友之助。

學者不宜志小氣輕志小則易足易足則無由進氣輕則虛而為盈約而為泰亡而為有以未知為已知未學為已學。

天下事大患只是畏人非笑不養車馬食粗衣惡居貧賤皆恐人非笑不知當生則生當死則死今日萬鍾明日棄之今日富貴明日飢餓亦不卹惟義所在　理窟 以上

有潛心於道忽忽為他慮引去者此氣也舊習纏繞未能脫洒畢竟無益但樂於舊習耳古人欲得朋友與琴瑟簡編常使心在於此惟聖人知朋友之取益為多故樂得朋友之來。論語說

斯干詩言兄及弟矣式相好矣無相猶矣言兄弟宜相好不要相學猶似也人情大抵患在

施之不見報則輟故恩不能終不覺相學已施之而已。詩說

語錄十一則

學者當須立人之性仁者人也當辨其人之所謂人學者學所以爲人。

多求新意以開昏蒙吾學不振非強有力者不能自奮。

萬物皆有理若不知窮理如夢過一生釋氏便不窮理皆以爲見病所致莊生儘能明理及

至窮極亦以爲夢蓋不如易之窮理也。

有志於學者都更不論氣之美惡只看志如何四夫不可奪志也惟患學者不能堅勇。

虛心然後能盡心。

氣者自萬物散殊時各有所得之氣習者自胎胞中以至嬰孩時皆是習也。

某所以使學者先習禮者只爲學禮則便除了世俗一副常習纏繞又學禮則可以守得定。

心統性情者也。

發於性則見於情發於情則見於色以類而應也。

洪鐘未嘗有聲由叩乃有聲聖人未嘗有知由問乃有知。

利利於民則可謂利利於身利於國皆非利也利之言利猶言美之爲美利誠難言不可一

概而言。

理學治要卷一

理學七家

程顥

洛陽人字伯淳舉進士調鄠縣主簿民愛戴之熙寧初爲監察御史前後進說並皆懇切後與王安石論新法不合遂求去卒年五十四顥資性過人充養有道和粹之氣盎於面背門人交友從之數十年未嘗見其忿厲之容遇事優爲雖倉卒不動聲色少學於周敦頤汎濫諸家出入老釋幾十年反求六經而後得之遂以興起斯文爲己任辨異端闢邪說使聖人之道煥然復明於世文彥博采衆論而題其墓曰明道先生嘉定十三年賜諡純公後人集其遺文語錄與弟頤所作合刊曰二程全書。

答橫渠張子厚先生書

承教諭以定性未能不動猶累於外物此賢者慮之熟矣尚何俟小子之言然嘗思之矣敢貢其說於左右所謂定者動亦定靜亦定無將迎無內外苟以外物爲外牽己而從之是以己性爲有內外也且以性爲隨物於外則當其在外時何者爲在內是有意於絕外誘而不知性之無內外也既以內外爲二本則又烏可遽語定哉夫天地之常以其心普萬物而無心聖人之常以其情順萬事而無情故君子之學莫若廓然而大公物來而順應易曰貞吉悔亡憧憧往來朋從爾思苟規規於外誘之除將見滅於東而生於西也非惟日之不足顧

其端無窮不可得而除也人之情各有所蔽故不能適道大率患在於自私而用智自私則

不能以有爲應迹用智則不能以明覺爲自然今以惡外物之心而求照無物之地是反

鑑而索照也易曰民其背不獲其身行其庭不見其人孟氏亦曰所惡於智者爲其鑿也與

其非外而是內不若內外之兩忘也兩忘則澄然無事矣無事則定定則明明則尙何應物

之爲累哉聖人之喜以物之當喜聖人之怒以物之當怒是聖人之喜怒不繫於心而繫於

物也是則聖人豈不應於物哉烏得以從外者爲非而更求在內者爲是也今以自私用智

之喜怒而視聖人喜怒之正爲如何哉夫人之情易發而難制者惟怒爲甚第能於怒時遽

忘其怒而觀理之是非亦可見外誘之不足惡而於道亦思過半矣心之精微口不能宣加

之素拙於文辭又更事怱怱未能精慮當否佇報然舉大要亦當近之矣道近求遠古人所

非惟聰明裁之

論王霸之辨疏

臣伏謂得天理之正極人倫之至者堯舜之道也用其私心依仁義之偏者霸者之事也王

道如砥本乎人情出乎禮義若履大路而行無復回曲霸者崎嶇反側於曲逕之中而卒不

可與入堯舜之道故誠心而王則王矣假之而霸則霸矣二者其道不同在審其初而已易

所謂差若毫釐繆以千里者其初不可不審也故治天下者必先立其志正志先立則邪說

不能移。異端不能惑。故力進於道而莫之禦也。苟以霸者之心。而求王道之成。是衒石以爲玉也。故仲尼之徒無道桓文之事。而曾西恥比管仲者。義所不由也。況下於霸者哉。陛下躬堯舜之資。處堯舜之位。必以堯舜之心自任。然後爲能充其道。漢唐之君有可稱者。論其人則非先王之學。考其時則皆駁雜之政。乃以一曲之見。幸致小康。其創法垂統。非可繼於後世者皆不足爲也。然欲行仁政而不素講其具。使其道大明而後行。則或出或入。終莫有所至也。夫事有大小。有先後。察其小。忽其大。先其所後。皆不可以適治。且志不可慢。時不可失。惟陛下稽先聖之言。察人事之理。知堯舜之道備於己。反身而誠之。以及四海。擇同心一德之臣。與之共成天下之務。書所謂尹躬暨湯。咸有一德。又曰一哉王心。言致一而後可以爲也。古者三公不必備。惟其人。誠以謂不得其人而居之。則不若闕之之愈也。蓋小人之事。君子所不能同。豈聖賢之事而庸人可參之哉。欲爲聖賢之事。而使庸人參之。則其命亂矣。既任君子之謀。而又入小人之議。則聰明不專。而志意惑矣。今將救千古深錮之弊。爲生民長久之計。非夫極聽覽之明。盡正邪之辨。致一而不二。其能勝之乎。或謂人君舉動不可不愼。易則張。易爲害大矣。不然。所謂更張者。顧理所當耳。其動皆稽古質。義而行。則爲愼莫大焉。豈若因循苟簡。卒致敗亂者哉。自古以來。何嘗有師聖人之言。法先王之治。將大有爲而返成禍患者乎。願陛下奮天錫之勇智。體乾剛而獨斷。需然不疑。

則萬世幸甚。

請修學校尊師儒取士箚子

臣伏謂治天下以正風俗得賢才爲本宋興百餘年而致化未大醇人情未盡美士人微謙

退之節鄉閭無廉恥之行刑雖繁而奸不止官雖冗而才不足者此蓋學校之不修師儒之

不尊無以風勸養勵之使然耳竊以去聖久遠師道不立儒者之學幾於廢熄惟朝廷崇尚

教育之道則不日而復古者一道德以同俗苟師學不正則道德何從而一方今人執私見

家爲異說支離經訓無復統一道之不明不行乃在於此臣謂宜先禮命近侍賢儒各以類

舉及百執事方岳州縣之吏悉心推訪凡有明先王之道德業充備足爲師表者其次有篤

志好學材良行修者皆以名聞其高蹈之士朝廷當厚禮延聘其餘命州縣敦遣萃於京師

館之寬閒之宇豐其廩餼卹其家之有無以大臣之賢典領其事俾羣儒朝夕相與講明正

學其道必本於人倫明乎物理其教自小學灑埽應對以往修其孝弟忠信周旋禮樂其所

以誘掖激勸漸摩成就之道皆有節序其要在於擇善修身至於化成天下自鄉人而可至

於聖人之道其行皆中於是者爲成德又其次取材識明達可進於善者使日授其業稍

久則舉其賢傑以備高任擇其學業大明德義可尊者爲太學之師次以分教天下之學始

自藩府至於列郡擇士之願學民之俊秀者入學皆優其廩給而蠲其身役凡其有父母骨

肉之養者亦通其優游往來以察其行其大不率教者斥之從役漸自太學及州郡之學擇

其道業之成可爲人師者使教於學縣之學如州郡之制異日則十室之鄉逢於黨遂皆當

修其庠序之制爲之立師學者以此而察焉縣令每歲與學之師以鄉飲之禮會其鄉老學

者眾推經明行修材能可任之士升於州之學以觀其實學荒行戲者罷歸而罪其吏與師

其升於州而當者復其家之役郡守又歲與學之師行鄉飲酒之禮大會郡士以經義性行

材能三物賓興其士於太學又聚而教之其學不明行不修與材之下者罷歸以爲郡

守學師之罪升爲太學者亦聽其以時還鄉里復審來於學太學歲論其賢者能者於朝謂之

選士朝廷間之經以考其言試之職以觀其材然後辨論其等差而命之秩之凡處郡縣之學

者皆滿三歲然後得充薦其自州郡升於太學者一歲而後薦其有學行超卓衆所信服者

雖未處於學或處學而未久亦得備數論薦凡選士之法皆以性行端潔居家孝悌有廉恥

禮遜通明學業曉達洽道者凡公卿大夫子弟皆入學在京師者入太學在外者各入其所

在州之學謂之國子其有當補蔭者並如舊制性不選於學者不授以職臣謂既一以道德

仁義教育之又專以行實材學升進之去其聲律小碎糊名謄錄一切無義理之弊不數年

間學者靡然不變矣豈惟得士浸廣天下風俗將日入醇正王化之本也臣謂帝王之道莫

尚於此願陛下特留宸意爲萬世行之

語錄二十五則

天地萬物之理無獨必有對皆自然而然非有安排也每中夜思之不知手之舞之足之蹈之也

質必有文自然之理必有對待生生之本也有上則有下有此則有彼有質則有文一不獨立二則爲文非知道者孰能識之天文天之理也人文人之理也

天下善惡皆天理謂之惡者非本惡但或過或不及便如此如楊墨之類

問心有善惡否曰在天爲命在義爲理在人爲性主於身爲心其實一也心本善發於思慮則有善有不善若既發則可謂之情不可謂之心譬如水只是水至於流而爲派或行於東或行於西卻謂之流也

窮理盡性以至於命三事一時並了元無次序不可將窮理作知之事若窮得理即性命亦可了

學者須先識仁仁者渾然與物同體義禮知信皆仁也識得此理以誠敬存之而已不須防檢不須窮索若心懈則有防心苟不懈何防之有理有未得故須窮索存久自明安待窮索此道與物無對大不足以名之天地之用皆我之用孟子言萬物皆備於我須反身而誠乃爲大樂若反身未誠則猶是二物有對以己合彼終未有之又安得樂訂頑意思乃備言此

體以此意存之更有何事必有事焉而勿正心勿忘勿助長未嘗致纖毫之力此其存之之

道若存得便合有得蓋良知良能元不喪失以昔日習心未除卻須存習此心久則可奪舊

習此理至約惟患不能守既能體之而樂亦不患不能守也

剛毅木訥質之近乎仁也力行學之近乎仁也若至仁則天地為一身而天地之間品物

萬形為四肢百體夫人豈有視四肢百體而不愛者哉聖人仁之至也獨能體是心而已曷

嘗一離多端而求之自外乎故能近取譬者仲尼所以示子貢求仁之方也醫書以手足四

體風頑謂之四體不仁為其疾痛不以累其心故也夫手足在我而疾痛不與知焉非不仁

而何世之忍心無恩者其自棄亦若是而已

人語言緊急莫是氣不定否曰此亦當習習到自然緩時便是氣質變也學至氣質變方是

有功

楊墨之害甚於申韓佛老之害甚於楊墨楊氏為我疑於仁墨氏兼愛疑於義申韓則淺陋

易見故孟子只闢楊墨為其惑世之甚也佛氏其言近理又非楊墨之比此所以為害尤甚

楊墨之害亦經孟子關之所以廓如也

仲尼言仁未嘗兼義獨於易曰立人之道曰仁與義而孟子言仁必以義配蓋仁者體也義

者用也知義之為用而不外焉者可以語道矣世之所論於義者多外之不然則混而無別

非知仁義之說者

聖人千言萬語只是欲人將已放之心約之使反復入身來自能尋向上去。

學只要鞭辟近裏著己而已

學者須敬守此心不可急迫當栽培深厚涵泳於其間然後可以自得但急迫求之終是私

己終不足以達道

以己及物仁也推己及物恕也仁恕一以貫之。忠者天道恕者人道忠者無妄恕者所以行

平忠也忠者體恕者用大本達道也

良知良能皆無所由乃出於天不繫於人

致知在格物格至也。窮理而至於物則物理盡。

儒者只合言人事不得言有數直到不得已處然後歸之命可也

昔受學於周茂叔每令尋仲尼顏子樂處所樂何事

人之學不進只是不勇

一命之士苟存心於愛物於人必有所濟

知至則便意誠若有知而不誠者皆知未至爾知至而至之者知至而往至之乃幾之先見。

故曰可與幾也知終而終之則可與存義也

性靜者可以爲學。

且省外事但明乎善務進誠心其文章雖不中不遠矣所守不約汎濫無功。

世有以讀書爲文爲藝者曰爲文謂之藝猶可也讀書謂之藝則求諸書者淺矣。

寫字時甚敬非是要字好即此是學

人心常要活則周流無窮而不滯於一隅。

生生之謂易是天之所以爲道也天只是以生爲道繼此生理者只是善也善便有一個元

的意思元者善之長萬物皆有春意便是繼之者善也成之者性也待他萬物自成其

性須得。

生之謂性性即氣氣即性生之謂也人生氣稟理有善惡然不是性中原有此兩物相對而

生也有自幼而善有自幼而惡是氣稟有然也善固性也然惡亦不可不謂之性也蓋生之

謂性人生而靜以上不容說才說性便已不是性也凡人說性只是說繼之者善也孟子言

人性善是也夫所謂繼之者善也猶水流而就下也皆水也有流而至海終無所汚此何煩

人力之爲也有流而未遠固已漸濁有出而甚遠方有所濁有濁之多者有濁之少者清濁

雖不同然不可以不謂之水也如此則人不可以不加澄治之功故用力敏勇則疾清用

力緩怠則遲清其清也則卻只是原初水也亦不是將清來換卻濁亦不是取出濁來置在

一隅也水之清則性善之謂也故不是善與惡在性中為兩物相對各自出來。

此理天命也順而循之則道也循此而修之各得其分則教也自天命以至於教我無加損

焉此舜有天下而不與焉者也。

學始於不欺闇室

須是大其心使開闊譬如為九層之臺須大做腳始得

憂子弟之輕俊者只教以經學念書不得令作文字子弟凡百玩好皆奪志至於書札於儒

者事最近然一向好著亦自喪志如王虞顏柳輩誠為好人則有之曾見有善書者知道否

平生精力一用於此非惟徒廢時日於道便有妨處只此喪志也

惟善變通便是聖人

人雖睡著其識知自完只是人與喚覺便是他自然會理得

先生嘗曰熙寧初王介甫行新法並用君子小人君子正直不合介甫以為俗學不通世務

斥去小人苟容詔佞介甫以為有才能知通變用之君子如司馬君實不拜同知樞密院以

去范堯夫辭同修起居注得罪張天祺自監察御史面折介甫被謫介甫性很愎眾人皆以

為不可則執之愈堅君子既去所用皆小人爭為刻薄故書天下益深使眾君子未用與之

敵俟其勢久自緩委曲平章尚有聽從之理俾小人無隙以乘其為害不至此之甚也

理學治要卷一

理學七家

程頤　顥弟字正叔與兄顥同學於周敦頤年十八遊太學，著顏子好學論胡瑗大驚異之卽延見處以學職哲宗初擢崇政殿說書每進講色甚莊繼以諷諫復與蘇軾不合遂出管句西京國子監紹聖中以元祐諸臣被貶年七十五卒諡正公頤於書無所不讀其學以誠爲本以窮理爲要動止語默一以聖人爲師平生誨人不倦從學者甚衆其淵源所漸皆爲名士世稱伊川先生著有易傳文集等種傳二程之學者號曰洛學

顏子所好何學論

聖人之門其徒三千獨稱顏子爲好學夫詩書六藝三千子非不習而通也然顏子所獨好者何學也學以至聖人之道也聖人可學而至歟曰然學之道如何曰天地儲精得五行之秀者爲人其本也眞而靜其未發也五性具焉曰仁義禮智信形既生矣外物觸其形而動於中矣其中動而七情出焉曰喜怒哀樂愛惡欲情既熾而益蕩其性鑿矣是故覺者約其情使合於中正其心養其性故曰性其情愚者則不知制之縱其情而至於邪僻梏其性而亡之故曰情其性凡學之道正其心養其性而已中正而誠則聖矣君子之學必先明諸心知知所養然後力行以求至所謂自明而誠也故學必盡其心盡其心則知其性知其性反而

誠之聖人也故洪範曰思曰睿睿作聖誠之之道在乎信道篤信道篤則行之果行之果則

守之固仁義忠信不離乎心造次必於是顛沛必於是久而弗失則居之

安動容周旋中禮而邪僻之心無自生矣故顏子所事則曰非禮勿視非禮勿聽非禮勿言

非禮勿動仲尼稱之則曰得一善則拳拳服膺而弗失之矣又曰不遷怒不貳過有不善未

嘗不知知之未嘗復行也此其好之篤學之之道也視聽言動皆禮矣所異於聖人者蓋聖

人則不思而得不勉而中從容中道顏子則必思而後得必勉而後中故曰顏子之與聖人

相去一息孟子曰充實而有光輝之謂大大而化之之謂聖聖而不可知之謂神顏子之德

可謂充實而有光輝矣所未至者之也非化之也以其好學之心假之以年則不日而化

矣故仲尼曰不幸短命死矣蓋傷其不得至於聖人也所謂化之者入於神而自然不思而

得不勉而中之謂也孔子曰七十而從心所欲不踰矩是也或曰聖人生而知之者也今謂

可學而至其有稽乎曰然孟子曰堯舜性之也湯武反之也性之者生而知之者也反之者

學而知之者也又曰孔子則生而知也孟子則學而知也後人不達以謂聖本生知非學可

至而爲學之道遂失不求諸己而求諸外以博聞強記巧文麗辭爲工榮華其言鮮有至於

道者則今之學與顏子所好異矣。

禮序

禮經三百威儀三千。皆出於性非偽貌飾情也鄙夫野人卒然加敬逡巡遜卻而不敢受三

尺童子拱而趨市暴夫悍卒莫敢狎焉彼非素有於敎與邀譽於人而然也蓋其所有於性

物感而出者如此故天尊地卑禮固立矣類聚羣分禮固行矣人者位乎天地之間立乎萬

物之上天地與吾同體萬物與吾同氣尊卑分類不設而彰聖人循此制爲冠昏喪祭朝聘

射饗之禮以行君臣父子兄弟夫婦朋友之義其形而下者具於飲食器服之用其形而上

者極於無聲無臭之微衆人勉之賢人行之聖人由之故所以行其身與其家與其國與其

天下禮治則治禮亂則亂禮存則存禮亡則亡上自古始下逮五季質文不同罔不由是然

而世有損益惟周爲備是以夫子嘗曰郁郁乎文哉吾從周其吾從周者從其禮之繁

林放有禮本之問而孔子欲先進之從蓋所以矯正反弊也然豈禮之過哉忠義之薄情文之繁

秦氏焚滅典籍三代禮文大壞漢與購書禮記四十九篇雜出諸儒傳記不能悉得聖人之

旨考其文義時有抵牾然而其文繁博學者觀之如適大通之肆珠珍器帛隨其所取。

如遊阿房之宮千門萬戶隨其所入博而約之亦可以弗畔其說也蠢在應對進退之間

而精在道德性命之要始於童幼之習而終於聖人之歸惟達於道者然後能知其言能知

其言然後能得於禮然則禮之所以爲禮其則不遠矣昔者顏子之所從事不出乎視聽言

動之間而鄕黨之記孔子多在於動容周旋之際此學者所當致疑以思致思以達也

答朱長文書

相去之遠未知何日復爲會合人事固難前期也中前奉書以足下心虛氣損奉勸勿多作

詩文而見答之辭乃曰爲學上能探古先之陳迹綜羣言之是非欲其心通而默識之固未

能也又曰使後人見之猶庶幾曰不忘乎善也苟不如是誠懼沒而無聞焉此爲學之末宜

兄之見責也使吾日聞夫子之道而忘乎此豈不善哉此疑未得爲至當之言也頤於朋友

間其問不切者未嘗敢語也以足下處疾與人接渴聞議論之益故因此可論而爲吾弟

盡其語庶幾有小補也向之云無多爲文與詩者非止爲傷心氣也直以不當輕作爾聖賢

之言不得已也蓋有是言則是理明無是言則天下之理有闕焉如彼未耕陶冶之器一不

制則生人之道有不足矣聖賢之言雖欲已得乎然其包涵盡天下之理亦甚約也後之人

始執卷則以文章爲先平生所爲動多於聖人然有之無所補無之亦無所闕乃無用之贅

言也不止贅而已既不得其要則離眞失正反害於道必矣詩之盛莫如唐唐人善論文莫

如韓愈愈之所稱獨高李杜二子之詩存者千篇皆吾弟所見也可考而知矣苟足下所作

皆合於道足以輔翼聖人爲敎於後乃聖賢事業何得爲學之末乎頤何敢以此奉責又言

欲使後人見其不忘乎善人能爲合道之文者知道者也在知道者所以爲文之心乃非區

區懼其無聞於後欲使後人見其不忘乎善而已此乃世人之私心也夫子疾沒世而名不

稱焉。疾沒身無善可稱云爾非謂疾無名也名者可以勵中人君子所存非所汲汲又云上能探古先之陳迹綜羣言之是非欲其心通默識固未能也夫心通乎道然後能辨是非如持權衡以較輕重孟子所謂知言是也揆之以道則是非了然不待精思而後見也學者當以道為本心不通於道而較古人之是非猶不持權衡而酌輕重竭其目力勞其心智雖使時中亦古人所謂億則屢中君子不貴也臨紙遽書故言無次序辭過煩矣理或未安卻請示下足以代面話。

答楊時論西銘書

前所寄史論十篇其意甚正纔一觀便為人借去俟更子細看西銘之論則未然橫渠立言誠有過者乃在正蒙西銘之為書推理以存義擴前聖所未發與孟子性善養氣之論同功二者亦前聖所未發。豈墨氏之比哉西銘明理一而分殊墨氏則二本而無分。分殊(老幼及人理一也。愛無差等本二也。)之蔽私勝而失仁無分之罪兼愛而無義分立而推理一以止私勝之流仁之方也無別而迷兼愛至於無父之極義之賊也子比而同之過矣且謂言體而不及用彼欲使人推而行之本為用也反謂不及不亦異乎

明道先生墓表

先生名顥字伯淳葬於伊川潞國太師題其墓曰明道先生弟頤序其所以而刻之石曰周

公沒聖人之道不行孟軻死聖人之學不傳道不行百世無善治學不傳千載無眞儒無善

治士猶得以明乎善治之道以淑諸人以傳諸後無眞儒天下貿貿焉莫知所之人欲肆而

天理滅矣先生生千四百年之後得不傳之學於遺經志將以斯道覺斯民天不憖遺哲人

早世鄉人士大夫相與議曰道之不明也久矣先生出揭聖學以示人辨異端闢邪說開歷

古之沈迷聖人之道得先生而後明爲功大矣於是帝師采衆議而爲之稱以表其墓學者

之於道知所嚮然後見斯人之爲功知所至然後見斯名之稱情山可夷谷可堙明道之名

互萬世而長存勒石墓傍以詔後人

四箴 並序

顏淵問克己復禮之目夫子曰非禮勿視非禮勿聽非禮勿言非禮勿動四者身之用也由

乎中而應乎外制於外所以養其中也顏淵事斯語所以進於聖人後之學聖人者宜服膺

而勿失也因箴以自警

心兮本虛應物無迹操之有要視爲之則蔽交於前其中則遷制之於外以安其內克己復

禮久而誠矣

人有秉彝本乎天性知誘物化遂亡其正卓彼先覺知止有定閑邪存誠非禮勿聽

人心之動因言以宣發禁躁妄內斯靜專矧是樞機興戎出好吉凶榮辱惟其所召傷易則

誕傷煩則支已肆物忤出悖來違非法不道。欲哉訓辭言

哲人知幾誠之於思志士勵行守之於為順理則裕從欲惟危造次克念戰兢自持習與性

成聖賢同歸動

語錄四十七則

一人之心即天地之心一物之理即萬物之理一日之運即一歲之運。

天地之化雖廓然無窮然而陰陽之度日月寒暑晝夜之變莫不有常此道之所以為中庸。

問孟子言心性天只是一理否曰然自理言之謂之天自稟受言之謂之性自存諸人言之

謂之心又問凡運用處是心否曰是意也問意是心之所發否曰有是心而後有意。

學者先務固在心志有謂欲屏去聞見知識則是絕聖棄智有欲屏去思慮患其紛亂則須

是坐禪入定如明鑑在此萬物畢照是鑑之常為使之不照人心不能不交感萬物亦難

為使之不思慮若欲免此惟是有主如何為主敬而已矣有主則虛虛謂邪不能入無主

則實實謂物來奪之今夫瓶甖有水實內則雖江河之浸無所能入安能不虛無水於內則

停注之水不可勝注安得不實大凡人心不可二用用於一事則他事便不能入者事為之

主也事為之主尚無思慮紛擾之患若主於敬又安有此患乎所謂敬者主一之謂敬所謂

一者無適之謂一且欲涵泳主一之義一則無二三矣言敬無如聖人之言易所謂敬以直

內義以方外須是直內乃是主一之義至於不敢欺不敢慢尚不愧於屋漏是皆敬之事也

但存此涵養久之自然天理明

問日中所不欲之事夜多見於夢此何故也曰只是心不定今人所夢見事豈特一日之間

所有之事亦有數十年前之事夢見之者只爲心中舊有此事與此事相感或

氣相感然後發出來故雖白日所憎惡者亦有時見於夢也譬如水爲風激而成浪風既息

波猶洶湧未已也若存養久的人自不如此

氣有善有不善性則無不善也人之所以不知善者氣昏而塞之耳孟子所以養氣者養之

至則清明純全而昏塞之患去矣或曰養心或曰養氣何也曰養心則勿害而已養氣則在

有所帥也

心譬如穀種生之性便是仁也

入道莫如敬未有能致知而不在敬者

涵養須用敬進學在致知

聞見之知非德性之知物交物則知之非內也今之所謂博物多能者是也德性之知不假

見聞

須是識在所行之先譬如行路須是光照

問忠信進德之事固可勉強然致知甚難曰子以誠敬為可勉強且懇地說到底須是知了

方能行事若不知只是觀了堯學他行事無堯許多聰明睿智怎生得如他動容周旋中禮

有諸中必形諸外德容安可妄學如子所言是篤行而固守之非固有之也且如中庸九經

修身也尊賢也親親也堯典克明俊德以親九族親親本合在尊賢上何故放在下須是知

所以親親之道方得未致知怎生得行勉強行者安能持久除非燭理明自然樂循理性本

善循理而行是循理事本亦不難但為人不知旋安排著便道難也知有多少般數煞有淺

深向親見一人曾為虎所傷因言及虎神色便變旁有數人見他說虎非不知虎之猛可畏

然不如他說了有畏懼之色蓋真知虎者也學者深知如此且如膾炙貴公子與野人莫

不皆知其美然貴人聞著便有欲嗜膾炙之色野人則不然是真知才知得便是行

將去也某年二十時解釋經義與今無異然思今日覺得意味與少時自別

人苟有朝聞道夕死可矣之志則不肯一日安其所不安也何止一日須臾不能如曾子易

簀須要如此乃安人不能若此者只為不見實理實理得之於心自別若耳聞口道者心實

不見若得必不肯安於所不要人之一身儘有所不肯為及至他事又不然若士者雖殺

之使為穿窬必不為其他事未必然至於執卷者莫不知說禮義又如王公大人皆能言軒

冕外物及其臨利害則不知就理義卻就富貴如此者只是說得不實見及其蹈水火則人

皆避之是實得須是有見不善如探湯之心則自然別得之於心是謂有得不待勉強然

學者則須勉強古人有捐軀殞命者若不實見得烏能如此須是實見得生不重於義生不

安於死也故有殺身成仁者只是成就一個是而已

孔子曰根也欲爲得剛甚矣欲之害人也人之爲不善欲誘之而弗知則至於天理

滅而不知故目則欲色耳則欲聲以至鼻則欲臭口則欲味體則欲安此則有以使之也

然則何以窒其欲曰思而已矣學莫貴於思唯思爲能窒欲曾子之三省窒欲之道也

人思如湧泉汲之愈新

不深思則不能造於道不深思而得者其得易失然學者有無思無慮而得者何也以無思

無慮而得者乃所以深思而得之也

學者先要會疑

致知在格物非由外鑠我也我固有之也因物而遷迷而不悟則天理滅矣故聖人欲格之

格猶窮也物猶理也猶曰窮其理而已矣窮其理然後可以致知不窮則不能致也

今人欲致知須要格物物不必謂事物然後謂之物也自一身之中至萬物之理但理會得

多相次自然豁然有覺處

窮理亦多端或讀書講明義理或論古今人物別其是非或應接事物而處其當然皆窮理

也。或問格物須物物格之還是格一物而萬物皆知曰怎生便會該通若只格一物便通衆

理雖顏子亦不能如此道須是今日格一件明日格一件積習既多然後脫然有貫通處

問致知先求之四端如何曰求之性情固是切於身然一草一木皆有理須是察

生知者只是他生自知義理不待學而知縱使孔子是生知亦何害於學如問禮於老聃訪

官名於郯子何害於孔子禮文官名既欲知舊物又不可鑿空撰得須是問他先知者始得

學者不可不通世務天下事譬如一家非我為則彼為非甲為則乙為

人惡多事或人憫之世事雖多盡是人事人事不教人做更責誰做

古之學者優柔厭飫有先後次第今之學者卻做一場說話務高而已

螟蛉蜾蠃本非同類故祝則肖之又況人與聖人同類者大抵須是自強不息將

來涵養成就到聖人田地自然氣貌改變

問人有日誦萬言或妙絕技藝此可學否曰不可大凡所受之才雖加勉強止可少進而鈍

者不可使利也惟理可進除是積學既久能變化得氣質則愚必明柔必強

問技藝之事恥已之不能何如曰技藝不能安足恥為士者當知道已不知道可恥也恥之

何如亦曰勉之而已人安可嫉人之能而諱己之不能也

稱性之善謂之道道與性一也性之本謂之命性之自然者謂之天性之有形者謂之心性

之有動者謂之情凡此數者皆一也聖人因事以立名故不同若此而後之學者隨文析義

求奇異之說而去聖人之意遠矣

論性不論氣不備論氣不論性不明。

性相近也習相遠也性一也何以言相近曰此只言氣質之性也如俗言性急性緩之類性

安有緩急此言性者生之謂性也

性無不善而有不善者才也性即是理理則自堯舜至於塗人一也才禀於氣氣有清濁禀

其清者為賢禀其濁者為愚問愚可變乎曰可孔子謂上智下愚不移然亦有可移之理惟

自暴自棄者則不移也

問心之妙用有限量否曰孟子曰盡其心知其性心即道也在天為命在人為性論其所主

為心其實只是一個道苟能通之以道又豈有限量天下更無形外之物若曰有限量除是

形外有物始得

為人處世間見事無可疑處多少快活。

罪己責躬不可無然亦不可長留在心胸為悔。

問仁曰此在諸公自思之將聖賢所言仁處類聚觀之體認出來。問先生前日教某思君子

和而不同某思之數日便覺胸次開闊其意味有不可言述竊有一喻今有人焉久寓遠方

一日歸故鄉至中途適遇族兄者俱抵旅舍異居而食相視如途人彼豈知爲族弟此豈知
爲族之兄耶或告曰彼之兄公之族兄某人也彼之弟公之族弟某人耶既歡然相從無有
二心向之心與今之心豈或異哉知與不知而已今學者苟知大本則視天下猶一家亦自
然之理也先生曰此乃善喻也

學者爲氣所奪習所勝只可責志。

人於天地間並無窒礙處大小快活。

嚴威儼恪非持敬之道然敬須自此入。

忘敬而後無不敬

問人之燕居形體怠惰心不慢可否曰安有箕踞而心不慢者學者須恭敬但不可令拘迫
拘迫則難久也

問君子時中莫是隨時否曰是也中字最難識須是默識心通且試言一廳則中央爲中一
家則廳非中而堂爲中一國之中爲中推此類可見矣且如初寒時則薄
裘爲中在盛寒而用初寒之裘則非中也更如三過其門不入在禹稷之世爲中若居陋巷
則不中矣居陋巷在顏子之時爲中若三過其門不入則非中也或曰男女不授受之類皆
然曰是也男女不授受中也在喪祭則不如此矣

後儒以反經合道為權故有權變權術之論皆非也權只是經也自漢以來無人識權

古之學者為己其終至於成物今之學者為人其終至於喪己學也者使人求於內也不求

於內而求於外非聖人之學也何謂不求於內以文為主者是也學也者使人求

於本也不求於末而求於末非聖人之學也何為不求於本而求於末考詳略采同異者是

也是二者皆無益於吾身君子弗學。

聖人之責人也常緩只是欲事正無顯人過惡之意聖人責己感處多責人應處少。

今之學者歧而為三能文者謂之文士談經者謂之講師惟知道者乃儒學也

理學治要卷一

理學七家

朱熹　宋婺源人（婺源於梁陳時為新安郡故其署款多稱新安）字元晦一字仲晦晦翁又號遯翁父松為政和縣尉因僑居建州紹興中登進士第歷仕高孝寧四朝凡所奏聞皆以正君恤民為要累官轉運副使煥章閣待制祕閣修撰終寶文閣待制慶元中致仕旋卒年七十一諡曰文追封徽國公始居崇安勝事日紫陽書堂故稱紫陽晚年卜築於建陽之考亭作滄洲精舍以為講學之所故稱考亭學派熹少受學於李侗侗師羅從彥從彥師楊時時為程子門人故熹之學多本於程子而益加邃密後世推為理學之大成其為學之宗旨大抵窮理以致其知反躬以踐其實而以居敬為主嘗謂聖賢道統之傳散在方冊聖經之旨不明而道統之傳始晦於是竭其精力以研聖賢之經訓所著諸經傳注元明以來省列於學官有易本義啟蒙書傳大學中庸章句或問論語孟子集注太極圖通書西銘解楚辭集注韓文考異文公集（以上為所著作）論孟集義孟子指要中庸輯略孝經刊誤小學書通鑑綱目宋名臣言行錄家禮近思錄程氏遺書伊洛淵源錄（以上為所編次）諸種多行於世傳其學者號曰閩學（宋黎靖德有朱子語類一百四十卷清李光地有奉敕編朱子全書六十六卷今皆通行於世）

觀心說

或問佛者有觀心說然乎曰夫心者人之所以主乎身者也一而不二者也爲主而不爲客
者也命物而不命於物者也故以心觀物則物之理得今復有物以反觀乎心則是此心之
外復有一心而能管乎此心也然則所謂心者爲一耶爲二耶爲主耶爲客耶爲命物者耶
爲命於物者耶此亦不待敎而審其言之謬矣或者曰若子之言則聖賢所謂精一所謂操
存所謂盡心知性存心養性所謂見其參於前而倚於衡者皆何謂哉應之曰此言之相似
而不同正苗莠朱紫之閒而學者之所當辨者也夫謂人心之危者人欲之萌也道心之微
者天理之奧也心則一也以正不正而異其名耳惟精惟一則居其正而審其差者也細其
異而反其同者也能如是則信執其中而無過不及之偏矣非以道爲一心而又
有一心以精一之也夫謂操而存者非以彼操此而存之也舍而亡者非以彼舍此而亡之
也心而自操則亡者存舍而不操之也亦曰不使夫所爲得以梏
亡其仁義之良心云爾非塊然兀坐以守其炯然不用之知覺而謂之操存也若盡心云者
則格物窮理廓然貫通而有以極夫心之所具之理也存心云者則敬以直內義以方外若
前所謂精一操存之道也故盡其心而可以知性知天以其體之不蔽而有以究夫理之自
然也存心而可以養性事天以其體之不失而有以順夫理之自然也是豈以心盡心以心
存心如兩物之相持而不相舍哉若參前倚衡之云者則爲忠信篤敬而發也蓋曰忠信篤

敬不忘乎心則無所適而不見其在是云爾亦非有以見夫心之謂也且身在此而心參於前身在輿而心倚於衡是果何理也耶大抵聖人之學本心以窮理而順理以應物如身使臂如臂使指其道夷而通其居廣而安其理實而行自然釋氏之學以心求心以心使心如口齕口如目視目其機危而迫其途險而塞其理虛而其勢逆蓋其言雖有若相似者而其實之不同蓋如此也然非夫審思明辨之君子其亦孰能無惑於斯耶

仁說

天地以生物爲心者也而人物之生又各得夫天地之心以爲心者也故語心之德雖其總攝貫通無所不備然一言以蔽之則曰仁而已矣請試詳之蓋天地之心其德有四曰元亨利貞而元無不統其運行焉則爲春夏秋冬之序而春生之氣無所不通故人之爲心其德亦有四曰仁義智而仁無不包其發用焉則爲愛恭宜別之情而惻隱之心無所不貫故論天地之心者則曰乾元坤元則四德之體用不待悉數而足論人心之妙者則曰仁人心也則四德之體用亦不待遍舉而該蓋仁之爲道乃天地生物之心即物而在情之未發而此體已具情之既發而其用不窮誠能體而存之則衆善之源百行之本莫不在是此孔門之敎所以必使學者汲汲於求仁也其言又曰克己復禮爲仁言能克去己私復乎天理則此心之體無不在而此心之用無不行也又曰居處恭執事敬與人忠則亦所以存此心也

又曰事親孝事兄弟及物恕則亦所以行此心也又曰求仁得仁則以讓國而逃諫伐而餓。為能不失乎此心也又曰殺身成仁則以欲甚於生惡甚於死而能不害乎此心也此心何心也在天地則塊然生物之心在人則溫然愛人利物之心包四德而貫四端者也或曰若子之言則程子所謂愛情仁性不可以愛為仁者非與曰不然程子之所訶以愛之發而名仁者也吾之所論以愛之理而名仁者也蓋所謂情性者雖有其分域之不同然其脈絡之通各有攸屬者則曷嘗判然絕而不相管哉吾方病夫學者誦程子之言而不求其意遂至於判然離愛而言仁故特論此以發明其遺意而子顧以為異乎程子之說不亦誤哉或曰程氏之徒言仁多矣蓋有謂愛非仁而以萬物與我為一為仁之體者矣亦有謂愛非仁而以心有知覺釋仁之名者矣今子之言若是然則彼皆非與曰彼謂物我為一者可以見仁之無不愛矣而非仁之所以為體之真也彼謂心有知覺者可以見仁之包乎智矣而非仁之所以得名之實也觀孔子答子貢博施濟眾之問與程子所謂覺不可以訓仁者則可見矣子尚安得復以此而論仁哉抑汎言同體者使人含糊昏緩而無警切之功其弊或至於認物為己者有之矣專言知覺者使人張皇迫躁而無沈潛之味其弊或至於認欲為理者有之矣一忘一助二者蓋胥失之而知覺之云者於聖門所示樂山能守之氣象尤不相似。子尚安得復以此而論仁哉因并記其語作仁說。

與魏應仲書

三哥年長宜自知力學以副親庭責望之意不可自比兒曹虛度時日逐日早起依本點禮記左傳各二百字參以釋文正其音讀儼然端坐各誦百遍訖誦孟子三二遍熟復玩味訖看史數板五六。不過反復數遍密文詞通暢議論精。誦數遍議論為佳。趣誦之宜舒緩不迫令字字分明更須端莊正坐如對聖賢則心定而義理易究不可貪多務廣涉獵鹵莽纔看過了便謂已通小有疑處即更思索思索不通即置小冊子逐日鈔記以時省閱俟歸日逐一理會切不可含糊護恥於資問而終身受此黯暗以自欺也又置簿記逐日所誦說起止以俟歸日稽考起居立務要端莊不可傾倚至昏怠出入步趨務要凝重不可票輕以害德性以謙遜自牧以和敬待人凡事切須謹飭無故不須出入少說閒話恐廢光陰勿觀雜書恐分精力早晚頻自點檢所習之業每旬休日將一旬內書溫習數過勿令心少有放佚則自然漸近道理講習易明矣

答吳叔晦書

伏承示及先知後行之說反復詳明。引據精密。警發多矣。所未能無疑者。方欲求教。又得南軒寄來書稿讀之。則凡某之所欲言者蓋已先得之矣。特其曲折之間。小有未備。請得而細論之。夫汎論知行之理。而就一事之中以觀之。則知之為先行之為後無可疑者。謂知皆擴

而充之。程子所謂譬如行路。須得光照。及易
文言所謂知至至之。知終終之。類是也。
成乎其小亦將何以馴致乎其大者哉知而
修辭之後。蓋古人之教自其孩幼而教之以孝悌誠敬之實及其少長而博之以詩書禮樂
之類是也。蓋古人之教自其孩幼而教之以孝悌誠敬之實及其少長而博之以詩書禮樂
之文皆所以使之即夫一事一物之間各有以知其義理之所在而致涵養踐履之功也此小
學之事。知之淺而行之小者也。及其十五成童學於大學則其灑掃應對之間禮樂射御所以涵養踐
履之者略已小成矣於是不離乎此而教之以格物以致其知焉致知云者因其所已知者
推而致之以及其所未知者而極其知也是必於舉天地萬物之理而一以貫之然後爲
知之至而所謂誠意正心修身齊家治國平天下者。至是而無所不盡其道焉知之深而行
者也。今就其一事之中而論之則先知後行固各有其序矣。誠欲因夫小學之成以進大學
之始則非涵養踐履之有素亦豈能居然以其雜亂紛紆之心而格物以致其知哉且易之
所謂忠信修辭者聖學之實事貫始終而言者也以其淺而小者言之則自其常視毋誑男
唯女俞之時固已知而能之矣知至至之則由行此而又知其所至也此知之深者也終
終之則由知至而又進以終之也。故大學之書雖以格物致知爲用力之始
然非謂初不涵養踐履而直從事於此也又非謂物未格知未至則意可以不誠心可以不
正身可以不修家可以不齊也但以爲必知之至然後所以治已治人者始有以盡其道耳

然合夫知之淺深。行之大小而言。則非有以先
成乎其小。亦如子夏教人以灑掃應對進退爲先程子謂未有致知而不在敬者。及易文言所言知至知終。皆在忠信
之大者也。知而
之小者也。及其十五成童學於大學則其灑掃應對之間禮樂射御之際所以涵養踐
履之者略已小成矣於是不離乎此而教之以格物以致其知焉致知云者因其所已知者

若曰必俟知至而後可行則夫事親從兄承上接下乃人生之所不能一日廢者豈可謂吾
知未至而暫輟以俟其至而後行哉抑聖賢所謂知者雖有淺深然不過如前所論二端而
已但至於廓然貫通則內外精粗自無二致非如來教及前後所論觀過知仁者乃於方寸
之間設爲機械欲因觀彼而反識乎此也又來諭所謂端謹以致知所謂克己私集眾理者
又似有以行爲先之意而所謂在乎兼進者又若致知力行初無先後之分也凡此皆鄙意
所深疑而南軒之論所未備者故敢復以求教幸深思而詳論之

答呂伯恭書

所諭講學克己之功裏多益寡政得恰好此誠至論然此二事各是一件功夫學者於此須
是無所不用其極然後足目俱到無偏倚之患若如來諭便有好仁不好學之蔽矣且中庸
言學問思辨而後繼以力行程子於涵養進學亦兩言之皆未嘗以此包彼而有所偏廢也
若曰講習漸明便當痛下克己功夫以踐其實使有以真知其意味之必然不可只如此說
過則其言爲無病矣昨答夫言仁說中有一二段已說破此病近看吳才老論語說論子
夏吾必謂之學矣一章與子路何必讀書之云其弊皆至於廢學不若行有餘力則以學文
就有道而正焉可謂好學之類乃爲聖人之言也頗覺其言之有味不審高明以爲何如

答林謙之書

自昔聖賢教人之法莫不使之以孝弟忠信莊敬持養爲下學之本而後博觀眾理近思密

察因踐履之實以致其知其發端啟要又皆簡易明白初若無難解者而及其至也則有學

者終身思勉而不能至焉蓋非思慮揣度之難而躬行默契之不易故曰夫子之文章可得

而聞也夫子之言性與天道不可得而聞也夫聖門之學所以從容積累涵養成就隨其淺

深無非實學者其以此與今之學者則不然蓋未明一理而已傲然自處以上智生知之流

觀聖賢平日指示學者入德之門至親切處例以爲鈍根小子之學無足留意其平居道說

無非子貢所謂不可得而聞者往往務爲險怪懸絕之言以相高甚者至於周行卻立瞬目

揚眉內以自欺外以惑眾此風肆行日以益甚使聖賢至誠善誘之敎反爲荒幻險薄之資

仁義充塞甚可懼也。

答胡廣仲書二首

性善之善不與惡對此本龜山所聞於浮屠常總者宛轉說來似亦無病然謂性之爲善未

有惡之可對則可謂終無對則不可蓋性一而已既曰無有不善則此性之中無復有惡與

善爲對亦不待言而可知矣若乃善之所以得名是乃對惡而言其曰性善是乃所以別天

理於人欲也大理人欲雖非同時並有之物然自其先後公私邪正之反而言之亦不得不

爲對也今必謂別有無對之善此某之所疑者也。

記答胡廣仲論性稿後

伊川先生曰天地儲精得五行之秀者爲人其本也眞而靜其未發也五性具焉曰仁義禮智信形既生矣外物觸其形而動於中矣其中動而七情出焉曰喜怒哀樂愛惡欲情既熾而益蕩其性鑿矣某詳昧此數語與樂記之說指意不殊所謂靜者亦指未感時言爾當此之時心之所存渾是天理未有人欲之僞故曰天之性及其感物而動則是非眞妄自此分矣然非性則亦無自而發故曰性之欲動字與中庸發字無異而其是非眞妄特決於有節與無節中節與不中節之間耳來敎所謂正要此處識得眞妄是也然須是平日有涵養之功臨事方能識得若茫然都無主宰事至然後安排則已緩而不及於事矣至謂靜字所以形容天性之妙不可以動靜眞妄言則某卻有疑焉蓋性無不該動靜之理具焉若專以靜字形容則反偏卻性字矣記以靜爲天性只謂未感物之前私欲未萌渾是天理耳今乃欲靜字爲性之妙也眞妄又與動靜不同性之爲性天下莫不具焉但無妄耳今乃欲幷與眞而無之此韓公道無眞假之言所以見識於明道也伊川所謂其本眞而靜者眞靜兩字亦自不同蓋眞則指本體而言靜則言其初未感物耳明道先生云人生而靜以上不容說纔說性時便已不是性矣蓋人生而靜只是情之未發但於此可見天性之全非眞以靜狀性也

此篇出於論定之初徒以一時之見驟正累年之失其向背出入之際猶有未服習者又持

孤論以當衆賢心亦不自安故自今讀之尚多遺恨如廣仲之言既以靜爲天性之妙又論

性不可以眞妄動靜言是知言所謂歎美之善而不與惡對者云爾應之宜曰善惡也眞妄

也動靜也一先一後一破一此皆以對待而得名者也不與惡對則不名爲善不與動對則

不名爲靜矣既非妄又非眞則亦無物之可指矣今不知性之善而未始有惡也眞而未始

有妄也主乎靜而涵乎動也顧曰善惡眞妄動靜凡有對皆不可以言性而對待之外別

有無對之善與靜爲然後可以形容天性之妙不亦乎當時酬對既不出此而他所自言

亦多曠闕如論性無不該不可專以靜言此固是也然其說當云性之分雖屬乎靜而其蘊

則該動靜而不偏故樂記以靜言性則可如廣仲遂以靜字形容天性之妙則不可如此則

語意圓矣如論程子眞靜之說以眞爲本體靜爲未感此亦是也然當云下文所謂未發即

靜之謂也所謂五性即眞之謂也然則仁義禮智信云者乃所謂未發之蘊而性之眞也與

如此則文義備矣

示諭縷縷殊激懦衷以老兄之高明俊傑世間榮悴得失本無足爲動心者而細讀來書似

未免有不平之氣區區竊獨妄意此殆平日才太高氣太銳論太險跡太露之過是以因於

所長忽於所短雖復更歷變故顛沛至此而猶未知所以反求之端也常謂天理人欲二字

不必求於古今王伯之迹但反求之於吾心義理邪正之間察之愈密則其見之愈明持之
愈嚴則其發之愈勇孟子所謂浩然之氣者益歛然於規矩準繩不敢走作之中而其自任
以天下之重者雖賁育莫能奪也是豈才能血氣之爲哉老兄視漢高帝唐太宗之所爲而
察其心果出於義耶出於利耶出於邪耶正耶若高帝則私意分數猶未甚熾然已不可謂
之無太宗之心則吾恐其無一念之不出於人欲也直以其能假仁借義以行其私而當時
與之爭者才能知術旣出其下又不知有仁義之可惜是以彼善於此而得以成其功耳若
以其能建立國家傳世久遠便謂其得天地之正理此正是以成敗論是非但取其獲禽之多
而不羞其詭遇之不出於正也千五百年之間正坐如此所以只是架漏牽補過了時日其
間雖或不無小康而堯舜三王周公孔子所傳之道未嘗一日得行於天地之間也若論道
之常存卻又初非人所能預只是此個自是亙古亙今常存不滅之物雖千五百年被人作
壞終殄滅他不得耳漢唐所謂賢君何嘗有一分氣力扶助得他耶老兄人物奇偉英特恐
不但今日所未見向來得失短長正是不須更挂齒牙向人分說但鄙意更欲賢者百尺竿
頭進取一步將來不作三代以下人物省得氣力爲漢唐分疏即更脫洒磊落耳李孔霍張
則吾豈敢然夷吾景略之事亦不敢爲同父願之也

答吳斗南書

佛學之與吾儒雖有略相似處然正所謂貌同心異似是而非者不可不審明道先生所謂

句句同事事合然而不同者者眞是有味非是見得親切如何敢如此判斷耶聖門所謂聞道

聞只是見聞玩索而自得之謂道只是君臣父子日用常行當然之理非有玄妙奇特不

可測知如釋氏所云豁然大悟通身汗出之說也如今更不可別求用力處只是持敬以窮

理而已參前倚衡今人多錯說了故每流於釋氏之說先聖言此只是說言必忠信行必篤

敬念念不忘到處常若見此兩事不離心目之間耳如言見堯於羹見堯於牆豈是以我之

心還見我心別爲一物而在身外耶無思無爲是心體本然未感於物時事有此本領則感

而遂通天下之故矣恐亦非如所論之云云所云禪學悟入乃是心思路絕天理盡見此

尤不然心思之正便是天理流行運用無非天理之發見豈待心思路絕而後天理乃見耶

且所謂天理復是何物仁義禮智豈不是天理君臣父子兄弟夫婦朋友豈不是天理若使

釋氏果見天理則亦何必如此悖亂殄滅一切昏迷其本心而不自知耶凡此皆近世淪陷

邪說之大病不謂明者亦未能免俗而有此言也

周子太極通書後序

右周子之書一編今春陵零陵九江皆有本而互有同異長沙本最後出乃某所編定視他

本最詳密矣然猶有所未盡者也蓋先生之學其妙具於太極一圖通書之言皆發此圖之

蘊而程先生兄弟語及性命之際。亦未嘗不因其說觀通書之誠動靜理性命等章及程氏

書之李仲通銘程邵公誌顏子好學論等篇則可見矣故潘淸逸誌先生之墓敍所著書特

以作太極圖爲稱首然則此圖當爲書首不疑也然先生旣手以授二程本因附書後居之

云傳者見其如此遂誤以爲書之卒章不復釐正使先生立象盡意之微旨暗而不明而驟

讀通書者亦復不知有所總攝此則諸本皆失之。而長沙通書因胡氏所傳篇章非復本次。

又削去分章之目而別以周子曰者加之於書之大義雖若無所害然要非先生之舊亦有

去其目而遂不可曉者又諸本附載銘碣詩文事多重複亦或不能有所發明於先生之道

以幸學者故今特據潘志置圖篇端以爲先生之精意則可以通乎書之說矣至於書之分

章定次亦皆復其舊貫而取公及蒲左丞孔司封黃太史所記先生行事之實刪去重複合

爲一篇以便觀者蓋世所傳先生之書言行具此矣潘公所謂易通疑卽通書而易說獨不

可見向見友人多蓄異書自謂有傳本亟取而觀焉則淺陋可笑皆舍法時舉子葺緒餘與

圖說通書絕不相似不問可知其僞獨不知世復有能得其眞者否以圖書推之知其所發

當極精要微言湮沒甚可惜也又嘗讀朱內翰震進易說表謂此圖之傳自陳摶種放穆

修而來而五峰胡公仁仲作通書序又謂先生非止爲种穆之學者此特其學之一師耳非

其至者也夫以先生之學之妙不出此圖以爲得之於人則決非种穆所及以爲非其至者。

則先生之學又何以加於此圖哉是以竊嘗疑之及得誌文考之然後知其果先生之所自作而非有所受於人者公蓋未見此誌而云云耳然胡公所論通書之指曰人見其書之約而不知其道之大也見其文之質而不知其義之精也見其言之淡而不知其味之長也人有眞能立伊尹之志修顏子之學則知此書之言包括至大而聖門之事業無窮矣此則不可易之至論讀是書者所宜知也因復撥取以系於後云乾道己丑六月戊申新安朱某謹

書

程氏遺書後序

右程氏遺書二十五篇二先生門人記其所見聞答問之書也始諸公各自爲書先生沒而其傳寖廣然而散出並行無所統一傳者頗以己意私竊竄易歷時既久殆無全編某家有先人舊藏數篇皆著當時記錄主名語意相承首尾通貫蓋未更後人之手故其書最爲精善後益以類訪求得凡二十五篇因以所聞藏月先生後第爲此書篇目皆因其舊而又別之錄如此以見分別次序之所以然者然嘗竊聞之伊川先生無恙時門人尹焞得朱光庭所鈔先生語奉而質諸先生曰某在何必讀此書若不得某之心所記者徒彼意耳尹公自是不敢復讀夫以二先生唱明道學於孔孟既沒千載不傳之後可謂盛矣而當時從遊之士蓋亦莫非天下之英材其於先生之嘉言善行又皆耳聞目見而手記之宜其親切

不差可以行遠而先生之戒猶且丁寧若是豈不以學者未知心傳之要而滯於言語之間。

或者失之豪釐則其謬將有不可勝言者乎又況後此且數十年區區掇拾於殘編墜簡之

餘傳誦道說玉石不分而謂眞足以盡得其精微嚴密之旨其亦誤矣雖然先生之學其大

要則可知已讀是書者誠能主敬以立其本窮理以進其智使本立而知精而本益

固則日用之間且將有以得乎先生之心而於疑信之傳可坐判矣此外諸家所鈔尚衆率

皆割裂補綴非復本篇異時得其所由來當復出之以附今錄無則亦將去其重複別爲外

書以待後之君子云爾。

讀唐志

歐陽子曰三代而上治出於一而禮樂達於天下三代而下治出於二而禮樂爲虛名此古

今不易之至論也然彼知政事禮樂之不可不出於一而未知道德文章之尤不可使出於

二也夫古之聖賢其文可謂盛矣然初豈有意學爲如是之文哉有是實於中則必有是文

於外如天有是氣則必有日月星辰之光耀地有是形則必有山川草木之行列聖賢之心

既有是精明純粹之實以旁薄充塞乎其內則其著見於外者亦必自然條理分明光輝發

越而不可揜蓋不必託於言語著於簡冊而後謂之文但自一身接於萬事凡其語默動靜

人所可得而見者無所適而非文也姑舉其最而言則易之卦畫詩之詠歌書之記言春秋

之逃事與夫禮之威儀樂之節奏皆已列為六經而垂萬世其文之盛後世固莫能及然其

所以盛而不可及者豈無所自來而世亦莫之識也故夫子之言曰文王既沒文不在茲乎

蓋雖已決知不得辭其責矣然猶若逡巡顧望而不能無所疑也至於推其所以與衰則又

以為是皆出於天命之所為而非人力之所及其體之甚重夫豈世俗所謂文者所能當

哉孟軻氏沒聖學失傳天下之士皆本趨末不知求養德以充其內而汲汲乎徒以文章

為事業然在戰國之時若申商孫吳之術蘇張范蔡之辨列禦寇莊周荀況之言屈平之賦

以至秦漢之間韓非李斯陸生賈傳董相史遷劉向班固下至嚴安徐樂之流猶皆先有其

實而後託之於言唯其無本而不能一出於道是以君子猶或羞之及至宋玉相如主襄揚

雄之徒則一以浮華為尚而無實之可言矣東京以降蓋亦長楊校獵之流而粗變其

音節初非實為明道講學而作也東京以降數百年間愈下愈衰則其去道益遠

而無實之文亦無足論韓愈氏出始覺其陋慨然號於一世欲去陳言以追詩書六藝之作

而其弊精神歝歝月又有甚於前世諸人之所為者然幸其略知其實之不根無實之不足因

是頗溯其源而適有會焉於是原道諸篇始作而其言曰根之茂者其實遂膏之沃者其光

曄仁義之人其言藹如也其徒和之亦曰未有不深於道而能文者則亦庶幾其賢矣然今

讀其書則其出於詔諛戲豫放浪而無實者自不為少若夫所原之道則亦徒能言其大體

而未見其有探討服行之效使其言之爲文者皆必由是以出也故其論古人則又直以屈

原孟軻馬遷相如揚雄爲一等而猶不及於董賈其論當世之弊則以詞不已出而遂有

神祖聖伏之歎至於其徒之論亦但以剽掠餖飣爲文之病大振頹風敎人自爲爲韓之功。

則其師生之間傳受之際蓋未免裂道與文以爲兩物而於其輕重緩急本末賓主之分又

未免於倒懸而逆置之也自是以來又復衰歇數十百年而後歐陽子出其文之妙蓋已不

愧於韓氏而其曰治出於一云者則自荀揚以下皆不能及而韓亦未有聞焉是則疑若幾

於道矣然考其終身之言與其行事之實則恐其亦未免於韓氏之病也抑又嘗以其徒之

也既曰今之韓愈矣而又必引夫文不在茲者以張其說由前之說則道之與文吾不知其

說考之則誦其言者既曰吾老將休付子斯文矣而又曰我所謂文必與道俱其推尊之

果爲一耶爲二耶由後之說則文王孔子之文吾又不知其與韓歐之文果若是其班乎否

也嗚呼學之不講久矣習俗之謬其可勝言也哉吾讀唐書而有感因書其說以訂之

福州州學經史閣記

福州之學在東南爲最盛弟子員常數百人比年以來敎養無法師生相視漠然如路人以

故風俗日薄士氣不作長老憂之而不能有以救也紹熙四年今敎授臨邛常君濬孫始至

既曰進諸生而告之以古昔聖賢敎學之意又爲之飭廚饌葺齋館以等其居然後謹其出

入之防嚴其課程之、去朝夕其間訓誨不倦。於是學者競勤。始知君之爲吾師。而常君之

視諸生亦閔閔焉唯恐其不能自勉以進於學也。故常慮其無書可讀而業將病於不廣則

又爲益置書史合舊爲若干卷度。故御書閣之後更爲重屋以藏之而以書來請記其事且

致其諸生之意曰願有以教之曰予惟古之學者無他。明德新民求各止於至善而已夫其

所明之德所止之善豈有待於外求哉。其在我而敬以存之。其亦可矣。其所以必曰讀書

云者則以天地陰陽事物之理。修身齊家及國。以至於平治天下之道。與凡聖賢之言

行古今之得失禮樂之名數。下而至於食貨之源流兵刑之法制。是亦莫非吾之度內有不

可得而精粗者若非考諸載籍之文沈潛參伍以求其故。則亦無以明夫明德體用之全而

止其至善精微之極也。然自聖學不傳世之爲士者不知學之有本而惟書之讀。其所以

求於書不越乎記誦訓詁文詞之間。以釣聲名干祿利而已。是以天下之書愈多而理愈昧。

學者之事愈勤而心愈放。詞章愈麗議論愈高。而其德業事功之實愈無以逮乎古人然非

書之罪也讀者不知學之有本而無以爲之地也。今觀常君之爲教。既開之古人教學之意

而後爲之儲書以博其向辦之趣。以致其奉守之嚴。則亦庶乎本末之有序矣。予雖有言又

何以加於此哉。然無已而有一焉則亦曰姑使二三子者知爲學之本。有無待於外求者而

因以致其操存持守之力。使吾方寸之間清明純一眞有以爲讀書之地。而後宏其規密其

度。循其先後本末之序以大龥乎閣中之藏則夫天下之理其必有以盡其纖悉而一以貫之。異時所以措諸事業者亦將有本而無窮矣因序其事而并書以遺之二三子其勉之哉。

凡閣之役始於慶元初元五月辛丑而成於七月之戊戌材甓傭食之費爲錢四百萬有奇。則常君既率其屬輸奉入以首事而帥守詹侯體仁使者趙君像之許侯知新咸有以資之。至於旁郡之守趙侯伯璸十二邑之長陳君孤等亦以其力來助而董其役者學之選士楊誠中張安仁蕭孔昭也是歲九月丁亥朝奉大夫提舉南京鴻慶宮新安朱熹記

白鹿洞書院揭示

父子有親。 君臣有義。 夫婦有別。 長幼有序。 朋友有信。

右五教之目堯舜使契爲司徒敬敷五教即此是也學者學此而已而其所以學之之序亦有五焉其別如左。

博學之。 審問之。 愼思之。 明辨之。 篤行之。

右爲學之序。學問思辨四者所以窮理也若夫篤行之事則自修身以至於處事接物。亦各有要其別如左。

言忠信行篤敬。 懲忿窒慾遷善改過

右修身之要。

正其誼不謀其利　明其道不計其功。

右處事之要

己所不欲勿施於人　行有不得反求諸己。

右接物之要

竊觀古昔聖賢所以教人為學之意莫非使之講明義理以修其身然後推以及人非徒欲其務記覽為詞章以釣聲名取利祿而已也今人之為學者則既反是矣然聖賢所以教人之法具存於經有志之士固當熟讀深思而問辨之苟知其理之當然而責其身以必然則夫規矩禁防之具豈待他人設之而後有所持循哉近世於學有規其待學者為已淺矣而其為法又未必古人之意也故今不復以施於此堂而特取凡聖賢所以教人為學之大端條列如右而揭之楣間諸君其相與講明遵守而責之於身焉則夫思慮云為之際其所以戒謹而恐懼者必有嚴於彼者矣其有不然而或出於此言之所棄則彼所為規者必將取之固不得而略也諸君其亦念之哉。

六先生像贊

濂溪先生

道喪千載聖遠言湮不有先覺孰開我人書不盡言圖不盡意風月無邊庭草交翠。

明道先生

揚休山立玉色金聲元氣之會渾然天成瑞日祥雲和風甘雨龍德正中厥施斯普。

伊川先生

規圓矩方繩直準平允矣君子展也大成布帛之文菽粟之味知德者希孰識其貴。

康節先生

天挺人豪英邁蓋世駕風鞭霆歷覽無際手探月窟足躡天根閒中今古靜裏乾坤。

橫渠先生

蚤悅孫吳晚逃佛老勇撤皋比一變至道精思力踐妙契疾書訂頑之訓示我廣居。

涑水先生

篤學力行清修苦節有德有言有功有烈深衣大帶張拱徐趨遺像凜然可蕭薄夫。

書畫象自儆

從容乎禮法之場沈潛乎仁義之府是予蓋將有意焉而力莫能與也佩先師之格言承前烈之餘矩惟闇然而自修或庶幾乎斯語

語錄五十二則

凡人須以聖賢為己任世人多以聖賢為高而自視為卑故不肯進抑不知聖賢稟性與常

人一同既與常人一同。又安得不以聖賢為己任。自開關以來生人多少求其盡己者千萬

人中無一二只是滾同混過一世詩曰天生蒸民有物有則中庸曰尊德性而道問學極高

明而道中庸此數句乃是徹首徹尾人性本善只為嗜欲所迷利害所逐一齊昏了聖賢能

盡其性故耳極天下之聰目極天下之明為子極孝為臣極忠。

世俗之學所以與聖賢不同者。亦不難見。聖賢直是真個去做說正心直要心正。誠意直

要意誠修身齊家皆非空言。今之學者說正心。但將正心吟詠一餉。說誠意又將誠意吟詠

一餉說修身又將聖賢說修身處諷誦而已。或掇拾言語綴緝時文如此為學卻於自家身

上有何交涉這裏須要著意理會。今之朋友固有樂聞聖賢之學而終不能去世俗之陋者。

只是志不立耳學者大要立志總學便要做聖人是也。

立志要如飢渴之於飲食才有悠悠便是志不立

今語學問正如煮物相似須藉猛火先煮。方用微火慢煮若一向只用微火。何由得熟欲復

自家原來之性乃怱地悠悠時做得書曰若藥弗瞑眩厥疾弗瘳今之學者皆是養病

為學正如推車子相似。才用力推得動了便自轉將去。更不費力學者須是敬守此心不可

急迫當栽培深厚只如種得一物在此。但涵養持守之功繼繼不已。是謂栽培深厚如此而

優遊涵泳於其間則浹洽有以自得矣。

心只是一個心非是以一個心治一個心。所謂存所謂收只是喚醒。

伊川云主一之謂敬無適之謂一又曰人心常要活則周流無窮而不滯於一隅或者疑主

一則滯滯則不能周流無窮矣道夫竊謂主一則此心便存心存則物來順應何有乎滯曰

固是然所謂主一者何嘗滯於一事不主一則方理會此事而心留於彼這卻是滯於一隅

又問以大綱言之有一人焉方應此事未畢而復有一事至則當何如曰也須是做一件了

又理會一件亦無雜然而應之理但甚不得已則權其輕重可也

聖賢言語大約似乎不同然未始不貫只如夫子言非禮勿視聽言動出門如見大賓使民

如承大祭言忠信行篤敬這是一副常說話到孟子卻說求放心存心養性大學則又有所

謂格物致知正心誠意至程先生又專一發明一個敬字若只恁看似乎參錯不齊千頭萬

緒其實只一理道夫曰汎汎於文字間祇覺得異實下功則貫通之理始見曰然

因歎敬字工夫之妙聖學之所以成始成終者皆由此故曰修己以敬下面安人安百姓皆

由於此只緣子路問不置故聖人復以此答之要之只是個修己以敬則其事皆了或自

秦漢以來諸儒皆不識這敬字直至程子方說得親切學者知所用力日程子說得親切

近世程沙隨猶非之以為聖人無單獨說敬字時只是敬親敬君敬長方著個敬字全不成

說話聖人說修己以敬曰敬而無失曰聖日躋何嘗不單獨說來若說有君有親有長時

用敬則無君無親無長之時將不敬乎都不思量只是信口胡說。

敬非是塊然兀坐耳無所聞目無所見心無所思而後謂之敬只是有所畏謹不敢放縱如

此則身心收斂如有所畏常常如此氣象自別存得此心乃可以為學。

或問持敬患不能久當如何下工夫曰某舊時亦曾如此思量要得一個直捷道理元來都

無他法只是習得熟熟則自久。

明道教人靜坐李先生亦教人靜坐蓋精神不定則道理無湊泊處又曰須是靜方能收

斂。

心於未遇事時須是靜及至臨事方用便有氣力如當靜時不靜思慮散亂及臨事時已先

倦了伊川解靜專處云不專一則不能直遂閒時須是收斂做得事便有精神。

一之問存養多用靜否曰不必然孔子卻都就用處敎人做工夫今雖說主靜然亦非棄事

物以求靜既為人自然用事君親交朋友撫妻子御童僕不成捐棄了只閉門靜坐事物之

來且日候我存養又不可只茫茫隨他事物中走二者須有個思量倒斷始得。

橫渠云言有教動有法晝有為宵有得息有養瞬有存此語極好君子終日乾乾不可食息

間亦不必終日讀書或靜坐存養亦是天地之生物以四時運動春生夏長固是不息及至

秋冬凋落亦只是藏於其中故明年復生若使至秋冬已絕則來春無緣復有生意學者常

喚令此心不死則日有進。

人也有靜坐無思念底時節。也有思量道理底時節。豈為畫為兩途說靜坐時與讀書時工

夫迥然不同當靜坐涵養時正要體察思繹道理只此便是涵養不是說喚醒提撕將道理

去卻那邪思邪念只自家思量道理時自然邪念不作言忠信行篤敬立則見其參于前在

與則見其倚于衡只是見這忠信篤敬在眼前自然邪念無自而入非是要存這忠信篤敬

去除那不忠不敬底心今人之病正在其靜坐讀書時二者工夫不一所以差

知行常相須如目無足不行足無目不見知先後知為先論輕重行為重

知與行工夫並到知之愈明則行之愈篤行之愈篤則知之愈明二者皆不可偏廢如

人兩足相先後行便會漸漸行得到若一邊軟了便一步也進不得然又須先知得方行得

所以大學先說致知格物中庸說知先於仁勇

王子充問某在湖南見一先生只教人踐履曰義理不明如何踐履曰他說行得便見得曰

如人行路不見便如何行。

方其知之而未及之則知尚淺親歷其域則知之益明非前日之意味．

聖人教人於大學中劈初頭便說一個格物致知物格而後知至最是要知得至人有知不

善之不當為及臨事又為之只是知之未至人知烏喙之殺人不可食斷然不食是真知之

也。知不善之不當爲而猶或爲之是特未能眞知之也所以未能眞知者緣於道理上只就

外面上理會得許多裏面卻未理會得十分瑩淨所以有此一點黑這不是外面理會不得。

只是裏面骨子有些三見未破所以大學之敎使人卽事卽物就外面看許多一一敎周遍。又

須就自家裏面理會體驗敎十分精切也

或問理會應變處曰今且當理會常未要理會變常底許多道理未能理會盡。如何便要理

會變聖賢說話許多道理平鋪在那裏且要闊著心胸平去看通透後自能應變不是硬捉

定一物便要討常便要討變今也須如僧家行腳接四方之賢士察四方之事情覽山川之

形勢觀古今與亡治亂得失之迹這道理方見得周徧士而懷居不足以爲士矣不是塊然

守定這事在一室閉戶獨坐便了便可以爲聖賢自古無不曉事情底聖賢亦無不通變底

聖賢亦無關門獨坐底聖賢聖賢無所不通無所不能那個事理會不得如中庸天下國家

有九經便要理會許多物事如武王訪箕子陳洪範自身之貌言視聽思至於天人之際以

人事則有八政以天時則有五紀稽之於卜筮驗之於庶徵無所不備如周禮一部書載周

公許多經國制度便有國家當自家做只是古聖賢許多規模大體也要識盡這道理無所

不該無所不在且如禮樂射御書數許多周旋升降文章品節之繁豈有妙道理在只是

也要理會理會得熟時道理便在面上又如律曆刑法天文地理軍旅官職之類都要理會

雖未能洞究其精微然也要識個規模大概道理方浹洽通透若只守個些子捉定在這裏。

把許多都做閒事便都無事了如此只理會得門內事門外事便了不得

人只有個天理人欲此勝則彼退彼勝則此退無中立不進退之理乃凡人不進便退也初學

則要牢箚定腳與他推推得一毫去則逐漸推將去此心莫退終須有勝時勝時甚氣象

學者當常以志士不忘在溝壑為念則道義重而計較死生之心輕矣況衣食至微末事不

得未必死亦何用犯義犯分役心役志營營以求之耶某觀今人因不能咬菜根而至於違

其本心者衆矣可不戒哉

悔字難說既不可常存在胸中以為悔又不可不悔問如何是著中底道理曰不得不悔但

不可留滯既做錯此事時更遇此事或與此事相類便須懲戒不可再做錯了

行夫問為己者無所為而然曰有所為者是為人也這須是見得天下之事實是己所當為

非吾性分之外所能有然後為之而無為人之弊耳且如哭死而哀非為生者今人弔人之

喪。若以為亡者平日與吾善厚真個可悼哭之發於中心此固出於自然者又有一般人欲

亡者家人知我如此而哭者便不是這便是為人。

問飲食之間孰為天理孰為人欲曰飲食者天理也要求美味人欲也。

今讀書緊要是要看聖人敎人做工夫處是如何如用藥治病須看這病是如何發合用何

方治之方中使何藥材何者幾兩。何者幾分。如何炮。如何炙。如何製。如何切。如何煎。如何吃。

只如此而已。

今人所以讀書苟簡者。緣書皆有印本多了。如古人皆用竹簡除非大段有力底人方做得

若一介之士如何置所以後漢吳恢欲殺青以寫漢書其子吳祐諫曰此書若成則載之兼

兩昔馬援以薏苡興謗王陽以衣囊徹名正謂此也如黃霸在獄中從夏侯勝受書凡再踰

冬而後傳蓋古人無本除非首尾熟讀得方得至於講誦者也是都背得然後從師受學如

東坡作李氏山房藏書記那時猶自難得晁以道嘗欲得公穀傳遍求無之後得一本方傳

寫得今人連寫也自厭煩了所以讀書苟簡

大抵觀書先須熟讀使其言皆若出於吾之口繼以精思使其意皆若出於吾之心然後可

以有得耳然熟讀精思既曉得後又須疑不止如此庶幾有進若以爲止於此矣則終不復

有進也

山谷與李仲幾帖云不審諸經諸史何者最熟大率學者喜博而常病不精汎濫百書不若

精於一也有餘力然後及諸書則涉獵諸篇亦得其精蓋以我觀書則處處有益以書博我。

則釋卷而茫然先生深善之以爲有補於學者

讀書須是窮究道理徹底如人之食嚼得爛方可嚥下然後有補讀書理會道理只是將勤

苦摧將去。不解不成文王猶勤而況寡德乎今世上有一般議論成就後生惰情如云不敢

輕議前輩不敢妄立論之類皆中怠惰者之意前輩固不敢妄議然論其行事之是非何害

固不可鑿空立論然讀書有疑自有所見自不容不立論其不立論者只是讀書不到疑處耳

經之有解所以通經既通自無事于解借經以通乎理得則無俟乎經今意思只滯

在此則何時得脫然會通也且所貴乎簡者非謂欲語言之少乃在中與不中爾若句句親

切雖多何害若不親切愈少愈不達矣某嘗說讀書須看得意思通融後都不見註解但見

有正經幾個字在方好

問天與命性與理四者之別天則就其自然者言之命則就其流行而賦於物者言之性則

就其全體而萬物所得以爲生者言之理則就其事事物物各有其則者言之到得合而言

之則天即理也命即性也性即理也是如此否曰然但如今人說天非蒼蒼之謂據某看來

亦捨不得這個蒼蒼底

論性要須識得性是個甚麼樣事物程子性即理也此説最好今且以理言之畢竟卻無形

影只是這一個道理在人仁義禮智性也有如此道理便做得許多事出來所以能惻隱羞

惡辭讓是非也譬如論藥性性寒性熱之類藥上亦無討這形狀處只是服了後卻做得冷

做得熱底便是性便只是仁義禮智

問氣質有昏濁不同則天命之性有偏全否曰非有偏全謂如日月之光若在露地則盡見

之若在蔀屋之下有所蔽塞有見有不見昏濁者是氣昏濁了故自蔽塞如在蔀屋之下然

在人則蔽塞有可通之理至於禽獸亦是此性只被他形體所拘生得蔽隔之甚無可通處

至於虎狼之仁豺獺之祭蜂蟻之義卻只通只些子譬如一隙之光至於獼猴形狀類人便

最靈於他物只不會說話而已

問天地之氣當其昏明駁雜之時則其理亦隨而昏明駁雜否曰理卻只恁地只是氣自如

此又問若氣如此則是理與氣相離矣曰氣雖是理之所生然既生出則理管他

不得如這理寓於氣了日用間運用都由這個氣只是氣強理弱譬如大禮赦文一時將稅

都放了相似有那村知縣硬自捉縛須要他納緣被他近了更自叫上面不應便見得那氣

粗而理微又如父子若子不肖父亦管他不得聖人所以立教正是要救這些子

氣質之性便只是天地之性只是這個天地之性卻從那裏過好底性如水氣質之性如殺

些醬與鹽便是一般滋味

道者古今共由之理如父之慈子之孝君仁臣忠是一個公共底道理德便是得此道於身

老子說失道而後德他都不識分做兩物事便將道做一個空無底物事看他說失道而後

德失德而後仁失仁而後義若離了仁義便是無道理了又更如何是道

立於內爲忠見於外爲恕忠是無一毫自欺處恕是稱物平施處。

天下未有無理之氣亦未有無氣之理。

問有是理而後有是氣未有人時此理何在曰也只在這裏如一海水或取得

一擔或取得一椀都是這海水但是他爲主我爲客他較長久我得之不久耳。

氣聚成形理與氣合便能知覺如火得脂膏便有許多光燄蓋所覺者心之理也能覺者氣

之靈也。

天地始初混沌未分時想只有水火二者水之滓腳便成地今登高而望羣山皆爲波浪之

狀便是水泛如此只不知因甚麼凝了初間極頓後來方凝得硬問想得如潮水湧起沙相

似曰然水之極濁便成地火之極清便成風霆雷電日星之屬。

問自開闢以來至今未萬年不知已前如何曰已前亦須如此一番明白來又問天地會壞

否曰不會壞只是相將人無道極了便一齊打合混沌一番人物都盡又重新起又問生第

一個人時如何曰以氣化二五之精合而成形釋家謂之化生如今物之化生者甚多如蝨

然。

當見高山有螺蚌殼或生石中此石卽舊日之土螺蚌卽水中之物下者卻變爲高柔者卻

變爲剛此事思之至深有可驗者。

天包乎地天之氣又行乎地之中。故橫渠云地對天不過

或問天地壞也不壞。曰既有形氣如何得不壞。但一個壞了。便有一個生得來。

問聖人凡言鬼神皆只是以理之屈伸者言也。至言鬼神禍福凶吉等事亦只是以理言。蓋

人與鬼神天地同此一理。而理則無有不善。人能順理則吉逆理則凶。其於禍福亦然。豈謂

天地鬼神一一下降於人哉。如書言天道福善禍淫。易言鬼神害盈而福謙。亦只是這意思

祭義宰我曰吾聞鬼神之名不知其所謂。孔子曰氣也者神之盛也。魄也者鬼之盛也。又曰

衆生必死死必歸土。是之謂鬼。骨肉斃於下。陰爲野土。其氣發揚於上。爲昭明焄蒿悽愴。百

物之精神之著也。此則不問其曰氣曰精曰昭明是以理言。然亦不可謂無

所謂氣與昭明者哉。及觀禮運論祭祀則曰以嘉魂魄是謂合莫。注謂莫無也。又曰上通無

莫。此說又似與祭義不合。曰如子所論是。無鬼神也。鬼神固是理。則安得

以先王祭祀或以燔燎或以鬱鬯以其有氣故以類求之耳。至如禍福吉凶之事則子言是

也。

問游魂爲變間有爲妖孽者。是如何得未散。曰游字是漸漸散。若是爲妖孽者多是不得其

死其氣未散故鬱結而成妖孽。若是尪羸病死底人這氣消耗盡了方死。豈復更鬱結而成

妖孽。然不得其死者久之亦散

問人死者這知覺便散否曰不是散是盡了氣盡則知亦盡鬼神只是氣屈伸往來者氣也天地間無非氣人之氣與天地之氣常相接無間斷人自不見人心纔動必達於氣便與道屈伸往來者相感通如卜筮之類是皆心自有此物只說你心上事纔動必應也

理學治要卷一

理學七家

陸九淵

宋金溪人字子靜乾道進士居貴溪之象山學者輯轇自號象山翁光宗卽位差知荊門軍務以德化民俗為變卒年五十四諡文安九淵幼悟敏異凡兒尤好深思聞人誦伊川語曰奚為與孔子孟子之言不類又曰人當先立乎其大者則其小者不能奪也又曰宇宙內事乃吾分內事嘗與朱熹會講鵝湖論辨多所不合熹主道問學九淵主尊德性熹好注經九淵則謂學苟知道六經皆我注脚及熹守南康九淵往訪之熹與至白鹿洞九淵為講君子喻於義章聽者至有泣下熹因款為切中學者隱微深痼之病此後世朱陸異同之論所由起也所著有象山集外集語錄行世

論語說

苟志於仁矣無惡也。惡與過不同。過可以遽免過不可以遽免矣。如蘧伯玉欲寡其過而未能聖如夫子猶曰加我數年五十而學易可以無大過況於學者豈可遽責其無過哉至於邪惡所在則君子之所甚疾是不可毫髮存而斯須犯者也苟一日而志於仁斯無是矣。志於道據於德依於仁遊於藝道者天下萬世之公理而斯人之所共由者也君有君道臣有臣道父有父道子有子道莫不有道惟聖人為能備道故為君盡君道為臣盡臣道為父

盡父道爲子盡子道無所處而不盡其道常人固不能備道亦豈能盡亡其道夫子曰誰能

出不由戶何莫由斯道也田野隴畝之人未嘗無尊君愛親之心亦未嘗無尊君愛親之事

臣子之義其端在是矣然上無教下無學非獨不能推其所爲以至於全備物蔽欲汩推移

之極則所謂不能盡亡者殆有時而亡矣弒父與君乃盡亡之時也民之於道係乎上之教

士之於道由乎己之學然無志則不能學又曰士志於道而恥惡衣惡食者未足與議也孟子

者在乎志夫子曰吾十有五而志於學則不知道故所以致道者在乎學所以爲學

曰士尙志與志於道一也小德川流大德敦化此聖人之全德也皋陶謨之九德曰嚴祗敬

六德則可以有邦曰宣三德則可以有家德之在人固不可皆責其全下焉又不必其三苟

有一焉即德也一德之中亦不必其全苟其性質之中有微善小美之可取而近於一者亦

其德也苟能據之而不失亦必日積日進日著日盛日廣日大矣惟其不能據也故其所有

者亦且日失日喪矣尙何望其日積日進日著日盛日廣日大哉士志於道豈能無其德故

夫子誨之以據於德仁人心也從心所欲不踰矩此聖人之盡仁孔門高弟如子路冉有之

徒夫子皆曰不知其仁必如顏淵仲弓然後許之以仁常人固未嘗望之以仁然亦豈皆不

然而不仁聖人之所爲常人固不能盡爲然亦有爲之者聖人之所不爲常人固不能皆不

爲然亦有不爲者於其爲聖人之所爲與不爲聖人之所不爲者觀之則皆受天地之中根

一心之靈而不能泯滅者也使能於其所不能泯滅者而克之則仁豈遠乎哉仁之在人固

不能泯然而盡亡惟其不能依乎此以進於仁而常違乎此而沒於不仁之地故亦有頑然

而不仁者耳士志於道豈能無其仁故夫子誨之以依於仁仁者天下之所用人之所不能

不習者也遊於其間固無害其志道據德依仁而其道其德其仁亦於是而有可見者矣故

曰遊於藝

天地之性人為貴論

聖人所以曉天下者甚至天下所以聽聖人者甚藐人生天地之間稟陰陽之和抱五行之

秀其為貴孰得而加焉使能因其本然全其固有則所謂貴者固自有之自知之自享之而

奚以聖人之言為惟夫陷溺於物欲而不能自拔則其所貴者類出於利欲而良貴由是以

寖微聖人憫焉告之以天地之性人為貴則所以曉之者亦甚至矣誦其書聽其言乃類不

能惕焉有所感發獨膠膠乎辭說議論之間則其所以聽之者不既藐矣乎天地之性人為

貴吾甚惑乎聖人所以曉人者至而人之聽之者藐也孟子言知天必曰知其性則知天矣

言事天必曰養其性所以事天也中庸言贊天地之化育而必本之能盡其性人之形體與

天地甚藐而孟子中庸則云然者豈固為是闊誕以欺天下哉誠以吾一性之外無餘理能

盡其性者雖欲自異於天地有不可得也自夫子告曾子以孝曰事父孝故事天明事母孝

故事地察舉所以事天地者而必之於事父母之間。蓋至此益切而益明。截然無辭說議論之蹊徑至因其有無以加於孝乎之問。又告之以天地之性人爲貴有篤敬之心踐履之實者聽斯言也獨不有感於心乎於此而猶膠膠於辭說議論之間亦奚耷不以三隅反者哉雖然愚豈敢以是殫責天下獨以爲古之性說約而性之存焉者類多後之性說費而性之存焉者類寡告子湍水之論君子之所必辯荀卿性惡之說君子之所甚疾然告子之不動心實先於孟子荀卿之論由禮由血氣智慮容貌態度之間推而及於天下國家其論甚美要非有篤敬之心踐履之實者未易至乎此也今而未有篤敬之心踐履之實拾孟子性善之遺說與夫近世先達之緒言以盜名干澤者豈可與二子同日道哉故必有二子之質而學失其道此君子之所宜力辯詆訹輠將傾之轅於九折之坂指迷途而示之歸也若夫未有篤敬之心踐履之實而遽爲之廣性命之說愚切以爲病而已耳嗚呼循頂至踵皆父母之遺體俯仰乎天地之間惕然求寡乎愧怍而懼弗能儻可以庶幾於孟子之塞乎天地。而與吾聞吾夫子人爲貴之說乎

白鹿洞書院講義

某雖少服父兄師友之訓不敢自棄而頑鈍疏拙學不加進每懷愧惕恐卒負其初心方將求鍼砭鑴磨於四方師友冀獲開發以免罪戾比來得從郡侯祕書至白鹿洞堂羣賢畢集。

瞻覲盛觀自慶幸祕書先生敎授先生不察其愚令登講席以吐所聞。顧惟庸虛何敢當

此辭避再三不得所請取論語中一章陳平日之所感以應嘉命亦幸有以敎之子曰君子

喻於義小人喻於利此章以義利判君子小人辭旨曉白然讀之者苟不切己觀省亦恐未

能有益也某平日讀此不無所感竊謂學者於此當辯其志人之所喻由其所習所習由其

所志志乎義則所習者必在於義所習在義斯喻於義矣志乎利則所習者必在於利所習

在利斯喻於利矣故學者之志不可不辯也科舉取士久矣名儒鉅公皆由此出今爲士者

固不能免此然場屋之得失顧其技與有司好惡如何耳非所以爲君子小人之辯也而今

世以此相尚使汩沒於此而不能自拔則終日從事者雖曰聖賢之書而要其志之所鄉則

有與聖賢背而馳者矣推而上之則又惟官資崇卑祿廩厚薄是計豈能悉心力於國事民

隱以無負於任使之者哉從事其間更歷之多講習之熟安得不有所喻顧恐不在於義耳

誠能深思是身不可使之爲小人之歸其於利欲之習怵焉爲之痛心疾首專志乎義而日

勉焉博學審問愼思明辯而篤行之由是而進於場屋其文必皆道其平日之學胸中之蘊

而不詭於聖人由是而仕必皆共其職勤其事心乎國心乎民而不爲身計其得不謂之君

子乎祕書先生起廢以新斯堂其意篤矣凡至斯堂者必不殊志願與諸君勉之以毋貪其

志。

淳熙辛丑春二月陸兄子靜來自金谿其徒朱克家陸麟之周清叟熊鑑路謙亨胥訓實
從十月丁亥熹率僚友諸生與俱至於白鹿書院請得一言以警學者子靜既不鄙而惠
許之至其所以發明敷暢則又懇到明白而皆有以切中學者隱微深痼之病蓋聽者莫
不悚然動心焉熹猶懼其久而或忘之也復請子靜筆之於簡而受藏之凡我同志於此
反身而深察之則庶乎其可不迷於入德之方矣新安朱熹識

荊門軍講議

五皇極皇建其有極斂時五福用敷錫厥庶民惟時厥庶民於汝極錫汝保極皇大也極中
也洪範九疇五居其中故謂之極是極之大充塞宇宙天地以此而位萬物以此而育古先
聖王皇建其極故能參天地贊化育當此之時凡厥庶民皆能保極比屋可封人人有士君
子之行協氣嘉生薰爲太平嚮用五福此之謂也皇建其有極即是斂此五福以錫庶民捨
極而言福是虛言也是妄言也是不明理也惟皇上帝降衷於下民衷即極也凡民之生均
有是極但其氣稟有清濁知識有開塞天之生斯民也使先知覺後知先覺覺後覺古先聖
賢與民同類所謂天民之先覺者也以斯道覺斯民者即皇建其有極也即斂時五福用敷
錫厥庶民也今聖天子重明於上代天理物承天從事皇建其極是彝是訓于帝其訓無非
斂此五福以錫爾庶民郡守縣令承流宣化即是承宣此福爲聖天子以錫爾庶民也凡爾

庶民。知愛其親。知敬其兄者。卽爲皇上帝所降之衷。今聖天子所錫之福也。若能保有是心。卽爲保極宜得其壽宜得其富宜得其康寧是謂攸好德是謂考終命凡爾庶民知有君臣。知有上下知有中國夷狄知有善惡知有是非父知慈子知孝兄知友弟知恭夫義婦順朋友有信卽惟皇上帝所降之衷今聖天子所錫之福也身或不壽此心實富此心實富縱有患難心實康寧或爲國死事殺身成仁亦爲考終命實論五福但當論人一心此心若正無不是福此心若邪無不是禍世俗不曉只將目前富貴爲福目前患難爲禍不知富貴之人若其心邪其事惡是逆天地逆鬼神悖聖人之訓畔君師之教天地鬼神所不宥聖賢君師所不與忝辱父祖自害其身靜時回思亦有不可自欺自瞞者。若於此時更復自欺自瞞是實欲自絕滅其本心也縱是目前富貴正人觀之無異在囹圄糞穢之中也患難之人。其心若正其事若善是不逆天地不逆鬼神不悖聖賢之訓不畔君師之教天地鬼神所當佑聖賢君師所當與不辱父祖仰無所愧俯無所怍雖在貧賤患難中心自亨通正人達者觀之卽是福德作善降之百祥作不善降之百殃積善之家必有餘慶自考其心則知福祥殃咎之至如影隨形如響應聲必然之理也愚人不能遷善遠罪但貪求富貴卻祈神佛以求福不知神佛在何處何緣得福以與不善之人也皇極在洪範九疇乃洪範根本經曰天乃錫禹洪範九疇聖天子建用皇極亦是受天所錫斂時五福錫爾庶民者即是以此心敷於致化政事以發明爾庶民天降之衷不令陷溺爾庶民能保全此心。不陷邪惡即爲保極可以報聖天子教育之恩長享五福更不必別求神佛也洪範一篇著在尙書今人多讀未必能曉大義若其心正其事善雖不曾識字亦自有讀書之功其心不正其事不善雖多讀書有何所用用之不善反增罪惡耳常歲以是日建醮於設廳爲民祈福竊惟聖天子建用皇極以臨天下郡縣之吏所宜與爾庶民惟皇之極以近天子之光謹發明洪範斂福錫民一章以代醮事亦庶幾承流宣化之萬一仍略書九疇次敍圖其象數於后恐不曾讀書者欲知大概亦助爲善求福之心詩曰自求多福正謂此也

與曾宅之書

示諭與章太傅問答其義甚正其前述某之說又自援據反覆此則是足下病處所述某之言亦失其實記錄人言語極難非心通意解往往多不得其實前輩多戒門人無妄錄其語言爲其不能通解乃自以己意聽之必失其實也相去之遠不若將平時書問與所作文字講習稽考差有據依若據此爲辨則有案底不至大訛舛也且如存誠持敬二語自不同豈可合說存誠字於古有據持敬字乃後來杜撰易曰閑邪存其誠孟子曰存其心某舊亦嘗以存名齋孟子曰庶民去之君子存之又曰其爲人也寡欲雖有不存焉者寡矣其爲人也多欲雖有存焉者寡矣只一存字自可使人明得此理此理本天所以與我非由

外鑠明得此理即是主宰真能爲主則外物不能移邪說不能惑所病於吾友者正謂此理

不明內無所主一向縈絆於浮論虛說終日只依藉外說以爲主天之所與我者反爲客主

客倒置迷而不反惑而不解坦然明白之理可使婦人童子聽之而喻勤學之士反爲之迷

惑自爲支離之說以自縈纏窮年卒歲靡所底麗豈不重可憐哉使生在治古盛時蒙被先

聖王之澤必無此病惟其生於後世學絕道喪異端邪說充塞彌滿遂使有志之士罹此患

害乃與世間凡庸恣情縱欲之人均其陷溺此豈非以學術殺天下哉後世言易者以爲易

道至幽至深學者皆不敢輕言然聖人贊易則曰乾以易知坤以簡能易則易知簡則易從

易知則有親易從則有功有親則可久有功則可大可久則賢人之德可大則賢人之業易

簡而天下之理得矣孟子曰夫道若大路然豈難知哉夫子曰仁遠乎哉我欲仁斯仁至矣

又曰一日克己復禮天下歸仁焉又曰未之思也夫何遠之有孟子曰道在邇而求諸遠事

在易而求諸難又曰堯舜之道孝弟而已矣徐行後長者謂之弟疾行先長者謂之不弟夫

徐行者豈人所不能哉不爲耳又曰人能充無欲害人之心而仁不可勝用也人能充無穿

窬之心而義不可勝用也又曰人之有是四端而自謂不能者自賊者也謂其君不能者賊

其君者也又曰吾身不能居仁由義謂之自棄古聖賢之言若合符節蓋心一心也理一理

也至當歸一精義無二此心此理實不容有二故夫子曰吾道一以貫之孟子曰夫道一而

已矣又曰道二仁與不仁而已矣。如是則為仁反是則為不仁仁卽此心也此理也求則得
之得此理也先知者知此理也先覺者覺此理也愛其親者此理也敬其兄者此理也見孺
子將入井而有怵惕惻隱之心者此理也可羞之事則羞之可惡之事則惡之者此理也是
知其爲是非知其爲非此理也宜辭而辭宜遜而遜者此理也義亦此理也內此
理也外亦此理也故曰直方大不習無不利孟子曰所不慮而知者其良知也所不學而能
者其良能也此天之所與我者我固有之非由外鑠我也故曰萬物皆備於我矣反身而誠
樂莫大焉此吾之本心也所謂安宅正路者此也所謂廣居正位大道者此也古人自得之
故有其實言理則是實理言事則是實事德行則實德行吾與晦翁書所謂古人質實
不尚智巧言論未詳事實先著知之爲知之不知爲不知所謂先知覺後知先覺覺後覺者
以其事實覺其事實故言卽其言所謂言顧行行顧言周道之衰文貌日勝事實
湮於意見典訓蕪於辯說揣量模寫之工依倣假借之似其條盡足以自信其習熟足以自
安以子貢之達又得夫子而師承之尚不免此多學而識之之見非夫子叩之彼固晏然而
無疑先行之訓予欲無言之訓所以覺之者屢矣而終不悟夫子既歿其傳固在曾子蓋可
觀矣況其不工不似不足以自信不足以自安者乎雖然彼其工且似足以自信足以自安
則有終身不反之患有不可救藥之勢乃若未工未似未足以自信未足以自安則舍其邪

九二

而歸於正猶易爲力也。來書蕩而無歸之說大謬。今足下終日依靠人言語。又未有定論。如

在逆旅。乃所謂無所歸。今使足下復其本心。居安宅由正路。立正位行大道。乃反爲無所歸。

足下之不智。亦甚矣。今己私未克之人。如在陷穽。如在荊棘。如在泥塗。如在圖圄械繫之中。

見先知先覺其言廣大高明。與己不類。反疑恐一旦如此則無所歸。不亦謬哉。不

知此乃是廣居正位大道。欲得所歸。何以易此。欲有所主。何以易此。今拘攣舊習不肯棄捨

乃狃其狹而懼於廣。狃其邪而懼於正。狃其小而懼於大。尚得爲智乎。夫子曰汝爲君子儒

無爲小人儒。古之所謂小人儒者。亦不過依據末節細行以自律。未至如今人有如許浮論

虛說謬悠無根之甚。夫子猶以爲門人之戒。又況如今日謬悠無根。而可安乎。吾友能棄去

謬習。復其本心。使其一陽爲主於內。造次必於是。顛沛必於是。無終食之間而違於是。乃

所謂有事焉。乃所謂勿忘。所謂敬果能不替不息。乃是積善。乃是集義。乃是善養浩然之

氣。眞能如此則不愧古人其引用經語。乃是聖人先得我心之所同然。則不爲侮聖言矣。今

終日營營如無根之木。如無源之水。有採摘汲引之勞而盈涸榮枯無常。豈所謂源泉混混。

不舍晝夜盈科而後進者哉。終日簸弄經語以自傅益。所謂侮聖言者矣。書言曰嚴恭寅畏

六德又言文王之敬忌又曰岡不克敬典詩言敬天之渝又言敬之敬之又言聖敬日躋論

語言敬事而信又曰修己以敬孟子言敬王敬兄未嘗有言持敬者觀此二字可見其不明

道矣吾與足下言者必因足下之及此而後言其旨只欲足下知古人事實而不累於無根之說足下謂得此說而思之足下以此爲說其不明吾言甚矣宜其不能記憶附以己意而失其本眞也又如脫灑二字亦不正足下何不言吾之見邪不如古人之見正吾之說虛不如古人之說實如此自訟則有省發之理若只管從脫灑等處思之終不能得其正此理甚明具在人心足下不幸受蔽於謬妄之習今日乃費人許多氣力此事若不明白不應安安而居遲遲而來病倦不能籠括文辭使之簡約信手直書大概幸三復而頓棄其舊則當知聖賢之言眞不我欺也

與劉深甫書

來書示以方册所疑足見爲學不苟簡然其理皆甚明白本無可疑若於此未能通曉則是進學工夫不甚純一未免滯於言語爾今欲一一爲深甫解釋又恐只成言語議論無益於深甫之身之心非徒無益未必不反害之也大抵爲學但當孜孜進德修業使此心於日用間牀賊日少光潤日著則聖賢垂訓向以爲盤根錯節未可遽解者將渙然冰釋怡然理順有不加思而得之者矣書曰思曰睿睿作聖孟子曰思則得之學固不可以不思然思之爲道貴切近而優遊切近則不失己優遊則不滯物易曰擬之而後言議之而後動孟子曰權然後知輕重度然後知長短物皆然心爲甚記曰心誠求之雖不中不遠矣日用之間何適

而非思也如是而思安得不切近安得不優遊至於聖賢格言切近的當昭晰明白初不難

曉而吾之權度其則不遠非假於外物開卷讀書時整冠肅容平心定氣詁訓章句苟能從

容不迫而諷詠之其理當自有彰彰者縱有滯礙此心未充未明猶有所滯而然耳姑舍之

以俟他日可也不必苦思之苦思則方寸自亂目蹠其本失已滯物終不明不明則今日滯礙者

已通曉者有鞭策之力涵養之功使德日以進業日以修而此心日充日明則今日滯礙

他日必有冰釋理順時矣如此則讀書之次亦何適而非思也如是而思安得不切近安得

不優遊若固滯於言語之間欲以失已滯物之智強探而力索之非吾之所敢知也某銓曹

再黜來歲又未免一來深甫勉之謹無以言語議論妨進修之路使此心之良無斧斤之伐

牛羊之牧而有雨露之霑滋雷風之鼓舞日以暢茂條達則來示數章不求解於他人矣

又與劉淳叟書

淳叟平日聞言輒喜遇事輒詢有聽納之體然親朋間未肯歸以取善之實豈似逆而順情

者喜聽而真實苦口者之未能無齟齬耶抑從悅者多而改繹之未至也此雖據前日而論

然今亦未能無疑於淳叟也秋試禮記題破題誠佳然或者謂所出題乃淳叟意旨而作義

者適爾投合苟當於理豈厭其同不稽諸理而苟異以求益之名則固非也場屋之弊固

久然有志者持文衡將此理是責謂彼善於此則可謂理固如此則不知言甚矣中公曰爲

治不在多言顧力行何如耳今日道不在多言學貴乎自得明理者觀之二語之間其病昭

矣摩頂放踵利天下為之墨子非不力行也其往也使人讓竈讓席其反也人與之爭竈爭

席楊子非不自得也二氏不至多言而為異端顏閔侍側則夫子無言可也楊墨交亂告子

許行之徒又各以其說肆行於天下則孟子之辨豈得已哉或默或語各有攸當以言餂人

以不言餂人均為穿窬之類夫子之於顏子蓋博之以文夫博學於文豈害自得顧臾之不

必伐衞政之必正名冉有季路不能無蔽夫子不得不申言之夷之陳相告子之徒必執其

說以害正理則孟子與之反復不得不詳必曰不在多言問之弗知弗措之弗明弗

措皆可削也自得之說本於孟子而當世稱其好辯自謂博學而詳說之將以反說約也中

庸固言力行而在學問思辨之後今淳叟所取自得力行之說與中庸孟子之旨異矣仁智

信直勇剛皆可以力行皆可以自得然好之而不好學則各有所蔽倚於一說一行而玩之

執無其味不考諸其正則人各以其私說而傅於近似之言者豈有窮已哉淳叟之氣稟固

自有異於人者往時朋舊相親鮮不服其粹和醇美以為無疵獨淳叟之心往往有不敢自

欺者求他人之明如淳叟之心不可欺則亦鮮矣至如晚寢早作躬親細事筋力日強精神

日敏則自去冬以來其效甚著繼有荒怠勉之斯復所不足者恐不獨在是也麟之姪近顏

精進論事盡有根據至如說淳叟輒欲以一言斷之此亦是其病處固嘗闢之矣然在淳叟

不可不察父德器言論。皆有餘味。誠有其仁焉用佞然光明所燭波瀾所及不已於學
當有充長之驗以大禹之聖聞在知人在安民之言則吁而致其問。仁有所未
足勇有所未至而欲斂然自安於弒父與君亦不從也之列則亦儉矣館學之官非費宰比
能相勉以進無苟自安則吾道有望道之異端人之異志古書之正僞固不易辨然理之在
天下至不可誣也有志於學者亦豈得不任其責如射者之於的雖未能遽中豈得而不志
於是哉閑先聖之道闢邪說放淫辭於今當有任其責者而多言是病此公孫弘禁民挾弓
弩之策也。

與傅聖謨書

不假推尋擬度之說殆病於向者推尋擬度之妄已而知其非遂安之以爲道在於是必謂
不假推尋爲道則仰而思之夜以繼日探賾索隱鈎致遠者爲非道耶。必謂不假擬度爲
道則是擬之而後言議之而後動擬議以成其變化者爲非道耶謂卽身是道則是有身者
皆爲有道耶是皆未得夫道之正也謂悠悠日復一日不能堪任重道遠之寄此非道也當
襄不能不爲累此非道也學如不及學而不厭憂之如何如舜而已者道當如是故也簞食
瓢飲不改其樂肘見縷絕不以爲病者道當如是故也耕歷山漁雷澤陶河濱與夫耕莘築
巖釣渭者此所以翩其口也夫子絕糧曾子七日不火食而囯坐絃歌歌聲若出金石夫何

累之有哉子路結纓曾子易簀乃在垂死而從容如此貧執與死而云爲累無乃未得爲聞
道者乎以聖謨之英敏而不知此無乃未之思乎無乃向之所謂道者反所以爲道之蔽而
然乎

與邵中孚書

所示進學證驗此乃吾友天資樸茂立志堅篤故能如此可喜可慶居天下之廣居立天下
之正位行天下之大道乃吾分內事耳若不親師友汨沒於流俗驅而納諸罟擭陷阱之中
而莫之知辟豈不可憐哉孟子曰苟得其養無物不長苟失其養無物不消今吾友既得其
本心矣繼此能養之而無害則誰得而禦之如木有根苟有培浸而無傷牧則枝葉當日益
暢茂如水有源苟有疏濬而無壅塞則波流當日益充積所謂原泉混混不舍晝夜盈科而
後進放乎四海有本者如是大抵讀書訓詁既通之後但平心讀之不必強加揣量則無非
浸灌培益鞭策磨勵之功或有未通曉處姑缺之無害且以其明白昭晰者日夕涵泳則自
然日充日明後日本原深厚則向來未曉者亦有渙然冰釋者矣告子一篇自牛山之木
嘗美矣以下可常讀之其浸灌培植之益當日深日固也其卷首與告子論性處卻不必深
考恐其力量未到則反惑亂精神後日不患不通解也此最是讀書良法其他非相見莫能
盡尚書皐陶謨稷大禹謨太甲說命旅獒洪範無逸等篇可常讀之其餘少緩何時得相見

諸當面盡未開。千萬勉旃以卒賢業。

與趙詠道書

為學有講明有踐履大學致知格物中庸博學審問謹思明辯孟子始條理者智之事此講
明也大學修身正心中庸篤行之孟子終條理者聖之事此踐履也物有本末事有終始知
所先後則近道矣欲修其身者先正其心欲正其心者先誠其意欲誠其意者先致其知致
知在格物自大學言之固先乎講明矣自中庸言之學之弗能問之弗知思之弗得辯之弗
明則亦何所行哉未嘗學問思辯而曰吾唯篤行之而已是冥行者也自孟子言之則事蓋
未有無始而有終者講明之未至而徒恃其能力行是猶射者不習於教法之巧而徒恃其
有力謂吾能至於百步之外而不計其未中也故曰其至爾力也其中非爾力也講明有
所未至則雖材質之卓異踐行之純篤如伊尹之任伯夷之清柳下惠之和不思不勉從容
而然可以謂之聖矣而孟子顧有所不願學拘儒瞽生又安可以其硜硜之必為而傲知學
之士哉然必一意實學不事空言然後可以謂之講明若謂口耳之學為講明則又非聖人
之徒矣。

與李宰書

來教謂容心立異不若平心任理其說固美矣然容心二字不經見獨列子有吾何容心哉

之言平心二字亦不經見其原出於莊子平者水停之盛也其可以爲法也內保之而外不
蕩也其說雖託之孔子實非夫子之言也彼固自謂寓言十九其書道夫子言行者往往以
致其斬侮之意不然則借尊其師不然則因以達其說皆非事實後人據之者陋矣又韓昌
黎與李翊論文書有曰平心而察之自韓文盛行後學士大夫言語文章間用平心字寖多。
究極其理二說皆非至言吾何容心之說卽無心之說也故無心二字亦不經見人非木石
安得無心心於五官最尊大洪範曰思曰睿睿作聖孟子曰心之官則思思則得之不思則
不得也又曰存乎人者豈無仁義之心哉又曰至於心獨無所同然乎又曰君子之所以異
於人者以其存心也又曰非獨賢者有是心也人皆有之賢者能勿喪耳又曰人之所以異
於禽獸者幾希庶民去之君子存之者去此心也故曰此之謂失其本心又曰人之所以異
心也故曰大人者不失其赤子之心四端者卽此心也天之所以與我者卽此心也人皆有
是心也皆具是理心卽理也故曰理義之悅我心猶芻豢之悅我口所貴乎學者爲其欲窮
此理盡此心也有所蒙蔽有所移奪有所陷溺則此心爲之不靈此理爲之不明是謂不得
其正其見乃邪見其說乃邪說一溺於此不由講學無自而復故心當論邪正不可無以
爲吾無心此卽邪說矣若愚不肖之不及固未得其正賢者智者之過失亦未得其正溺於
聲色貨利狃於譎詐姦宄牿於末節細行流於高論浮說其智愚賢不肖固有間矣若是心

之未得其正蔽於其私而使此道之不明不行則其爲病一也周道之衰文貌日勝良心正

理日就蕪沒其爲吾道害者豈特聲色貨利而已哉楊墨皆當世之英人所稱賢孟子之所

排斥拒絕者其爲力勢於斥儀衍輩多矣所自許以承三聖者蓋在楊墨而不在衍儀也故

正理在人心乃所謂固有易而易知簡而易從初非甚高難行之事然自失正者言之由

正學以克其私而後可言也此心未正此理未明而日平心不知所平者何也大學言欲

正其心者先誠其意欲誠其意者先致其知致知在格物物果已格則知自至所知既至則

意自誠意誠則心日正必然之勢非強致也孟子曰我亦欲正人心息邪說詖行放淫辭

以承三聖者當是時天下之言者不歸楊則歸墨楊朱墨翟之言盈天下自孟子出後天下

方指楊墨爲異端然孟子既沒其道不傳天下之尊信者抑尊信其名耳不知其實也指楊

墨爲異端者亦指其名耳不知其實也往往口關楊墨而身爲其道往往稱道詩書論孟綜其實特借

行孟子沒此道不明今天下士皆溺於科舉之習觀其言往往稱道詩書論孟綜其實特借

以爲科舉之文耳誰實爲眞知其道者口誦孔孟之言身蹈楊墨之行者蓋其高者也其下

則往往爲楊墨之罪人尙何言哉孟子沒此道不傳斯言不可忽也諸人交口稱道門下之

賢不覺吐露至此病方起不暇鹽括其辭亦惟通人有以亮之儻有未相孚信處當遲後便。

太極圖說乃梭山兄辯其非是大抵言無極而太極是老氏之學與周子通書中
太極不言無極易大傳亦只言太極不言無極若於太極上加無極二字乃是蔽於老氏之
學又其圖說本見於朱子發附錄朱子發明言陳希夷太極圖傳在周茂叔遂以傳二程則
其來歷爲老氏之學明矣周子通書與二程言論絕不見無極二字以此知三公蓋已皆知
無極之說爲非矣梭山曾與晦翁而言繼又以書言之晦翁大不謂然某素是梭山之說以
梭山謂晦翁好勝不肯與辯某以爲人之所見偶有未通處其說固以已爲是以他人爲非
且當與之辯白末可便以好勝絕之遂尾其說以與晦翁辯白有兩書甚詳曾見之否以晦
翁之高明猶不能無蔽道聽塗說之人亦何足與言此哉仁義忠信樂善不倦此夫婦之愚
不肖可以與知能行聖賢所以爲聖賢亦不過充此而已學者之事當以此爲根本若夫天
文地理象數之精微非有絕識加以積學未易言也某欲作一撰著說稍發易數之大端以
排異說曉後學坐事奪未克成就早晚當奉納一本何時合併以究此懷德成而上藝
成而下行成而先事成而後論語曰入則孝出則弟謹而信汎愛衆而親仁曰言忠信行篤
敬孟子曰仁義禮智根於心其生色也睟然見於面盎於背施於四體四體不言而喻曰仁
義忠信樂善不倦此等皆德行事爲尊爲貴爲上爲先樂師辯乎聲詩祝史辯乎宗廟之禮
與凡射御書數等事皆藝也爲卑爲賤爲下爲後古人右能左賢自有定序夫子曰君子多

乎哉不多也曾子曰籩豆之事則有司存凡所謂藝者其發明開創皆出於古之聖人故曰

百工之事皆聖人作也然聖人初不尚其能之也每以敎人不以加人若德行中庸固無

加人之理世衰道微德行淺薄小人之有精力者始以其藝加人珍其事祕其說以增其價

貴所謂市道故風俗日以不美流傳之久藝之實益不精而眩鬻之風反更張大學者不辯

本末不知高下未有不爲此輩所眩者吾觀近時談數學者陋日益甚妄日益熾未嘗涉其

門戶得其師傳安能辯其是非但以前尊卑貴賤上下先後之義推之則自知所決擇議妄

之情狀大概亦可見矣作書畢恐贊仲不能不惑於妄人庸夫之說故復書此以助決擇

與辛幼安書

輒有區區欲效芹獻伏惟少留聰明賜之是正竊見近時有議論之蔽本出於小人之黨欲

爲容姦庾廆之地而飾其辭說託以美名附以古訓要以利害雖資質之美心術之正者苟

思之不深講之不詳亦往往爲其所惑此在高明必已洞照本末而某私憂過計未嘗去懷

敢悉布之且以求敎古人未嘗不言寬寬也者君子之德也古之聖賢未有無是心無是德

者也然好善而惡不善乃人心之用也遏惡揚善舉直錯枉乃寬德之行也

君子固欲人之善而天下不能無不善者以害吾之善固欲人之仁而天下不能無不仁者

以害吾之仁有不仁不善爲吾之害而不有以禁之治之去之則善者不可以伸仁者不可

以逐是其去不仁乃所以爲仁去不善乃所以爲善也。故曰爲國家者。見惡如農夫之務去草焉芟夷蘊崇之絕其本根勿使能殖則善者信矣夫五刑五用古人豈樂施此於人哉天討有罪不得不然耳是故大舜有四裔之罰夫子有兩觀之誅善觀大舜孔子寬仁之實者。於四裔兩觀之間而見之矣近時之言寬仁者。則異於是蓋不究夫寬仁之實而徒欲爲容姦庾慝之地始所謂以不禁姦邪爲寬大縱釋有罪爲不苛者也罪疑惟輕而有疑固宜惟輕與其殺不辜寧失不經謂罪疑者也使其不經甚明而無疑則天討所不容釋豈可失也宥過無大刑故無小使在趨走使令之間簿書期會之際偶有過誤宥之可也若其貪黷姦宄出於其心而至於傷民蠹國則何以宥爲於其所不可失而失之於其所不可宥而宥之則爲傷善爲長惡爲悖理爲不順天殆非先王之政也自古張官置吏所以爲民爲之圖圖爲之械繫爲之鞭筮使長吏操之以禁民爲非去其不善不仁者而成其善政化化懲其邪惡除亂禁暴使上之德意布宣於下而無所壅底今天子愛養之方丁寧於詔旨勤卹之意焦勞於宵旰賢牧伯班宣惟勤勞來不怠列郡成風咸尙慈恕而縣邑之間貪饕矯虔之吏方且用吾君禁非懲惡之具以逞私濟欲置民於囹圄械繫鞭筮之間殘其支體竭其膏血頭會箕斂搥骨瀝髓與奸胥猾徒厭飫飽哮其上巧爲文書轉移出沒以欺上府操其奇贏與上府之左右締交合黨以蔽上府之耳目田畝之民劫於刑威小吏下片紙因纍纍如

驅羊劫於庭廡槭繫之威。心悸股慄筆楚之慘。號呼籲天隳家破產質妻鬻子。僅以自免而
曾不得執一字之符以赴愬於上上之人或浸淫聞其髣髴欲加究治則又有庸鄙淺明
不燭理志不守正之人爲之緩頰敷陳仁愛寬厚有體之說以杜吾窮治之意遊揚其文具
僞貌誕謾之事以掩其罪惡之迹遂使明天子勤恤之意牧伯班宣之誠壅底而不達百里
之宰眞宣撫字之地乃復轉而爲豺狼蝎蠹之區日以益甚不可驅除豈不痛哉若是者
其果可宥乎果可失乎至於是而又泛言寬仁之說以逆薇吾窮治之途則其滋害遺毒繼
惡傷和豈不甚哉其與古人寬仁之道豈不戾哉今之貪吏每以應辦賦財爲辭此尤不可
不辦今日邦計誠不充裕賦取於民者誠不能不益於舊制居計省計者誠能推支費浮衍之
出察收斂滲漏之處深求節約檢制之方時行施舍己責之政以寬民力以厚國本則於今
日誠爲大善若未能爲此則亦誠深計遠慮者之所惜然今日之苦於貪吏者則不在此使
吏果不貪則因今之法循今之例以賦取於民民猶未甚病也今貪吏之所取供公上者無
幾而入私囊者或相十百或相千萬矣今縣邑所謂應辦月解歲著固多在常賦之外然
考其所從出則逐處各有利源利源所在雖非著令之所許而因循爲例民亦視以爲常而
未甚病也利源有優狹者應辦爲易狹者應辦差難然通而論之優者多狹者少若循良
之吏則雖在利源狹處亦寧書下考不肯病民今之貪吏雖在利源優處亦啟無厭之心搜

羅既悉而旁緣無藝張奇名以巧取持空言以橫索無所不至方且託應辦之名爲缺乏之

說以欺其上顧不知事實不可掩明者不可欺通數十年之間取其廉而能者與其貪之尤

者而較之其爲應辦則同而其賦取誅求於民者或相千萬而不齒此貪吏之所借以爲說。

而欺上之人者最不可不察也貪吏害民害之大者而近時持寬仁之說者乃欲使監司郡

守不敢按吏此愚之所謂議論之蔽而憂之未能去懷者也不識執事以爲如何今江西繁

安撫修撰是賴願無搖於鄙陋之說以究寬仁之實使聖天子愛養之方勤恤之意無遠不

暨無幽不達而執事之舊節素守無所屈撓不勝幸甚

贈二趙書

書契既造文字日多六經既作傳註日繁其勢然也苟得其實本末始終較然甚明知所先

後則是非邪正知所擇矣雖多且繁非以爲病祇以爲益不得其實而蔽於其末則非以爲

益祇以爲病二昆其謹所以致其實哉

經德堂記

堂名取諸孟子經德不回非以干祿也經也者常也德也者人之得於天者也不回者是德

之固不回撓也無是則無以爲人臣而無是則無以事其君爲人子而無是則無以事

其父禹之疏鑿稷之播種契之敷教皋陶之明刑益驅禽獸垂備器用伯夷典禮后夔典樂

龍出納帝言。尹自耕莘相成湯。說由築巖佐武丁。太公以磻溪釣漁爲文武師。皆是德也。關龍逄誅死，王子比干剖心，箕子爲囚奴，孔子削跡伐木，窮於陳蔡，毀於叔孫，詆譏於微生畝，楚狂接輿，晨門耦耕植杖之流，孟子見沮於臧倉，受嗤於優髡，見疑於尹士，充虞者，同是德也。武王纘太王、王季、文王之緒，以有天下。周公成文武之業，追王太王、王季，宗祀文王於明堂，盡繼述之善，爲天下達孝。曾子受經於仲尼，以孝聞天下而名後世，皆是德也。舜小杖則受，大杖走。妻帝二女不待贅。腹之命，繕廩而焚，捐笠以下，浚井而掩，鑿旁以出。太伯、虞仲將致位乎季歷，斷髮文身，逃之荊蠻。太子申生使人辭於狐突，再拜稽首而死，同是德也。治古盛時，黎民於變，比屋可封。彼喬木中林，武夫可爲腹心，所欲有甚於生，所惡有甚於死，證驗之著，在於塗炭。逮德下衰，此心不競，豪傑不與，皇極不建。況士大夫乎！賢智迷於會歸，庶民無所歸命，學者文煩訟者，辭勝質，賓義主利，陵夷不捄，橫流不隉。天常民彝所不可泯絕者，如漢獻命於螘操而已。舊章先典，格言至訓，櫝存珠亡，轉爲藻繢，邪釋繆解，正漫真渝。又轉而給寇兵，充盜糧矣。疽潰蛆肆，民狙獪狂，狂之士方不勝憤悶，矛義介節，出嬰其鋒，猶或憑天藉聖，因其不遂泯絕者，足爲且。吾以聳觀聽，然如孤豚之咋虎者，常十八九。總其實，火不啻一車薪，而水未必盈杯也。信乎終亦必亡而已矣。夫子生於周季，當極文之弊。王者之迹熄，書訖詩亡，亦已久矣。載贊之與，方羊海岱江淮河濟之間莫能用者。歸而講道洙泗。賢顏氏之樂。大林放之問。歎曾點之志。稱重南宮适禹稷躬稼之言。眷眷於柴參之愚魯。而終不能使予賜偃商由求之徒進於知德。先入之難拔。積習之錮人。乃至於此。夫子既沒。百家並興。儒名者皆曰自孔氏。顏淵之死。無疑於夫子之道者。僅有曾子。自子游子夏子張。猶欲強之以事有若。他何言哉。章甫其冠。逢掖其衣。以詩書禮樂之辭爲口實者。其果真爲自孔氏者乎。老聃蒙莊之徒。恣睢其間。摹寫其短。以斲病周孔。躪籍詩禮。其勢然也。戰國嬴秦無足復道。漢高帝項籍。其要領在爲義帝發喪一事。天常民彝莫大於此。新城三老。蓋深於老氏者也。彼知取天下之大計在此耳。豈有匹夫匹婦不與被堯舜之澤。若己推而納諸溝中之心哉。莊子譏田常盜仁義以竊國。乃不知其學自有盜仁義以竊天下之計也。雖然君子反經而正則庶民興。庶民興斯無邪慝矣云

錦吳生紹古遠來從余遊。求名其讀書之堂。余既名而書之。且爲其說。使歸而求之。孟子曰。古之人修其天爵而人爵從之。今之人修其天爵以要人爵。既得人爵而棄其天爵則惑之甚者也。後世發策決科而高第可以文藝取。積資累考而大官可以歲月致。則又有不必修其天爵者矣。早辯而謹思之。紹熙元年五月望日象山翁記。

武陵縣學記

彝倫在人。維天所命。良知之端。形於愛敬。擴而充之。聖哲之所以爲聖哲也。先知者知此而

已。先覺者覺此而已。氣有所蒙。物有所蔽。勢有所遷。習有所移。往而不返。迷而不解。於是爲

愚爲不肖彝倫於是而斁。天命於是而悖。此君師之所以作。政事之所以立。是故先王之時。爲

風教之流行典刑之昭著無非所以籠綏四方左右斯民使之若有常性克安其道者也。是

故鄉舉里選月書季考三年而大比以興賢能蓋所以陶成髦俊將與共斯政同斯事也。學

校庠序之間所謂切磋講明者何以捨是而他求哉所謂格物致知此物致知也。故

能明明德於天下易之窮理也故能盡性至命孟子之盡心盡心也。故能知性知

天學者誠知所先後則如木有根。如水有源增加馴積月異而歲不同。誰得而禦之若迷其

端緒易物之本末。誤事之終始雜施而不遜。是謂異端是謂邪說非以致明非以

去蔽祇以爲蔽後世之士有志於古不肯甘心流俗然而苦心勞身窮年卒歲不爲之日休。

而爲之日拙者非學之罪也學絕道喪不遇先覺其端緒末爲本其所從事者非古人

之學也古人之學其時習必悅其朋來必樂其理易知其事易從不惑於異說不牽於私欲

造次於是則其久大可必孟子曰源泉混混不舍晝夜盈科而後進放乎四海此

古人之學也武陵舊無縣學縣傍有勝地地有故築基蓋往時有欲遷府學於是而不遂者

今縣宰林君夢英出故基於蕪穢之中而創學焉士民之有力者皆爭出財以相其役林君

不事官府之威凡學之百役無異民家之爲者既成規模宏麗氣象雄偉遂爲武陵壯觀先

是倉臺薛公伯宣助成講堂今憲臺丁公逢倉臺趙公不迂郡侯蔣公行簡皆助錢買田以

養士林君之創茲學而上下翕然助成其美如此則林君之政可知矣余於是敬誦所聞以

記之紹熙二年歲次辛亥六月上澣象山陸某記

語錄二十七則。

道外無事事外無道先生常言之。

天理人欲之言亦自不是至論若天是理人是欲則是天人不同矣此其原蓋出於老氏樂

記曰人生而靜天之性也感於物而動性之欲也物至知之而後好惡形焉不能反躬天理

滅矣天理人欲之言蓋出於此樂記之言亦根於老氏且如專言靜是天性則動獨不是天

性耶書云人心惟危道心惟微解者多指人心為人欲道心為天理此說非是心一也人安

有二心自人而言則曰惟危自道而言則曰惟微罔念作狂克念作聖非危乎無聲無臭無

形無體非微乎因言莊子云眇乎小哉以屬諸人警乎大哉獨遊於天又曰天道之與人道

也相遠矣是分明裂天人而為二也

凡欲為學當先識義利公私之辨今所學果為何事人生天地間為人當自盡人道學者所

以為學學為人而已非有為也

上是天下是地人居其間須是做得人方不枉了。

要當軒昂奮發莫恁地沈埋在卑陋凡下處。

居象山多告學者云女耳自聰目自明事父自能孝事兄自能弟本無欠闕不必他求在自立而已人要有大志常人汩沒於聲色富貴間良心善性藥了今人如何便解有志須先有智識始得。

此道非爭競務進者能知惟靜退者可入又云學者不可用心太緊今之學者大抵多是好事未必有切己之志夫子曰古之學者為己今之學者為人須自省察。

為學患無疑疑則有進孔門如子貢卽無所疑所以不至於道孔子曰女以予為多學而識之者歟子貢曰然往往孔子未然之孔子復有非與之問顏子仰之彌高末由也已其疑非細甚不自安所以其殆庶幾乎。

學問須論是非不論效驗如告子先孟子不動心其效先於孟子然畢竟告子不是。

人共生乎天地之間無非同氣扶其善而沮其惡義所當然安得有彼我之意又安得有自為之意。

學者須是打疊田地淨潔然後令他奮發植立若田地不淨潔則奮發植立不得古人為學卽讀書然後為學可見然田地不淨潔亦讀書不得若讀書則是假寇兵資盜糧。

論語中多有無頭柄的說話如知及之仁不能守之之類不知所及所守者何事如學而時

習之不知時習者何事非學有本領未易讀也苟學有本領則知之所及者及此也仁之所

守者守此也時習之習此也說者說此樂者樂此如高屋之上建瓴水矣學苟知本六經皆

我註腳

或問先生何不著書對曰六經註我我註六經韓退之是倒做蓋欲因學問而學道歐公極

似韓其聰明皆過人然不合初頭俗了或問如何俗了曰符讀書城南三上宰相書是已至

二程方不俗然聰明卻有所不及

一學者自晦翁處來其拜跪語言頗怪每日出齋此學者必有陳論應之亦無他語至四日

此學者所言已罄力請誨語答曰吾亦未暇詳論然此間大綱有一個規模說與人今世人

淺之為聲色臭味進之為富貴利達又進之為文章技藝又有一般人都不理會卻談學問

吾總以一言斷之曰勝心此學者默然後數日其舉動言語頗復常

一學者從遊閱數月一日問之云聽說話如何曰初來時疑先生之顛倒既如此說了後又

如彼說及至聽得兩月後方始貫通無顛倒之疑

先生云學者讀書先於易曉處沈涵熟復己致思則他難曉者渙然冰釋矣若先看難曉

處終不能達舉一學者詩云讀書切戒在荒忙涵泳工夫與味長未曉無妨權放過切身須

要急思量自家主宰常精健逐外精神徒損傷寄語同遊二三子莫將言語壞天常

有行古禮於其家而其父不悅乃至父子相非不已遂來請教先生云以禮言之吾子於行
古禮其名甚正以實言之則去古既遠禮文不遠吾子所行未必盡契古禮而且先得罪於
尊君矣喪禮與其哀不足而禮有餘也不若禮不足而哀有餘也如世俗甚不經裁之可也

其餘且可從舊。

子不語怪力亂神夫子只是不語非謂無也若力與亂分明是有神怪豈獨無之人以雙瞳
之微所矚甚遠亦怪矣苟不明道則一身之間無非怪但玩而不察耳

呂伯恭爲鵝湖之集先兄復齋謂某曰伯恭約元晦爲此集正爲學術異同某兄弟先自不
同何以望鵝湖之同先兄遂與某議論致辯又令某自說至晚罷先兄云子靜之說是次早
某請先兄說先兄云某無說夜來思之子靜之說極是方得一詩云孩提知愛長知欽古聖
相傳只此心大抵有基方築室未聞無址忽成岑留情傳註翻榛塞著意精微轉陸沈珍重
友朋相切琢須知至樂在於今某詩甚佳但第二句微有未安先兄云說得恁地又道未
安更要如何某不妨一面起行某沿途卻和此詩及至鵝湖伯恭首問先兄別後新功先
兄舉詩纔四句元晦顧伯恭曰子壽早已上子靜船了也舉詩罷遂致辯於先兄某云中
某和得家兄此詩云墟墓興哀宗廟欽斯人千古不磨心涓流滴倒滄溟水拳石崇成泰華
岑易簡工夫終久大支離事業竟浮沈舉詩至此元晦失色至欲知自下升高處眞僞先須

辨古今元晦大不懌於是各休息翌日二公商量數十折議論來莫不悉破其說繼日凡致

辯其說隨屈伯恭甚有虛心相聽之意竟為元晦所尼後往南康元晦延入白鹿洞講說因

講君子喻於義一章元晦再三云某在此不曾說到這裏頁愧何言

淳熙二年乙未先生三十七歲呂伯恭約先生與季兄復齋會朱元晦諸公於信之鵝湖寺

復齋云云元晦歸後三年乃和前詩云德業流風夙所欽別離三載更關心偶攜藜杖出寒

谷又枉籃輿度遠岑舊學商量加邃密新知培養轉深沈只愁說到無言處不信人間有古

今後信州守楊汝礪建四先生祠堂於鵝湖寺勒陸子詩於石復齋與張欽夫書云某春末

會元晦於鉛山語三日然皆未能無疑按呂成公譜乙未四月訪朱文公於信之鵝湖寺陸

子靜子壽劉子澄及江浙諸友皆會留止旬日鄒斌俊父錄云朱呂二公話及九卦之序先

生因亹亹言之大略謂復是本心復處如何列在第三卦而先之以履與謙蓋履之為卦上

天下澤人生斯世須先辯得俯仰乎天地而有此一身以達於所履其所履有得有失又繫

於謙與不謙之分謙則精神渾收聚於內不謙則精神渾流散於外惟能辯得吾一身所以

在天地間舉錯動作之由而斂藏其精神使之在內而不在外則此心斯可得而復矣次之

以常固又次之以損蓋本心既復謹始克終曾不少廢以得其常而至於堅

固私欲日以消磨而為損天理日以澄瑩而為益雖涉危蹈險所遭多至於困而此心卓然

不動。然後於道有得。左右逢其原。如鑿井取泉。處處皆足。蓋至於此則順理而行。無纖毫透漏。如異風之散。無往不入。雖密房奧室。有一縫一罅。即能入之矣。二公大服。朱亨道書云鵝湖講道切誠當今盛事伯恭蓋慮陸與朱議論猶有異同欲會歸於一而定其所適從其意其善伯恭蓋有志於此語自得則未也。臨川趙守景明邀劉子澄景昭在臨安與先生相款。亦有意於學又云鵝湖之會論及教人元晦之意欲令人泛觀博覽而後歸之約二陸之意欲先發明人之本心而後使之博覽朱以陸之教人為太簡陸以朱之教人為支離此頗不合先生更欲與元晦辯以為堯舜之前何書可讀復齋止之趙諸公共聽而已先發明之說未可厚誣元晦見二詩不平似不能無我元晦書云某未聞道學之懿茲幸獲奉餘論所恨忽忽別去彼此之懷皆若有未既者然警切之誨不敢忘也還家無便寫此少見拳拳。此則為象山年譜附錄放此。

學者不長進只是好己勝出一言做一事便道全是豈有此理古人惟賞知過則改見善則遷今各自執已是被人點破便愕然所以不如古人。

先生語伯敏云近日學者多一則以喜一則以懼夫人勇於為學豈不可喜然此道本日用常行近日學者卻把作一事張大虛聲名過於實起人不平之心是以為道學之說者必為人深排力詆此風一長豈不可懼某之取人喜其忠信誠愨言似不能出口者談論風生

他人所取者某深惡之。

學者先須不可陷溺其心又不當以學問夸人夸人者必爲人所攻只當如常人見人不是

必推惻隱之心委曲勸諭之不可則止若說道我底學問如此你底不是必爲人所攻兼且

所謂學問者自承當不住某見幾個自主張學問某問他你了得也未他心下不穩如此則

是學亂說實無所知如此之人謂之痼疾不可治寧是縱情肆欲之人猶容易與他說話最

是學一副亂說底沒奈他何此只有兩路利欲道義不之此則之彼

伯敏問云以今年校之去年殊無寸進先生云如何要長進若當爲者有時而不能爲不當

爲者有時乎爲之這個卻是不長進不恁地理會泛然求長進不過欲以己先人此是勝心

伯敏云無個下手處先生云古之欲明明德於天下者先治其國欲治其國者先齊其家欲

齊其家者先修其身欲修其身者先正其心欲正其心者先誠其意欲誠其意者先致其知

致知在格物格物是下手處伯敏云如何樣格物先生云研究物理伯敏云天下萬物不勝

其繁如何盡研究得先生云萬物皆備於我只要明理然理不解自明須是隆師親友伯敏

云此間賴有季繹時相勉勵先生云季繹與顯道一般所至皆勉勵人但無根者多其意似

欲私立門戶其學爲外不爲己世之人所以攻道學者亦未可全責他蓋自家驕其聲色立

門戶與之爲敵曉曉騰口實有所未孚自然起人不平之心某平日未嘗爲流俗所攻攻者

卻是讀語錄精義者程士南最攻道學人或語之以某程云道學如陸某無可攻者又如學
中諸公義均骨肉蓋某初無勝心日用常行自有使他一個敬信處某舊日伊洛文字不曾
看近日方看見其間多有不是今人讀書平易處有可以起人羨慕者則著力研究
古先聖人何嘗有起人羨慕者只是此道不行見有奇特處便生羨慕自周末文弊便有此
風如唐虞之時人人如此又何羨慕所以莊周云臧與穀共牧羊而俱亡其羊問臧奚事曰
博塞以遊問穀奚事曰挾策讀書其為亡羊一也某讀書只為古註聖人之言自明白且如
弟子入則孝出則弟是與他說與你入便孝出便弟何須得傳註學者疲精神於此是以擔
子越重到某這裏只是分明說與他減擔只此便是格物伯敏云每讀書始者心甚專三五遍後往
往心不在此知其如此必欲使心在書上則又別生一心卒之方寸擾擾先生云此是聽某
言不入若聽得入自無此患某之言打做一處吾友二三其心了如今讀書且平平讀未曉
處且放過不必太疏

伯敏云如何是盡心性才心情如何分別先生云如吾友此言又是枝葉雖然此非吾友之
過蓋舉世之弊今之學者讀書只是解字更不求血脈且如性情心才都只是一般物事言
偶不同耳伯敏云莫是同而異名否先生曰不須說得說著便不是將來只是騰口說為
人不為己若理會得自家實處他日自明若必欲說時則在天者為性在人者為心此蓋隨

吾友而言其實不須如此。只是要盡去爲心之累者。如吾友適意時卽今便是牛山之木一

段血脈只在仁義上以爲未嘗有才焉此豈山之性也哉此豈人之情也哉是偶然說及初

不須分別所以令吾友讀此者蓋欲吾友知斧斤之害其材有以警戒其心日夜之所息

者歇也又曰生息蓋人之良心爲斧斤所害夜間方得歇息若夜間得息時則平旦好惡與

常人不甚相遠惟日晝所爲梏亡不止到後來夜間亦不得能息夢寐顚倒思慮紛亂以致

淪爲禽獸人見其如此以爲未嘗有才焉此豈人之情也哉只與理會實處就心上理會俗

諺云癡人面前不得說夢又曰獅子咬人狂狗逐塊以土打獅子便徑來咬人若打狗狗狂

只去理會土聖賢急於教人故以情以性以心以才說與人如何泥得若老兄與別人說定

是說如何樣是心如何樣是性情與才如此分明說得好剗地不干我事須是血脈骨髓理

會實處始得凡讀書皆如此又問養氣一段先生云此尤當求血脈只要理會我善養吾浩

然之氣當吾友適意時別事不理會時便是浩然養而無害則塞乎天地之間是集義所生

者非義襲而取之也蓋孟子當時與告子說告子之意不得於言勿求於心是外面硬把捉

的要之亦是孔門別派將來也會成只是終不自然孟子出於子思則是涵養成就者故曰

是集義所生者集善行有不慊於心則餒矣若行事不當於心如何得浩然此言

皆所以關告子又問養勇異同先生云此只是比並北宮用心在外正如告子不得於言勿

求於心施舍用心在內正如孟子行有不慊於心則餒矣而施舍又似曾子北宮又似子夏
謂之似者蓋用心內外相似非眞可及也孟子之言大抵皆因當時之人處己太卑而視聖
人太高不惟處己太卑而亦以此處人如是何足與言仁義也之語可見不知天之與我者
其初未嘗不同如未嘗有才焉之類皆以爲才乃聖賢所有我之所無不敢承當著故孟子
說此乃人人都有自爲斧斤所害所以淪胥爲禽獸若能涵養此心便是聖賢讀孟子須當
理會他所以立言之意血脈不明沈溺章句何益
做得工夫實則所說卽實事不說閑話所指人病卽實病因舉午間一人問虜使善兩國講
和先生因贊歎不用兵全得幾多生靈是好然吾人皆士人曾讀春秋知中國夷狄之辯二
聖之讎豈可不復所欲有甚於生所惡有甚於死今吾人高居無事優游以食亦可爲恥乃
懷安非懷義也此皆是實理實說

理學治要卷一

理學七家

王守仁

明餘姚人字伯安弘治進士正德初以論救言官戴銑等忤劉瑾謫龍場驛丞瑾誅乃起後巡撫南贛平大帽山諸賊定宸濠之亂又破斷藤峽賊明世宗臣用兵未有及守仁者卒年五十七贈新建侯諡文成守仁少嘗泛濫二氏返求六經及謫龍場窮荒無書日繹舊聞其學途豁然一變大要根據大學致知與孟子良知之語創爲致良知之說謂知行本屬一體凡良知省由實行得來道聽塗說不足以爲知訓詁辭章不足以言學故於宋儒特推重陸九淵而謂朱子四書集注或問之類乃中年未定之說世稱其學爲姚江派嘗築室距越城東南二十里之陽明洞中學者稱陽明先生有王文成公全書

大學問

大學者昔儒以爲大人之學矣敢問大人之學何以在於明明德乎陽明子曰大人者以天地萬物爲一體者也其視天下猶一家中國猶一人焉若夫閒形骸而分爾我者小人矣大人之能以天地萬物爲一體也非意之也其心之仁本若是其與天地萬物而爲一也豈惟大人雖小人之心亦莫不然彼顧自小之耳是故見孺子之入井而必有怵惕惻隱之心焉是其仁之與孺子而爲一體也孺子猶同類者也見鳥獸之哀鳴觳觫而必有不忍之心焉

是其仁之與鳥獸而爲一體也鳥獸猶有知覺者也見草木之摧折而必有憫恤之心焉是

其仁之與草木而爲一體也草木猶有生意者也見瓦石之毀壞而必有顧惜之心焉是其

仁之與瓦石而爲一體也是其一體之仁也雖小人之心亦必有之是乃根於天命之性而

自然靈昭不昧者也是故謂之明德小人之心既已分隔隘陋矣而其一體之仁猶能不昧

若此者是其未動於欲而未蔽於私之時也及其動於欲蔽於私而利害相攻忿怒相激則

將戕物圮類無所不爲其甚至有骨肉相殘者而一體之仁亡矣是故苟無私欲之蔽則雖

小人之心而其一體之仁猶大人也一有私欲之蔽則雖大人之心而其分隔隘陋猶小人

矣故夫爲大人之學者亦惟去其私欲之蔽以自明其明德復其天地萬物一體之本然而

巳耳非能於本體之外而有所增益之也曰然則何以在親民乎曰明明德者立其天地萬

物一體之體也親民者達其天地萬物一體之用也故明明德必在於親民而親民乃所以

明其明德也是故親吾之父以及人之父以及天下人之父而後吾之明德始明矣親吾之

父與天下人之父而爲一體矣實與之爲一體而後孝之明德始明矣親吾之兄以及人之

兄以及天下人之兄而後吾之仁實與吾之兄人之兄與天下人之兄而爲一體矣實與之

爲一體而後弟之明德始明矣君臣也夫婦也朋友也以至於山川鬼神鳥獸草木也莫不

實有以親之以達吾一體之仁然後吾之明德始無不明而真能以天地萬物爲一體矣夫

是之謂明明德於天下。是之謂家齊國治而天下平。是之謂盡性。曰然則又烏在其爲止至

善乎。曰至善者明德親民之極則也。天命之性粹然至善其靈昭不昧者此其至善之發見。

是乃明德之本體而即所謂良知者也。至善之發見是而是焉非而非焉輕重厚薄隨感隨

應變動不居而亦莫不自有天然之中。是乃民彝物則之極而不容少有擬議增損於其間

也。少有擬議增損於其間則是私意小智而非至善之謂矣。自非慎獨之至惟精惟一者其

孰能與於此乎。而後之人惟其不知至善之在吾心而用其私智以揣摸測度於其外以爲事

事物物各有定理也。是以昧其是非之則支離決裂人欲肆而天理亡明德親民之學遂大

亂於天下。蓋昔之人固有欲明其明德者矣然惟不知止於至善而騖其私心於過高是以

失之虛罔空寂而無有乎家國天下之施則二氏之流是矣。固有欲親其民者矣然惟不知

止於至善而溺其私心於卑瑣是以失之權謀智術而無有乎仁愛惻怛之誠則五伯功利

之徒是矣。是皆不知止於至善之過也。故止至善之於明德親民也猶之規矩之於方圓也

尺度之於長短也權衡之於輕重也。故方圓而不止於規矩爽其則矣。長短而不止於尺度

乖其劑矣。輕重而不止於權衡失其準矣。明明德親民而不止於至善亡其本矣。故止於至

善以親民而明其明德是之謂大人之學。

曰知止而后有定定而后能靜靜而后能安安而后能慮慮而后能得其說何也。曰人惟不

知至善之在吾心而求之於其外以爲事事物物皆有定理也而求至善於事事物物之中。是以支離決裂錯雜紛紜而莫知有一定之向今焉既知至善之在吾心而不假於外求則志有定向而無支離決裂錯雜紛紜之患矣無支離決裂錯雜紛紜之患則心不妄動而能靜矣心不妄動而能靜則其日用之間從容閒暇而能安矣能安則凡一念之發一事之感其爲至善乎其非至善乎吾心之良知自有以詳審精察之而能慮矣能慮則擇之無不精處之無不當而至善於是乎可得矣

曰物有本末先儒以明德爲本新民爲末兩物而內外相對也事有終始先儒以知止爲始能得爲終一事而首尾相因也如子之說以新民爲親民則本末之說亦有所未然歟曰終始之說大略是矣卽以新民爲親民而曰明德爲本親民爲末其說亦未爲不可但不當分本末爲兩物耳夫木之幹謂之本木之梢爲之末惟其一物也是以謂之本末若曰兩物則既爲兩物矣又何可以言本末乎新民之意既與親民不同則明德之於自與新民爲二若知明德以親其民而親其民則明德親民焉可析而爲兩乎先儒之說蓋不知明德親民之本爲一事而認以爲兩事是以雖知本末之當爲一物而亦不得不分爲兩物也曰古之欲明明德於天下者以至於先修其身以吾子明德親民之說通之亦既可得而知矣敢問欲修其身以至於致知在格物其工夫次第又何如其用力歟曰此正詳言明

德親民止至善之功也蓋身心意知物者是其工夫所用之條理雖亦各有其所而其實只是一物格致誠正修者是其條理所用之工夫雖亦皆有其名而其實只是一事何謂身心之形體運用之謂也何謂心身之靈明主宰之謂也何謂修身為善而去惡之謂也吾身自能為善而去惡乎必其靈明主宰者欲為善而去惡然後其形體運用者始能為善而去惡也故欲修其身者必在於先正其心也然心之本體則性也性無不善則心之本體本無不正也何從而用其正之功乎蓋心之本體本無不正自其意念發動而後有不正故欲正其心者必就其意念之所發而正之凡其發一念而善也好之真如好好色發一念而惡也惡之真如惡惡臭則意無不誠而心可正矣然意之所發有善有惡不有以明其善惡之分亦將真妄錯雜雖欲誠之不可得而誠矣故欲誠其意者必在於致知焉致者至也如云喪致乎哀之致易言知至至之知至者知也至之者致也致知云者非若後儒所謂充廣其知識之謂也致吾心之良知焉耳良知者孟子所謂是非之心人皆有之者也是非之心不待慮而知不待學而能是故謂之良知是乃天命之性吾心之本體自然靈昭明覺者也凡意念之發吾心之良知無有不自知者其善歟惟吾心之良知自知之其不善歟亦惟吾心之良知自知之是皆無所與於他人者也故雖小人之為不善既已無所不至然其見君子則必厭然掩其不善而著其善者是亦可以見其良知之有不容於自昧者也今欲別善惡以

誠其意惟在致其良知之所知焉爾。則意念之發。吾心之良知既知其爲善矣。使其不能

誠有以好之而復背而去之。則是以善爲惡而自昧其知之良知矣。意念之所發吾之良

知既知其爲不善矣。使其不能誠有以惡之。而復蹈而爲之。則是以惡爲善而自昧其知惡

之良知矣。若是則雖曰知之。猶不知也。意其可得而誠乎。今於良知所知之善惡者無不誠

好而誠惡之。則不自欺其良知而意可誠也已。然後致其良知亦豈影響恍惚而懸空無實

之謂乎是必實有其事矣。故致知必在於格物物者事也凡意所在之

事謂之物格者正也正其不正以歸於正之謂也正其不正者去惡之謂也歸於正者爲善

之謂也夫是之謂格書言格於上下格於文祖格其非心格物之格實兼其義也良知所知

之善雖誠欲好之矣。苟不卽其意之所在之物而實有以爲之。則是物有未格而好之

猶爲未誠也。良知所知之惡雖誠欲惡之矣。苟不卽其意之所在之物而實有以去之。則是

物有未格而惡之之意猶爲未誠也。今焉於其良知所知之善者卽其意之所在之物而實

爲之無有乎不盡於其良知所知之惡者卽其意之所在之物而實去之無有乎不盡然後

物無不格而吾良知之所知者無有虧缺障蔽而得以極其至矣。夫然後吾心快然無復餘

憾而自謙矣。夫然後意之所發者始無自欺而可以謂之誠矣。故曰物格而后知至。知至而

后意誠意誠而后心正。心正而后身修。蓋其功夫條理雖有先後次序之可言而其體之惟

一。實無先後次序之可分。其條理功夫雖無先後次序之可分。而其用之惟精固有纖毫不可得而缺焉者。此格致誠正之說。所以闡堯舜之正傳。而為孔氏之心印也。

錢德洪曰。大學問者。師門之教典也。學者初及門者。必先以此意授。使人聞言之下。即得此心之知。無出於民彝物則之中。致知之功。不外乎修齊治平之內。學者果能實地用功。一番聽受。一番親切。師常曰。吾此意思有能直下承當。只此修為。直造聖域。參之經典。無不吻合。不必求之多聞多識之中也。門人有請錄成書者。曰。此須諸君口口相傳。若筆之於書。使人作一文字看過。無益矣。嘉靖丁亥八月。師起征思田。將發。門人復以請。師許之。錄既成。以書貽洪。洪讀之。恍若親承之日。嗚呼。師之教於是乎可為無憾矣。師既沒。音容日遠。吾黨各以己見立說。學者稍見本體。即好為徑超頓悟之說。謂一見本體。超聖可以跂足。視師門誠意格物為善去惡之功。皆相鄙以為第二義。簡略事為。言行無顧。甚者蕩滅禮教。猶自以為得聖門之最上乘。噫。亦已過矣。自便徑約。而不知已淪入佛氏寂滅之教。莫之覺也。古人立言。本非得已。以救弊起衰。若其時人心已明。道理已著。固已躍然。不必更為別說以益之。徒使學者惑。覽之者匪徒惑人。祇以開紛拏之端也。

答顧東橋書

來書云。近時學者務外遺內。博而寡要。故先生特倡誠意一義。鍼砭膏肓。誠大惠也。

吾子洞見時弊如此矣。亦將何以救之乎。然則鄙人之心。吾子固已一句道盡。復何言哉。復何言哉。若誠意之說。自是聖門教人用功第一義。但近世學者乃作第二義看。故稍與提掇緊要出來。非鄙人所能特倡也。

來書云但恐立說太高用功太捷後生師傳影響謬誤未免墜於佛氏明心見性定慧頓

悟之機無怪聞者見疑

區區格致誠正之說是就學者本心日用事為間體究踐履實地用功。是多少次第。多少積

累在正與空虛頓悟之說相反聞者本無求為聖人之志又未嘗講究其詳遂以見疑亦無

足怪若吾子之高明自當一語之下便瞭然矣乃亦謂立說太高用功太捷何耶

來書云所喻知行並進不宜分別前後即中庸尊德性而道問學之功交養互發內外本

末一以貫之之道然功夫次第不能無先後之差如知食乃食知湯乃飲知衣乃服知路

乃行未有不見是物先有是事者今日知之而明日乃行也。

既云交養互發內外本末一以貫之則知行並進之說無復可疑矣又云工夫次第不能不

無先後之差無乃自相矛盾已乎知食乃食等語此尤明白易見但吾子為近聞障蔽自不

察耳夫人必有欲食之心然後知食欲食之心即是意即是行之始矣食味之美惡必待入

口而後知豈有不待入口而已先知食味之美惡者邪必有欲行之心然後知路欲行之心

即是意即是行之始矣路歧之險夷必待身親履歷而後知豈有不待身親履歷而已先知

路歧之險夷者邪知湯乃飲知衣乃服以此例之皆無可疑若如吾子之喻是乃所謂不見

是物而先有是事者矣吾子又謂此亦毫釐倏忽之間非謂截然有等今日知之而明日乃

行也是亦察之尚有未精然就如吾子之說則知行之爲合一並進亦自斷無可疑矣

來書云眞知卽所以爲行不行不足謂之知此爲學者吃緊立敎俾務躬行則可若眞謂

行卽是知恐其專求本心遂遺物理必有闇而不達之處抑豈聖門知行並進之成法哉

知之眞切篤實處卽是行之明覺精察處卽是知知行工夫本不可離只爲後世學者分

作兩截用功卻知行本體故有合一並進之說眞知卽所以爲行不行不足謂之知卽如

來書所云知食乃食等說可見前已略言之矣此雖吃緊救弊而發然知行之體本來如是

非以己意抑揚其間姑爲是說以苟一時之效者也專求本心遂遺物理此蓋失其本心者

也夫物理不外於吾心外吾心而求物理無物理矣遺物理而求吾心吾心又何物邪心之

體性也性卽理也故有孝親之心卽有孝之理無孝親之心卽無孝之理矣有忠君之心卽

有忠之理無忠君之心卽無忠之理矣理豈外於吾心邪晦菴謂人之所以爲學者心與理

而已心雖主乎一身而實管乎天下之理理雖散在萬事而不外乎一人之心是其一分一

合之間而未免已啟學者心理爲二之弊此後世所以有專求本心遂遺物理之患正由不

知心卽理耳夫外心以求物理是以有闇而不達此告子義外之說孟子所以謂之不

知義也心一而已以其全體惻怛而言謂之仁以其得宜而言謂之義以其條理而言謂之

理不可外心以求仁不可外心以求義獨可外心以求理乎外心以求理此知行之所以二

也求理於吾心此聖門知行合一之敎吾子又何疑乎

來書云所釋大學古本謂致其本體之知此固孟子盡心之旨朱子亦以虛靈知覺爲此

心之量然盡心由於知性致知在於格物

盡心由於知性致知在於格物此語然矣而推本吾子之意則其所以爲是語者尚有未

明也朱子以盡心知性知天爲物格知至以存心養性事天爲誠意正心修身以俟殀不貳

修身以俟爲知至仁盡聖人之事若鄙人之見則與朱子正相反矣盡心知性知天者生

知安行聖人之事也存心養性事天者學知利行賢人之事也殀壽不貳修身以俟者困知

勉行學者之事也豈可專以盡心知性爲行乎吾子驟聞此言必又以爲大

駭矣然其間實無可疑者一爲吾子言之夫心之體性也性之原天也能盡其心是能盡其

性矣中庸云惟天下至誠爲能盡其性又云知天地之化育質諸鬼神而無疑知天也此惟

聖人而後能然故曰此生知安行聖人之事也存其心者未能盡其心者也故須加存之之

功必存之旣久不待於存而自無不存然後可以進而言盡蓋知天之知如知州知縣之知

知州則一州之事皆己事也知縣則一縣之事皆己事也是與天爲一者也事天則如子之

事父臣之事君猶與天爲二也天之所以命於我者心也性也吾但存之而不敢失養之而

不敢害如父母全而生之子全而歸之者也故曰此學知利行賢人之事也至於殀壽不貳

則與存其心者又有間矣存其心者雖未能盡其心固已一心於為善時有不存則存之而

已今使之殀壽不貳是猶以殀壽貳其心者也猶以殀壽貳其心是其為善之心猶未能一

也存之尚有所未可而何盡之可云乎今且使之不以殀壽貳其為善之心若曰死生殀壽

皆有定命吾但一心於為善修吾之身以俟天命而已是其平日尚未知有天命也事天雖

與天為二然已真知天命之所在但惟恭敬奉承之而已耳若俟之云者則尚未能真知天

命之所在猶有所俟者也故曰所以立命立者創立之立如立德立言立功立名之類凡言

立者皆是昔未嘗有而本始建立之謂孔子所謂不知命無以為君子者也故曰此困知勉

行學者之事也今以盡心知性知天為格物致知使初學之士尚未能不貳其心者而遽責

之以聖人生知安行之事如捕風捉影茫然莫知所措其心幾何而不至於率天下而路也

今世致知格物之弊亦居然可見矣吾子所謂務外遺內博而寡要者無乃亦是過歟此學

問最要緊處於此而差將無往而不差矣此鄙人之所以冒天下之非笑忘其身之陷於罪

戮呶呶其言其不容已者也

　來書云聞語學者乃謂即物窮理之說亦是玩物喪志又取其厭繁就約涵養本原數說

標示學者指為晚年定論此亦恐非

朱子所謂格物云者在即物而窮其理也即物窮理是就事事物物上求其所謂定理者也

是以吾心而求理於事事物物之中。析心與理而爲二矣。夫求理於事事物物者。如求孝之理於其親之謂也。求孝之理於其親。其果在於吾之心邪。抑果在於親之身邪。假而果在於親之身。則親沒之後吾心遂無孝之理歟。見孺子之入井必有惻隱之理焉。是惻隱之理果在於孺子之身歟。抑在於吾心之良知歟。其或不可以從之於井歟。其或可以手而援之歟。是皆所謂理也。是果在於孺子之身歟。抑果出於吾心之良知歟。以是例之萬事萬物之理莫不皆然。即可以知析心與理爲二之非矣。夫析心與理而爲二此告子義外之說。孟子之所深闢也。致知於事事物物者致吾心之良知於事事物物也。吾心之良知。即所謂天理也。致吾心良知之天理於事事物物。則事事物物皆得其理矣。致吾心之良知者。致知也。事事物物皆得其理者格物也。是合心與理而爲一者也。合心與理而爲一則凡區區前之所云與朱子晚年之論皆可以不言而喻**矣**。

來書云人之心體本無不明而氣拘物蔽鮮有不昏。非學問思辨以明天下之理。則善惡之機眞妄之辨不能自覺任情恣意其害有不可勝言者矣。

此段大略似是而非蓋承沿舊說之弊不可以不辨也夫問思辨行皆所以爲學未有學而不行者也如言學孝則必服勞奉養躬行孝道然後謂之學豈徒懸空口耳講說而遂可以

謂之學孝乎學射則必張弓挾矢引滿中的之學書則必伸紙執筆操觚染翰盡天下之學無有不行而可以言學者則學之始固已即是行矣篤者敦實篤厚之意已行矣而敦篤其行不息其功之謂爾蓋學之不能以無疑則有問問即學也即行也又不能無疑則有思思即學也即行也又不能無疑則有辨辨即學也即行也辨既明矣思既慎矣問既審矣學既能矣又從而不息其功焉斯之謂篤行非謂學問思辨之後而始措之於行也是故以求能其事而言謂之學以求解其惑而言謂之問以求通其說而言謂之思以求精其察而言謂之辨以求履其實而言謂之行蓋析其功而言則有五合其事而言則一而已此區區心理合一之體知行並進之功所以異於後世之說者正在於是今吾子特舉學問思辨以窮天下之理而不及篤行是專以學問思辨爲知而謂窮理爲無行也已天下豈有不行而學者邪豈有不行而遂可謂之窮理者邪明道云只窮理便盡性至命故必仁極仁而後謂之能窮仁之理義極義而後謂之能窮義之理仁極仁則盡仁之性矣義極義則盡義之性矣學至於窮理至矣而尚未措之於行天下寧有是邪是故知不行之不可以爲窮理則知不行之不可以爲學明矣知不行之不可以爲學則知不行之不可以爲窮理矣知不行之不可以爲窮理則知知行之合一並進而不可以分爲兩節事矣夫萬事萬物之理不外於吾心而必曰窮天下之理是猶以吾心之良知爲未足而必外求於天下之廣以裨補增益之是猶析心與理而爲二也夫學問思辨篤行之功雖其困勉至

於人一己百而擴充之極至於盡性知天。亦不過致吾心之良知而已。良知之外豈復有加

於毫末乎今必曰窮天下之理。而不知反求諸其心則凡所謂善惡之機真妄之辨者舍吾

心之良知亦將何所致其體察乎吾子所謂氣拘物蔽者拘此而已今欲去此之蔽不

知致力於此而欲以外求是猶目之不明者不務服藥調理以治其目而徒倀倀然求明於

其外明豈可以自外而得哉任情恣意之害亦以不能精察天理於此心之良知而已此誠

毫釐千里之謬者不容於不辨吾子毋謂其論之太刻也

來書云教人以致知明德而戒其即物窮理誠使昏闇之士深居端坐不聞教告遂能至

於知致而德明乎縱令靜而有覺稍悟本性則亦定慧無用之見果能知古今達事變而

致用於天下國家之實否乎其曰知者意之體物者意之用格物如格君心之非之格語

雖超悟獨得不踵陳見抑恐於道未相脗合

區區論致知格物正所以窮理未嘗戒人窮理使之深居端坐而一無所事也若謂即物窮

理如前所云務外而遺內者則有所不可耳昏闇之士果能隨事隨物精察此心之天理以

致其本然之良知則雖愚必明雖柔必強大本立而達道行九經之屬可一以貫之而無遺

矣尚何患其無致用之實乎彼頑空虛靜之徒正惟不能隨事隨物精察此心之天理以致

其本然之良知而遺棄倫理寂滅虛無以為常是以要之不可以治家國天下孰謂聖人窮

理盡性之學而亦有是弊哉心者身之主也而心之虛靈明覺即所謂本然之良知也其虛靈明覺之良知應感而動者謂之意有知而後有意無知則無意矣知非意之所用必有其物物即事也如意用於事親即事親為一物意用於治民即治民為一物意用於讀書即讀書為一物意用於聽訟即聽訟為一物凡意之所用無有無物者有是意即有是物無是意即無是物矣物非意之用乎格字之義有以至字訓者如格于文祖有苗之格是以至訓者也然格于文祖必純孝誠敬幽明之間無一不得其理而後謂之格有苗之格必文德誕敷而後格則亦兼有正字之義在其間未可專以至字盡之也如格其非心大臣格君心之非之類是則一皆正其不正以歸於正之義而不可以至字為義明矣且大學格物之訓又安知其不以正字為訓而必以至字為義乎如以至字為義者必曰窮至事物之理而後其說始通是其用功之要全在一窮字用力之地全在一理字也若上去一窮下去一理字而直曰致知在至物其可通乎夫窮理盡性聖人之成訓見於繫辭者也苟格物之說而果即窮理之義則聖人何不直曰致知在窮理而必為此轉折不完之語以啟後世之弊邪蓋大學格物之說自與繫辭窮理大旨雖同而微有分辨窮理者兼格致誠正而為功也故言窮理則格致誠正之功皆在其中言格物則必兼舉致知誠意正心而後其功始備而密今偏舉格物而遂謂之窮理此所以專以窮理屬知而謂格物未嘗有行非惟不得格物

之旨并窮理之義而失之矣此後世之學所以析知行為先後兩截曰以支離決裂而聖學

益以殘晦者其端實始於此吾子蓋亦未免承沿積習見則以為於道未盡深悉不為過矣

來書云謂致知之功將如何為溫凊如何為奉養即是誠意非別有所謂格物此亦恐非

此乃吾子自以己意揣度鄙見而為是說非鄙人之所以告吾子者矣若果如吾子之言寧

復有可通乎蓋鄙人之見則謂意欲溫凊意欲奉養者所謂意也而未可謂之誠意必實行

其溫凊奉養之意務求自慊而無自欺然後謂之誠意如何而為溫凊如何而為

奉養之宜者所謂知也而未可謂之致知必致其知如何為溫凊之節者實以之溫

凊致其知如何為奉養之宜者之知而實以之奉養然後謂之致知溫凊之事奉養之事所

謂物也而未可謂之格物必其於溫凊之事也一如其良知之所知當如何為溫凊之節者

而為之無一毫之不盡於奉養之事也一如其良知之所知當如何為奉養之宜者而為之

無一毫之不盡然後謂之格物溫凊之物格然後知溫凊之良知始致致奉養之物格然後知

奉養之良知始致故曰物格而後知至致其知溫凊之良知而後溫凊之意始誠致其知奉

養之良知而後奉養之意始誠故曰知至而後意誠此區區誠意致知格物之說蓋如此吾

子更熟思之將亦無可疑者矣

來書云道之大端易於明白所謂良知良能愚夫愚婦可與及者至於節目時變之詳毫

鼕千里之謬必待學而後知。今語孝於溫凊定省孰不知之。至於舜之不告而娶武之不
葬而興師養志養口小杖大杖割股廬墓等事處常處變過與不及之間必須討論是非。
以為制事之本然後心體無蔽臨事無失。
道之大端易於明白此語誠然顧後之學者忽其易於明白者而求其難於明白者
以為學此其所以道在邇而求諸遠事在易而求諸難也孟子云夫道若大路然豈難知哉
人病不由耳良知良能愚夫愚婦與聖人同但惟聖人能致其良知而愚夫愚婦不能致此
聖愚之所由分也節目時變聖人夫豈不知但不專以此為學而其所謂學者正惟致其良
知以精察此心之天理而與後世之學不同耳吾子未暇良知之致而汲汲焉顧是之憂此
正求其難於明白者以為學之弊也夫良知之於節目時變猶規矩尺度之於方圓長短也
節目時變之不可預定猶方圓長短之不可勝窮也故規矩誠立則不可欺以方圓而天下
之方圓不可勝用矣尺度誠陳則不可欺以長短而天下之長短不可勝用矣良知誠致則
不可欺以節目時變而天下之節目時變不可勝應矣毫鼕千里之謬不於吾心良知一念
之微而察之亦將何所用其學乎是不以規矩而欲定天下之方圓不以尺度而欲盡天下
之長短吾見其乖張謬戾日勞而無成也已。吾子謂語孝於溫凊定省孰不知之然而能致
其知者鮮矣若謂粗知溫凊定省之儀節而遂謂之能致其知則凡知君之當仁者皆可謂

之能致其仁之知知臣之當忠者皆可謂之能致其忠之知則天下孰非致知者邪以是而

言可以知致知之必在於行而不行之不可以爲致知也明矣知行合一之體不益較然矣

乎夫舜之不告而娶者爲之準則故舜得以考之何典問諸何人

而爲此邪抑亦求諸其心一念之良知權輕重之宜不得已而爲此邪武之不葬而興師豈

武之前已有不葬而興師者爲之準則故武得以考之何典問諸何人而爲此邪抑亦求諸

其心一念之良知權輕重之宜不得已而爲此邪使舜之心而非誠於爲無後武之心而非

誠於爲救民則其不告而娶與不葬而興師乃不孝不忠之大者而後之人不務致其良知

以精察義理於此心感應酬酢之間顧欲懸空討論此等變常之事執之以爲制事之本以

求臨事之無失其亦遠矣其餘數端皆可類推則古人致知之學從可知矣

來書云謂大學格物之說專求本心猶可牽合至於六經四書所載多聞多見前言往行

好古敏求博學審問溫故知新博學詳說好問好察是皆明白求於事爲之際資於論說

之間者用功節目固不容紊矣

格物之義前已詳悉牽合之疑想已不俟復解矣至於多聞多見乃孔子因子張之務外好

高徒欲以多聞多見爲學而不能求諸其心以闕疑殆此其言行所以不免於尤悔而所謂

見聞者適以資其務外好高而已蓋所以救子張多聞多見之病而非以是敎之爲學也夫

子嘗曰。蓋有不知而作之者我無是也是猶孟子是非之心人皆有之之義也此言正所以明德性之良知非由於聞見耳若曰多聞擇其善者而從之多見而識之則是專求諸見聞之末而已落在第二義矣故曰知之次也夫以見聞之知爲次則所謂知之上者果安所指乎是可以窺聖門致知用力之地矣夫子謂子貢曰賜也汝以予爲多學而識之者歟非也予一以貫之使誠在於多學而識則夫子胡乃謬爲是說以欺子貢邪一以貫之非致其良知而何易曰君子多識前言往行以畜其德夫以畜其德爲心則凡多識前言往行者孰非畜德之事此正知行合一之功矣好古敏求者好古人之學而敏求此心之理耳心即理也學者學此心也求者求此心也孟子云學問之道無他求其放心而已矣非若後世廣記博誦古人之言詞以爲好古而汲汲然惟以求功名利達之具於其外者也博學審問前言已盡溫故知新朱子亦以溫故屬之尊德性矣德性豈可以外求哉惟夫知新必由於溫故而溫故乃所以知新則新者亦可以驗知行之非兩節矣博學而詳說之者將以反說約無反約之云則博學詳說者果何事邪舜之好問好察惟以用中而致其精一於道心耳道心者良知之謂也君子之學何嘗離去事爲而廢論說但其從事於事爲論說者要皆知行合一之功正所以致其本心之良知而非若世之徒事口耳談說以爲知者分知行爲兩事而果有節目先後之可言也

來書云楊墨之為仁義鄉愿之辭忠信堯舜子之之禪讓湯武楚項之放伐周公莽操之

攝輔謨無印正又焉適從且於古今事變禮樂名物未嘗考識使國家欲興明堂辟雍

制曆律草封禪又將何所致其用乎故論語曰生而知之者義理耳若夫禮樂名物古今

事變亦必待學而後有以驗其行事之實此則可謂定論矣

所喻楊墨鄉愿堯舜子之湯武楚項周公莽操之辨與前舜武之論大略可以類推古今事

變之疑前於良知之說已有規矩尺度之喻當亦無俟多贅矣至於明堂辟雍諸事似尚未

容於無言者然其說甚長就吾子之言而取正焉則吾子之惑將亦可以少釋矣夫明堂

辟雍之制始見於呂氏之月令漢儒之訓疏六經四書之中未嘗詳及也豈呂氏漢儒之知

乃賢於三代之賢聖乎齊宣之時明堂尚未有毀則幽厲之世周之明堂皆無恙也堯舜茅

茨土階明堂之制未必備而不害其為治幽厲之明堂固猶文武成康之舊而無救於其亂

何邪豈能以不忍人之心而行不忍人之政則雖茅茨土階固亦明堂也以幽厲之心而行

幽厲之政則雖明堂亦暴政所自出之地也武帝肇講於漢而武后盛作於唐其治亂何如

邪天子之學曰辟雍諸侯之學曰泮宮皆象地形而為之名耳然三代之學其要皆所以明

人倫非以辟不辟泮不泮為重輕也孔子云人而不仁如禮何人而不仁如樂何制禮作樂

必具中和之德聲為律而身為度者然後可以語此若夫器數之末樂工之事祝史之守故

曾子曰君子所貴乎道者三籩豆之事則有司存也堯命羲和欽若昊天曆象日月星辰其重在於敬授人時也舜在璿璣玉衡其重在於以齊七政也是皆汲汲然以仁民之心而行其養民之政治曆明時之本固在於此也義和曆數之學臯契未必能之也禹稷未必能之也堯舜之知而不徧物雖堯舜亦未必能之也然至於今循羲和之法而世修之雖曲知小慧之人星術淺陋之士亦能推步占候而無所忒則是後世曲知小慧之人反賢於禹稷堯舜者邪封禪之說尤為不經是乃後世佞人諛士所以求媚於其上倡為誇侈以蕩君心而靡國費蓋欺天罔人無恥之大者君子之所不道司馬相如之所以見譏於天下後世也吾子乃以是為儒者所宜學殆亦未之思邪夫聖人之所以為聖者以其生而知之也而釋論語者曰生而知之者義理耳若夫禮樂名物古今事變亦必待學而後有以驗其行事之實夫禮樂名物之類果有關於作聖之功也而聖人亦必待學而後能知焉則是聖人亦不可以謂之生知矣謂聖人為生知者專指義理而言而不以禮樂名物之類則是禮樂名物之類無關於作聖之功矣而聖人之所以謂之生知者專指義理而已困而知之者亦惟當困知此義理而已今學者之學聖而知之者亦惟當學知此義理而已困而知之者亦惟當困知此義理而已今學者之學聖人於聖人之所能知者未能學而知之而顧汲汲焉求知聖人之所不能知者以為學無乃失其所以希聖之方歟凡此皆就吾子之所惑者而稍為之分釋未及乎拔本塞源之論也

夫拔本塞源之論不明於天下。則天下之學聖人者將日繁日難。斯人淪於禽獸夷狄。而猶自以為聖人之學吾之說雖或暫明於一時。終將凍解於西而冰堅於東霧釋於前而雲滃於後啾啾焉危困以死而卒無救於天下之分毫也已夫聖人之心以天地萬物為一體其視天下之人無外內遠近凡有血氣皆其昆弟赤子之親莫不欲安全而教養之以遂其萬物一體之念天下之人心其始亦非有異於聖人也特其間於有我之私隔於物欲之蔽大者以小通者以塞人各有心至有視其父子兄弟如仇讎者聖人有憂之是以推其天地萬物一體之仁以教天下使之皆有以克其私去其蔽以復其心體之同然其教之大端則堯舜禹之相授受所謂道心惟微惟精惟一允執厥中而其節目則舜之命契所謂父子有親君臣有義夫婦有別長幼有序朋友有信五者而已唐虞三代之世教者惟以此為教而學者惟以此為學當是之時人無異見家無異習安此者謂之聖勉此者謂之賢而背此者雖其啟明如朱亦謂之不肖下至閭井田野農工商賈之賤莫不皆有是學而惟以成其德行為務何者無有聞見之雜記誦之煩辭章之靡濫功利之馳逐而但使之孝其親弟其長信其朋友以復其心體之同然是蓋性分之所固有而非有假於外者則人亦孰不能之乎學校之中惟以成德為事而才能之異或有長於禮樂長於政教長於水土播植者則就其成德而因使益精其能於學校之中迨夫舉德而任則使之終身居其職而不易用之者惟知

同心一德以共安天下之民。視才之稱否而不以崇卑爲輕勞逸爲美惡效用者亦惟知

同心一德以共安天下之民。苟當其能則終身處於煩劇而不以爲勞安於卑瑣而不以爲

賤當是之時。天下之人。熙熙皡皡皆相視如一家之親其才質之下者則安其農工商賈之

分各勤其業以相生相養而無有乎希高慕外之心其才能之異若皋夔稷契者則出而各

效其能若一家之務或營其衣食或通其有無或備其器用集謀并力以求遂其仰事育

之願惟恐當其事者之或怠而重己之累也故稷勤其稼而不恥其不知教卽

己之善教也夔司其樂而不恥於不明禮視夷之通禮卽己之通禮也蓋其心學純明而有

以全其萬物一體之仁故其精神流貫志氣通達而無有乎人己之分物我之間譬之一人

之身目視耳聽手持足行以濟一身之用目不恥其無聰而耳之所涉目必營焉足不恥其

無執而手之所探足必前焉蓋其元氣充周血脈條暢是以痒疴呼吸感觸神應有不言而

喻之妙此聖人之學所以至易至簡易知易從學易能而才易成者正以大端惟在復心體

之同然而知識技能非所與論也三代之衰王道熄而霸術焻孔孟既沒聖學晦而邪說橫

教者不復以此爲教而學者不復以此爲學霸者之徒竊取先王之近似者假之於外以內

濟其私己之欲天下靡然而宗之聖人之道遂以蕪塞相倣相效日求所以富强之說傾詐

之謀攻伐之計一切欺天罔人苟一時之得以獵取聲利之術若管商蘇張之屬者至不可

名數既其久也鬭爭劫奪不勝其禍斯人淪於禽獸夷狄。而霸術亦有所不能行矣世之儒

者。慨然悲傷蒐獵先聖王之典章法制。而撥拾修補於煨燼之餘蓋其爲心良亦欲以輓回

先王之道聖學既遠霸術之傳積漬已深雖在賢知皆不免於習染其所以講明修飾以求

宣暢光復於世者僅足以增霸者之藩籬而聖學之門牆遂不復可覩於是乎有訓詁之學

而傳之以爲名有記誦之學而言之以爲博有詞章之學而侈之以爲麗若是者紛紛籍籍

羣起角立於天下。又不知其幾家萬徑千蹊莫知所適世之學者如入百戲之場謹譁跳踉

騁奇鬭巧獻笑爭妍者四面而競出前瞻後盼應接不遑而耳目眩瞀精神恍惑日夜遨遊

淹息其間如病狂喪心之人莫自知其家業之所歸時君世主亦皆昏迷顚倒於其說而終

身從事於無用之虛文莫自知其所謂間有覺其空疏謬妄支離牽滯而卓然自奮欲以見

諸行事之實者極其所抵亦不過爲富強功利五霸之事業而止聖人之學日遠日晦而功

利之習愈趨愈下其間雖嘗瞽惑於佛老之說卒亦未能有以勝其功利之心雖又

嘗折衷於羣儒而羣儒之論終亦未能有以破其功利之見蓋至於今功利之毒淪浹於人

之心髓而習以成性也幾千年矣相矜以知相軋以勢相爭以利相高以技能相取以聲譽

其出而仕也理錢穀者則欲兼夫兵刑典禮樂者又欲與於銓軸處郡縣則思藩臬之高居

臺諫則望宰執之要故不能其事則不得以兼其官不通其說則不可以要其譽記誦之廣

適以長其敖也知識之多適以行其惡也聞見之博適以肆其辨也辭章之富適以飾其偽

也是以皋夔稷契所不能兼之事而今之初學小生皆欲通其說究其術其稱名僭號未嘗

不曰吾欲以共成天下之務而其誠心實意之所在以為不如是則無以濟其私而滿其欲

也嗚呼以若是之積染以若是之心志而又講之以若是之學術宜其聞吾聖人之教而視

之以為贅疣枘鑿則其以良知為未足而謂聖人之學為無所用亦其勢有所必至矣嗚呼

士生斯世而尚何以求聖人之學乎尚何以論聖人之學乎士生斯世而欲以為學者不亦

勞苦而繁難乎本亦拘滯而險艱乎嗚呼可悲也已所幸天理之在人心終有所不可泯而

良知之明萬古一日則其聞吾拔本塞源之論必有惻然而悲戚然而痛憤然而起沛然若

決江河而有所不可禦者矣非夫豪傑之士無所待而興起者吾誰與望乎

答羅整庵少宰書

某頓首啟昨承教及大學發舟恩恩未能奉答曉來江行稍暇復取手教而讀之恐至贛後

人事復紛沓先具其略以請來致云見道固難而體道尤難道誠未易明而學誠不可不講

恐未可安於所見而遂以為極則也幸甚幸甚何以得聞斯言乎其敢自以為極則而安之

乎正思就天下之有道以講明之耳而數年以來聞其說而非笑之者有矣詆訾之者有矣

置之不足較量辨議之者有矣其肯遂以教我乎其肯遂以教我而反覆曉諭惻然惟恐不

及救正之乎。然則天下之愛我者，固莫有如執事之心深且至矣。感激當何如哉。夫德之不

修，學之不講，孔子以為憂。而世之學者稍能傳習訓詁，即皆自以為知學，不復有所謂講學

之求，可悲矣。夫道必講而後見，非已見道而後加體道之功也。道必學而後明，非外講學而

復有所謂明道之事也。然世之講學者有二，有講之以身心者，有講之以口耳者。講之以口

耳，揣摸測度，求之影響者也。講之以身心，行著習察，實有諸己者也。知此則知孔門之學矣。

來教謂某大學古本之復，以人之為學但當求之於內，而程朱格物之說不免求之於外，遂

去朱子之分章而削其所補。補緝之傳，非敢然也。學豈有內外乎。大學古本乃孔門相傳舊本耳。

朱子疑其有所脫誤而改正補緝之，在某則謂其本無脫誤，悉從其舊而已矣。失在於過信

孔子則有之，非故去朱子之分章而削其傳也。夫學貴得之心。求之於心而非也，雖其言之

出於孔子，不敢以為是也。而況其未及孔子者乎。求之於心而是也，雖其言之出於庸常，不

敢以為非也。而況其出於孔子者乎。且舊本之傳數千載矣，今讀其文詞，既明白而可通論。

其工夫又易簡而可入，亦何所按據，而斷其此段之必在於彼，彼段之必在於此，與此之如

何而缺之，如何而補，而遂改正補緝之。無乃重於背朱，而輕於叛孔已乎。來教謂如必以

學不資於外求，但當反觀內省以為務，則正心誠意四字亦何不盡之有，何必於入門之際，

便困以格物一段工夫也。誠然誠然。若語其要，則修身二字亦足矣，何必又言正心。正心二

字亦足矣何必又言誠意誠意二字亦足矣何必又言致知又言格物惟其工夫之詳密而

要之只是一事此所以為精一之學此正不可不思者也夫理無內外性無內故學無內

外講習討論未嘗非內也反觀內省未嘗遺外也夫謂學必資於外求是以己性為有外也

是義外也用智者也謂反觀內省為求之於內是以己性為有內也是有我也自私者也是

皆不知性之無內外也故曰精義入神以致用也利用安身以崇德也性之德也合內外之

道也此可以知格物之學矣格物者大學之實下手處徹首徹尾自始學至聖人只此工夫

而已非但入門之際有此一段也夫正心誠意致知格物皆所以修身而格物者其所用力

日可見之地故格物者格其心之物也格其意之物也格其知之物也正心者正其物之心

也誠意者誠其意之物也致知者致其知之物也此豈有內外彼此之分哉理一而已以其

理之凝聚而言則謂之性以其凝聚之主宰而言則謂之心以其主宰之發動而言則謂之

意以其發動之明覺而言則謂之知以其明覺之感應而言則謂之物故就物而言謂之格

就知而言謂之致就意而言謂之誠就心而言謂之正正者正此也誠者誠此也致者致此

也格者格此也皆所謂窮理以盡性也天下無性外之理無性外之物學之不明皆由世之

儒者認理為外認物為外而不知義外之說孟子蓋嘗闢之乃至襲陷其內而不覺豈非亦

有似是而難明者歟不可以不察也凡執事所以致疑於格物之說者必謂其是內而非外

也。必謂其專事於反觀內省之為。而遺棄其講習討論之功也。必謂其一意於綱領本原之

約。而脫略於支條節目之詳也。必謂其沈溺於枯槁虛寂之偏。而不盡於物理人事之變也。

審如是。豈但獲罪於聖門。獲罪於朱子。是邪說誣民叛道亂正人得而誅之也。而況於執事

之正直哉。審如是。世之稍明訓詁聞先哲之緒論者。皆知其非也。而況執事之高明哉。凡某

之所謂格物。其於朱子九條之說。皆包羅統括於其中。但為之有要。作用不同。正所謂毫釐

之差耳。然毫釐之差。而千里之謬。實起於此。不可不辨。孟子闢楊墨。至於無父無君。二子亦

當時之賢者。使與孟子並世而生。未必不以之為賢。墨子兼愛。行仁而過耳。楊子為我。行義

而過耳。此其為說。亦豈滅理亂常之甚。而足以眩天下哉。而其流之弊。孟子至比於禽獸夷

狄。所謂以學術殺天下後世也。今世學術之弊。其謂之學仁而過者乎。謂之學義而過者乎。

抑謂之學不仁不義而過者乎。吾不知其於洪水猛獸何如也。孟子云。予豈好辨哉。予不得

已也。楊墨之道塞天下。孟子之時。天下之尊信楊墨。當不下於今日之崇尚朱說。而孟子獨

以一人呶呶於其間。可哀矣。韓氏云。佛老之害。甚於楊墨。韓愈之賢。不及孟子。孟子不能

救之於未壞之先。而韓愈乃欲全之於已壞之後。其亦不量其力。且見其身之危莫之救以

死也。嗚呼。若某者。其尤不量其力。果見其身之危莫之救以死也矣。夫眾方嘻嘻之中。而獨

出涕嗟若。舉世恬然以趨。而獨疾首蹙額以為憂。此其非病狂喪心。殆必誠有大苦者隱於

其中而非天下之至仁其孰能察之其為朱子晚年定論蓋亦不得已而然中間年歲早晚誠有所未考雖不必盡出於晚年固多出於晚年者矣然大意在委曲調停以明此學為重平生於朱子之說如神明蓍龜一日與之背馳心誠有所未忍故不得已而為此知我者謂我心憂不知我者謂我何求蓋不忍牴牾朱子者其本心也不得已而與之牴牾者道固如是不直則道不見也執事所謂決與朱子異者僕敢自欺其心哉夫道天下之公道也學天下之公學也非朱子可得而私也非孔子可得而私也天下之公也公言之而已矣故言之而是雖異於己乃益於己也言之而非雖同於己適損於己也益於己者己必喜之損於己者己必惡之然則某今日之論雖或與朱子異未必非其所喜也君子之過如日月之食其更也人皆仰之而小人之過也必文某雖不肖固不敢以小人之心事朱子也執事所以教反覆數百言皆以未悉鄙人格物之說若謂一明則此數百言皆可以不待辯說而釋然無滯故今不敢縷縷以滋瑣屑之瀆然鄙說非面陳口析斷亦未能了了於紙筆間也嗟乎執事所以開導啟迪於我者可謂懇到詳切矣人之愛我寧有如執事者乎僕雖甚愚下寧不知所感刻佩服然而不敢遽舍其中心之誠然而姑以聽受云者正不敢有貳於深愛亦思有以報之耳秋盡東還必求一面以卒所請千萬終教

教條示龍場諸生

諸生相從於此甚盛恐無能爲助也以四事相規聊以答諸生之意一曰立志二曰勤學三曰改過四曰責善其愼聽毋忽

立志

志不立天下無可成之事雖百工技藝未有不本於志者今學者曠廢隳惰玩愒時而百無所成皆由於志之未立耳故立志而聖則聖矣立志而賢則賢矣志不立如無舵之舟無衝之馬漂蕩奔逸終亦何所底乎昔人有言使爲善而父母怒之兄弟怨之宗族鄉黨賤惡之如此而不爲善可也爲善則父母愛之兄弟悅之宗族鄉黨敬信之如此而爲惡可也爲惡則父母怒之兄弟怨之宗族鄉黨賤惡之何苦而必爲惡爲小人諸生念此亦可以知所立志矣

子使爲惡而父母愛之兄弟悅之宗族鄉黨敬信之何苦而必爲善爲君

弟怨之宗族鄉黨賤惡之何苦而必爲惡爲小人諸生念此亦可以知所立志矣

勤學

已立志爲君子自當從事於學凡學之不勤必其志之尙未篤也從吾遊者不以聰慧警捷爲高而以勤確謙抑爲上諸生試觀儕輩之中苟有虛而爲盈無而爲有諱己之不能忌人之有善自矜自是大言欺人者使其人資稟雖甚超邁儕輩之中有弗疾惡之者乎有弗鄙賤之者乎彼固將以欺人人果遂爲所欺有弗竊笑之者乎苟有謙默自持無能自處篤志力行勤學好問稱人之善而咎己之失從人之長而明己之短忠信樂易表裏一致者使其

人資稟雖甚魯鈍儕輩之中有弗稱慕之者乎彼固以無能自處而不求上人人果遂以彼

為無能有弗敬尚之者乎諸生觀此亦可以知所從事於學矣。

改過

夫過者自大賢所不免然不害其卒為大賢者為其能改也故不貴於無過而貴於能改過
諸生自思平日亦有缺於廉恥忠信之行者乎亦有薄於孝友之道陷於狡詐偷刻之習者
乎諸生殆不至於此不幸或有之皆其不知而誤蹈素無師友之講習規飭也諸生試內省
萬一有近於是者固亦不可以不痛自悔然亦不當以此自歉遂餒於改過從善之心但
能一旦脫然洗滌舊染雖昔為寇盜今日不害為君子矣若吾昔已如此今雖改過而從
善將人不信我且無贖於前過反懷羞澀凝沮而甘心於污濁終焉則吾亦絕望爾矣

責善

責善朋友之道然須忠告而善道之悉其忠愛致其婉曲使彼聞之而可從繹之而可改有
所感而無所怒乃為善耳若先暴白其過惡痛毀極詆使無所容彼將發其愧恥憤恨之心
雖欲降以相從而勢有所不能是激之而使為惡矣故凡訐人之短攻發人之陰私以沽直
者皆不可以言責善雖然我以是而施於人不可也人以是而加諸我凡攻我之失者皆我
師也安可以不樂受而心感之乎某於道未有所得其學鹵莽耳謬為諸生相從於此每終

夜以思惡且未免況於過乎人謂事師無犯無隱而遂謂師無可諫非也諫師之道直不至
於犯而婉不至於隱耳使吾而是吾而非也因得以明其是吾而非也因得以去其非蓋教學相長
也諸生責善當自吾始

示弟立志說

予弟守文來學告之以立志守文因請次第其語使得時時觀省且請淺近其辭則易於通
曉也因書以與之夫學莫先於立志志之不立猶不種其根而徒事培擁灌漑勞苦無成矣
世之所以因循苟且隨俗習非而卒歸於污下者凡以志之弗立也故程子曰有求爲聖人
之志然後可與共學人苟誠有求爲聖人之志則必思聖人之所以爲聖人者安在非以其
心之純乎天理而無人欲耶聖人之所以爲聖人惟以其心之純乎天理而無人欲則
我之欲爲聖人亦惟在於此心之純乎天理而無人欲耳欲此心之純乎天理而無人欲則
必去人欲而存天理務去人欲而存天理則必求所以去人欲而存天理之方求所以去人
欲而存天理之方則必正諸先覺考之古訓而凡所謂學問之功者然後可得而講而亦有
所不容已矣夫所謂正諸先覺者既以其人爲先覺而師之矣則當專心致志惟先覺之爲
聽言有不合不得棄置必從而思之思之不得又從而辯之務求了釋不敢輒生疑惑故記
曰師嚴然後道尊道尊然後民知敬學苟無尊崇篤信之心則必有輕忽慢易之意言之而

聽之不審猶不聽也聽之而思之不慎猶不思也是則雖曰師之猶不師也夫所謂考諸古訓者聖賢垂訓莫非教人去人欲而存天理之方若五經四書是已吾惟欲去吾之人欲存吾之天理而不得其方是以求之於此則其展卷之際眞如飢者之於食求飽而已病者之於藥求愈而已暗者之於燈求照而已跛者之於杖求行而已曾有徒事記誦講說以資口耳之弊哉夫立志亦不易矣孔子聖人也猶曰吾十有五而志于學三十而立者志立也雖至於不踰矩亦志之不踰矩也志豈可易而視哉夫志氣之帥也人之命也木之根也水之源也源不濬則流息根不植則木枯命不續則人死志不立則氣昏是以君子之學無時無處而不以立志為事正目而視之無他見也傾耳而聽之無他聞也如貓捕鼠如雞覆卵精神心思凝聚融結而不復知有其他然後此志常立神氣清明義理昭著一有私欲即便知覺自然容住不得矣故凡一毫私欲之萌只責此志不立即私欲便退聽一毫客氣之動只責此志不立即客氣便消除或怠心生責此志即不怠忽心生責此志即不忽躁心生責此志即不躁妒心生責此志即不妒忿心生責此志即不忿貪心生責此志即不貪傲心生責此志即不傲吝心生責此志即不吝蓋無一息而非立志責志之時無一事而非立志責志之地故責志之功其於去人欲有如烈火之燎毛太陽一出而魍魎潛消也自古聖賢因時立教雖若不同其用功大指無或少異書謂惟精惟一易謂敬以直內義以方外孔子謂

格致誠正博文約禮曾子謂忠恕子思謂尊德性而道問學孟子謂集義養氣求其放心雖

若人自爲說有不可强同者而求其要領歸宿合若符契何者夫道一而已道同則心同

同則學同其卒不同者皆邪說也後世大患尤在無志故今以立志爲說中間字字句句莫

非立志蓋終身問學之功只是立得志而已若以是說而合精一則字字句句皆精一之功

以是說而合敬義則字字句句皆敬義之功其諸格致博約忠恕等說無不脗合但能實心

體之然後信予言之非妄也

諭泰和楊茂先生 其人雙瞽。自候門求見。茂以字問。茂以字答。

你口不能言是非你耳不能聽是非你心還能知是非否。答曰知。 如此你口雖不如人你耳

雖不如人你心還與人一般。大凡人只是此心此心若能存天理是箇聖賢的心口雖 茂時首肯拜謝。

雖不能言也是箇不能言不能聽的聖賢心若不存天理是箇禽獸的心口雖

能言耳雖能聽也只是箇能言能聽的禽獸。你如今於父母但盡你心的孝於兄長 茂時扣胸指天。

但盡你心的敬於鄉黨鄰里宗族親戚但盡你心的謙和恭順見人怠慢不要嗔怪見人財

利不要貪圖。但在裏而行你那是的心莫行你那非的心縱使外面人說你是的非的

你不是也不須聽。你口不能言是非你耳不能聽是非省了多少閑是非省了多少

閑是非凡說是非便生是非生煩惱聽是非便添是非添煩惱你口不能說你耳不能聽省

了多少閑是非省了多少閑煩惱你比別人到快活自在了許多。我如今教你但

茂時指天辟地。

茂時扣胸。

終日行你的心不消口裏說但終日聽你的心不消耳裏聽

茂時頓首

再拜而已。

客坐私祝

但願溫恭直諒之友來此講學論道示以孝友謙和之行德業相勸過失相規以教訓我子

弟使毋陷於非僻不願狂憻惰慢之徒來此博弈飲酒長傲飾非導以驕奢淫蕩之事誘以

貪財黷貨之謀冥頑無恥扇惑鼓動以益我子弟之不肖嗚呼由前之說是謂良士由後之

說是謂凶人我子弟苟遠良士而近凶人是謂逆子戒之戒之嘉靖丁亥八月將有兩廣之

行書此以戒我子弟并以告夫士友之辱臨於斯者請一覽教之

書顧維賢卷

維賢以予將遠去持此卷求書警戒之辭只此警戒二字便是予所最丁寧者今時朋友大

患不能立志是以因循懈弛散漫度日若立志則警戒之意當自有不容已故警戒者立志

之輔能警戒則學問思辯之功切磋琢磨之益將日新又新沛然莫之能禦矣程先生云學

者爲氣所勝習所奪只好責志又云凡爲詩文亦喪志又言且省外事但明乎善惟盡誠心

其文章雖不中不遠矣所守不約泛濫無功學問之道四書中備矣後儒之論未免互有得

失其得者不能出於四書之外失者遂有毫釐千里之謬故莫如專求之四書四書之言簡

實苟以忠信進德之心求之亦自明白易見與不善人居。如入鮑魚之肆久而不覺其臭則與之俱化孔子大聖尚賴三益之資致三損之戒吾儕從事於學顧隨俗同汙不思輔仁之友欲求致道恐無是理矣非笑詆毀聖賢所不免伊川有洛州之行孔子尚微服過宋今日風俗益偷人心日以淪溺苟欲自立違俗拂衆指摘非笑紛然而起勢所必至亦由所養未深高自標榜所致學者便不當自立門戶以招謗速毀亦不當故避非毀同流合汙維賢溫雅朋友中最爲難得似非微失之弱恐詆笑之來不能無繳爲所動卽依阿隱忍久將淪胥以溺每到此便須反身痛自切責爲己之志未能堅定亦便志氣激昂奮發但知明己之善立己之誠以求快足乎己豈暇顧人非笑指摘故學者只須責自家爲己之志未能堅定苟堅定則非笑詆毀不足動搖反皆爲砥礪切磋之地矣今時人多言人之非毀亦當顧恤此皆隨俗習非之久相沿其說莫知以爲非不知裏許盡是私意爲害不小不可以不察也。

稽山書院尊經閣記

經常道也其在於天謂之命其賦於人謂之性其主於身謂之心心也性也命也一也通人物達四海塞天地亙古今無有乎弗具無有乎弗同無有乎或變者也是常道也其應乎感也則爲惻隱爲羞惡爲辭讓爲是非其見於事也則爲父子之親爲君臣之義爲夫婦之別。

為長幼之序為朋友之信是惻隱也羞惡也辭讓也是非也是親也義也序也別也信也一也皆所謂心也性也命也通人物達四海塞天地亙古今無有乎弗具無有乎弗同無有乎或變者也是常道也是常道也以言其陰陽消息之行焉則謂之易以言其紀綱政事之施焉則謂之書以言其歌詠性情之發焉則謂之詩以言其條理節文之著焉則謂之禮以言其欣喜和平之生焉則謂之樂以言其誠偽邪正之辯焉則謂之春秋是陰陽消息之行也以至於誠偽邪正之辯也一也皆所謂心也性也命也通人物達四海塞天地亙古今無有乎弗具無有乎或變者也夫是之謂六經六經者非他吾心之常道也故易也者志吾心之陰陽消息者也書也者志吾心之紀綱政事者也詩也者志吾心之歌詠性情者也禮也者志吾心之條理節文者也樂也者志吾心之欣喜和平者也春秋也者志吾心之誠偽邪正者也君子之於六經也求之吾心之陰陽消息而時行焉所以尊易也求之吾心之紀綱政事而時施焉所以尊書也求之吾心之歌詠性情而時發焉所以尊詩也求之吾心之條理節文而時著焉所以尊禮也求之吾心之欣喜和平而時生焉所以尊樂也求之吾心之誠偽邪正而時辯焉所以尊春秋也蓋昔者聖人之扶人極憂後世而述六經也猶之富家者之父祖慮其產業庫藏之積其子孫者或至於遺忘散失卒困窮而無以自全也而記籍其家之所有以貽之使之世守其產業庫藏之積而享用焉以免於困窮之患故

六經者吾心之記籍也而六經之實則具於吾心猶之產業庫藏之實積種種色色具存於其家其記籍者特名狀數目而已而世之學者不知求六經之實於吾心而徒考索於影響之間率制於文義之末硜硜然以為是六經矣是猶富家之子孫不務守視享用其產業庫藏之實積日遺忘散失至於窶人丐夫而猶囂囂然指其記籍曰斯吾產業庫藏之積也何以異於是嗚呼六經之學其不明於世非一朝一夕之故矣尚功利崇邪說是謂亂經習訓詁傳記誦沒溺於淺聞小見以塗天下之耳目是謂侮經侈淫辭競詭辯飾奸心盜行逐世壟斷而猶自以為通經是謂賊經若是者是丼其所謂記籍者而割裂棄毀之矣寧復知所以為尊經也乎越城舊有稽山書院在臥龍西岡荒廢久矣郡守渭南南君大吉既敷政於民則慨然悼末學之支離將進之以聖賢之道於是使山陰令吳君瀛拓書院而一新之又為尊經之閣於其後曰經正則庶民與庶民與斯無邪慝矣閣成請予一言以諗多士予既不獲辭則為記之若是嗚呼世之學者得吾說而求諸其心焉其亦庶乎知所以為尊經也矣。

傳習錄十二則

愛因未會先生知行合一之訓與宗賢惟賢往復辯論未能決以問於先生先生曰試舉看。

愛曰如今人儘有知得父當孝兄當弟者卻不能孝不能弟便是知與行分明是兩件先生

曰。此已被私欲隔斷。不是知行的本體了。未有知而不行者。知而不行。只是未知。聖賢教人知行正是安復那本體。不是著你只恁的便罷。故大學指箇眞知行與人看說如好好色如惡惡臭。見好色屬知。好好色屬行。只見那好色時已自好了。不是見了後又立箇心去好聞惡惡臭屬知。惡惡臭屬行。只聞那惡臭時已自惡了。不是聞了後別立箇心去惡。如鼻塞人雖見惡臭在前鼻中不曾聞得便亦不甚惡。亦只是不曾知臭。就如稱某人知孝某人知弟必是其人已曾行孝行弟方可稱他知孝知弟。不成只是曉得說些孝弟的話便可稱爲知孝弟。又如知痛必已自痛了方知痛。知寒必已自寒了。知飢必已自飢了。知行如何分得開此便是知行的本體。不曾有私意隔斷的。聖人教人必要是如此方可謂之知。不然只是不曾知此。卻是何等緊切著實的工夫。如今苦苦定要說知行做兩箇是甚麼意。某要說做一箇是甚麼意。若不知立言宗旨只管說一箇兩箇。亦有甚用。曰古人說知行做兩箇亦是要人見箇分曉。一行做知的工夫。一行做行的工夫。卽工夫始有下落。先生曰。此卻失了古人宗旨也。某嘗說知是行的主意。行是知的工夫。知是行之始。行是知之成。若會得時只說一箇知已自有行在。只說一箇行已自有知在。古人所以既說一箇知又說一箇行者只爲世間有一種人懵懵懂懂的任意去做全不解思惟省察也只是箇冥行妄作所以必說箇知方纔行得是。又有一種人茫茫蕩蕩懸空去思索全不肯著實躬行也只是箇揣摸影響所

以必說一箇行方纔知得眞此是古人不得已補偏救弊的說話若見得這箇意時即一言
而足今人卻就將知行分作兩件去做以爲必先知了然後能行我如今且去講習討論做
知的工夫待知得眞了方去做行的工夫故遂終身不行亦遂終身不知此不是小病痛其
來已非一日矣某今說箇知行合一正是對病的藥又不是某鑿空杜撰知行本體原是如
此今若知得宗旨即說兩箇亦不妨亦只是一箇若不會宗旨便說一箇亦濟得甚事只
是閒說話

愛問文中子韓退之。先生曰退之文人之雄耳文中子賢儒也後人徒以文詞之故推尊退
之其實退之去文中子遠甚愛問何以有擬經之失先生曰擬經恐未可盡非且說後世儒
者著述之意與擬經如何愛曰世儒著述近名之意不無然期以明道擬經純若爲名先生
曰著述以明道亦何所效法曰孔子刪述六經以明道也先生曰然則擬經獨非效法孔子
乎愛曰著述即於道有所發明擬經似徒擬其迹恐於道無補先生曰子以明道者使其反
朴還淳而見諸行事之實乎抑將美其言辭而徒以譊譊於世也天下之大亂由虛文勝而
實行衰也使道明於天下則六經不必述刪述六經孔子不得已也自伏羲畫卦至於文王
周公其間言易如連山歸藏之屬紛紛籍籍不知其幾易道大亂孔子以天下好文之風日
盛知其說之將無紀極於是取文王周公之說而贊之以爲惟此爲得其宗於是紛紛之說

盡廢而天下之言易者始一。書詩禮樂春秋皆然書自典謨以後詩自二南以降。如九邱八索一切浮哇逸蕩之詞蓋不知其幾千百篇禮樂之名物度數至是亦不可勝窮孔子皆刪削而述正之然後其說始廢如書詩禮樂中孔子何嘗加一語今之禮記諸說皆後儒附會而成已非孔子之舊至於春秋雖稱孔子作之其實皆魯史舊文所謂筆者筆其舊所謂削者削其繁是有減無增孔子述六經懼繁文之亂天下惟簡之而不使天下務去其文以求其實非以文教之也春秋以後繁文益盛天下益亂始皇焚書得罪是出於私意又不合焚六經若當時志在明道其諸反經叛理之說悉取而焚之亦正暗合刪述之意自秦漢以降。文又日盛若欲盡去之斷不能去只宜取法孔子錄其近是者而表章之則其諸怪悖之說亦宜漸漸自廢不知文中子當時擬經如何某切深有取於其事以為聖人復起不能易也天下所以不治只因文盛實衰人出己見新奇相高以眩俗取譽徒以亂天下之聰明。塗天下之耳目使天下靡然爭務修飾文詞以求知於世而不復有敦本尚實反樸還淳之行是皆著述者有以啟之愛曰著述亦有不可缺者如春秋一經若無左傳恐亦難曉先生曰春秋必待傳而後明孔子何必削之愛曰伊川亦云傳是案經是斷如書弑某君伐某國文若春秋須此而後明是歇後謎語矣聖人何苦為此艱深隱晦之詞左傳多是魯史舊若不明其事恐亦難斷先生曰伊川此言恐亦是相沿世儒之說未得聖人作經之意如書

弑君即弑君便是罪何必更問其弑君之詳征伐當自天子出書伐國即伐國便是罪何必

更問其伐國之詳聖人述六經只是要正人心只是要存天理去人欲於存天理去人欲之

事則嘗言之或因人請問各隨分量而說亦不肯多道恐人專求之言語故曰予欲無言若

是一切繼人欲滅天理的事又安肯詳以示人是長亂導奸也故孟子云仲尼之門無道桓

文之事者是以後世無傳焉此便是孔門家法世儒只講得一箇伯者的學問所以要知得

許多陰謀詭計純是一片功利的心與聖人作經的意思正相反如何思量得通因嘆曰此

非達天德者未易與言此也又曰孔子云吾猶及史之闕文也孟子云盡信書不如無書吾

於武成取二三策而已孔子刪書於唐虞夏四五百年間不過數篇豈更無一事而所述止

此聖人之意可知矣聖人只是要刪去繁文後儒卻只要添上愛曰聖人作經只是要去人

欲存天理如五伯以下事聖人不欲詳以示人則誠然矣至如堯舜以前事如何略不少見

先生曰羲皇之世其事闊疏傳之者鮮矣此亦可以想見其時全是淳龐樸素略無文采的

氣象此便是太古之治非後世可及愛曰如三墳之類亦有傳者孔子何以刪之先生曰縱

有傳者亦於世變漸非所宜風氣益開文采日勝至於周末雖欲變以夏商之俗已不可挽

況唐虞乎又況羲皇之世乎然其治不同其道則一孔子於堯舜則祖述之於文武則憲章

之文武之法即是堯舜之道但因時致治其設施政令已自不同即夏商事業施之於周已

有不合故周公思兼三王其有不合仰而思之夜以繼日況太古之治豈復能行斯固聖人

之所可略也又曰專事無爲不能如三王之因時致治而必欲行以太古之俗卽是佛老的

學術因時致治不能如三王之一本於道而以功利之心行之卽是伯者以下事業後世儒

者許多講來講去只是講得箇伯術。

愛曰先儒論六經以春秋爲史史專記事恐與五經事體終或稍異先生曰以事言謂之史

以道言謂之經事卽道道卽事春秋亦經五經亦史易是包犧氏之史書是堯舜以下史禮

樂是三代史其事同其道同安有所謂異

又曰五經亦只是史以明善惡示訓戒善可爲訓者時存其迹以示法惡可爲戒者存其

戒而削其事以杜奸愛曰存其迹以示法亦是存天理之本然削其事以杜奸亦是遏人欲

於將萌否先生曰聖人作經固無非是此意然又不必泥著文句愛又問惡可爲戒者存其

戒而削其事以杜奸何獨於詩而不刪鄭衛先儒謂惡者可以懲創人之逸志然否先生曰

詩非孔門之舊本矣孔子云放鄭聲鄭聲淫又曰惡鄭聲之亂雅樂也鄭衛之音亡國之音

也此是孔門家法孔子所定三百篇皆所謂雅樂皆可奏之郊廟奏之鄉黨皆所以宣暢和

平而涵泳德性移風易俗安得有此是長淫導奸矣此必秦火之後世儒附會以足三百篇

之數蓋淫泆之詞世俗多所喜傳如今閭巷皆然惡者可以懲創人之逸志是求其說而不

得。從而為之辭

知著行之始行者知之成聖學只一箇功夫·知行不可分作兩事。

問知至然後可以言誠意今天理人欲知之未盡如何用得克己工夫·先生曰人若真實切

己用功不已則於此心天理之精微日見一日私欲亦細微亦終日見一日若不用克己工夫

終日只是說話而已天理終不自見私欲亦終不自見如人走路一般走得一段方認得一

段走到歧路處有疑便問問了又走方漸能到得欲到之處今人於已知之天理不肯存已

知之人欲不肯去且只管懋不能盡知只管閒講何益之有且待克得自己無私可克方懋

不能盡知亦未遲在。

問名物度數亦須先講求否·先生曰人只要成就自家心體則用在其中如養得心體果有

未發之中自然有發而中節之和自然無施不可苟無是心雖預先講得世上許多名物度

數與己原不相干只是裝綴臨時自行不去亦不是將名物度數全然不理只要知所先後

則近道又曰人要隨才成就才是其所能為如夔之樂稷之種是他資性合下便如此成就

之者亦只是要他心體純乎天理其運用處皆從天理上發來然後謂之才到得純乎天理

處亦能不器使夔稷易藝而為當亦能之又曰如素富貴行乎富貴素患難行乎患難皆是

不器此惟養得心體正者能之

蔡希淵問文公大學新本先格致而後誠意工夫似與首章次第相合若如先生從舊本之說即誠意反在格致之前於此尚未釋然先生曰大學工夫即是明明德明明德只是箇誠意誠意的工夫只是格物致知若以誠意為主去用格物致知的工夫即工夫始有下落即為善去惡無非是誠意的事如新本先去窮格事物之理即茫茫蕩蕩都無著落處須用添箇敬字方才牽扯得向身心上來然終是沒根源若須用添箇敬字緣何孔門倒將一箇最緊要的字落了直待千餘年後要人來補出正謂以誠意為主即不須添箇敬字所以提出箇誠意來說正是學問的大頭腦處於此不察直所謂毫釐之差千里之謬大抵中庸工夫只是誠身誠身之極便是至誠大學工夫只是誠意誠意之極便是至善工夫總是一般今說這裏補箇敬字那裏補箇誠字未免畫蛇添足。

有一屬官因久聽講先生之學曰此學甚好只是簿書訟獄繁難不得為學先生聞之曰我何嘗教爾離了簿書訟獄懸空講學爾既有官司之事便從官司的事上為學纔是真格物如問一詞訟不可因其應對無狀起箇怒心不可因他言語圓轉生箇喜心不可惡其囑託加意治之不可因其請求屈意從之不可因自己事務煩冗隨意苟且斷之不可因旁人譖毀羅織隨人意思處之這許多意思皆私只爾自知須精細省察克治惟恐此心有一毫偏倚杜人是非這便是格物致知簿書訟獄之間無非實學若離了事物為學卻是著空

朱本思問人有虛靈方有良知若草木瓦石之類亦有良知否先生曰人的良知就是草木瓦石的良知若草木瓦石無人的良知不可以爲草木瓦石矣豈惟草木瓦石爲然天地無人的良知亦不可爲天地矣蓋天地萬物與人原是一體其發竅之最精處是人心一點靈明風雨露雷日月星辰禽獸草木山川土石與人原只一體故五穀禽獸之類皆可以養人藥石之類皆可以療疾只爲同此一氣故能相通耳

問大人與物同體如何大學又說箇厚薄先生曰惟是道理自有厚薄比如身是一體把手足捍頭目豈是偏要薄手足其道理合如此禽獸與草木同是愛的把草木去養禽獸又忍得人與禽獸同是愛的宰禽獸以養親與供祭祀燕賓客心又忍得至親與路人同是愛的如簞食豆羹得則生不得則死不能兩全寧救至親不救路人心又忍得這是道理合該如此及至吾身與至親更不得分別彼此厚薄蓋以仁民愛物皆從此出此處可忍更無所不忍矣大學所謂厚薄是良知上自然的條理不可踰越此便謂之義順這箇條理便謂之禮知此條理便謂之智終始是這條理便謂之信

問古人論性各有異同何者乃爲定論先生曰性無定體論亦無定體有自本體上說者有自發用上說者有自源頭上說者有自流弊處說者總而言之只是一箇性但所見有淺深爾若執定一邊便不是了性之本體原是無善無惡的發用上也原是可以爲善可以爲不

善的。其流弊也原是一定善一定惡的譬如眼有喜時的眼。有怒時的眼直視就是看的眼。

微視就是觀的眼總而言之只是這箇眼若見怒時眼。就說未嘗有喜的眼見得看時眼就

說未嘗有觀的眼皆是執定就知是錯孟子說性直從源頭上說來。亦是說箇大概如此荀

子性惡之說是從流弊上說來也未可盡說他不是只是見得未精耳衆人則失了心之本

體問孟子從源頭上說性要人用功在源頭上明徹荀子從流弊說性功夫只在末流上救

正便費力了先生曰然

理學治要卷二

宋元以來各家論學名著

邵雍　宋范陽人字堯夫讀書蘇門山百源上北海李之才攝共城令授以圖書先天象數之學。（宋史儒林傳謂之才學易於穆脩脩受之种放放受之陳摶）神契妙悟多所自得寓洛四十年富弼司馬光呂公著退居洛中恆相從遊程顥兄弟皆以父執事之雍名其居曰安樂窩自號安樂先生卒年六十七賜謚康節著有擊壤詩專以韻語述懷淺牟之中饒有理趣為後世理學家所宗又有皇極經世舊列儒家清四庫以其說借易以推衍而實無關於易乃改隸術數類

擊壤集詩四十八首

物理人情自可明。何嘗感感問平生卷舒在我有成算用捨隨時無定名滿目雲山俱是樂。

一毫榮辱不須驚侯門見說深如海三十年來掉臂行中作龍門道

無位立事難逢時建功易求全自有毀舉大須略細去惡慮傷恩存惡憂害義徒有仁者心。

殊無仁者意書言

年來得疾號詩狂每度詩狂必命觴樂道襟懷忘檢束任真言語省思量賓朋款密過從久

雲水優閑與昧長始信淵明深意在北窗當日比羲皇　後園即事

仁者難逢思有常平居慎勿恃無傷爭先徑路機關惡退後語言滋味長爽口物多須作疾。

快心事過必爲殃與其疾後能求藥不若病前能自防 吟仁者

生平不作皺眉事天下應無切齒人斷送落花安用雨裝添舊物豈須春 幸逢堯舜爲眞主。

且放巢由作外臣六十病夫宜擲分監司無用苦開陳人不起之意 詔三下答鄉

人生憂不足外更何求吾身雖未足亦也卻無憂天和將酒養眞樂用詩勾不信年光會

催人早白頭 吟逍遙

物如善得終爲美事到巧圖安有公不作風波於世上自無冰炭到胸中災殃秋葉霜前墜

富貴春華雨後紅造化分明人莫會花榮消得幾何功 中安樂窩自貽

吾常好樂樂所樂無害義樂天四時好樂地百物備樂人有美行樂己能樂事此數樂之外。

更樂微微醉 吟樂樂

善惡無佗在所存小人君子此中分改圖不害爲君子迷復終歸作小人良藥有功方利病。

白圭無玷始稱珍欲成令器須追琢過失如何不就新 誡子

雖職在司晨犬職在守禦二者皆有功一歸於報主我飢亦享食我寒亦受衣如何無纖毫

功德補於時 吟知幸

天意無佗只自然自然之外更無天不欺誰怕居暗室絕利須求在一源未喫力時猶有說。

到收功處更何言聖人能事人難繼無價明珠正在淵　天意

為人能了自家身千萬人中有一人雖用知如未知說在乎行與不行分該通始謂才中秀。

傑出方名席上珍善惡一何相去遠也由資性也由勤　教子

安有太平人不平人心平處固無爭棊中機械不願看琴裏語言時喜聽少日挂心唯帝典。

老年留意只義經自知別得收功處松桂隆冬始見青

松桂隆冬始見青蒿萊盛夏亦能榮光陰去後繩難繫利害在前人必爭萬事莫於疑處動。

一身常向吉中行人心相去無多遠安有太平人不平風二首　以上旋

心安身自安身安室自寬心與身俱安何事能相干誰謂一身小其安若泰山誰謂一室小

寬如天地間　心安　吟

何故謂之詩詩者言其志既有言成章遂道心中事不止鍊其辭抑亦鍊其意鍊辭得奇句

鍊意得餘味　論詩　吟

人之為善事善義當為金石猶能動鬼神其可欺事須安義命言必道肝脾莫問身之外

人知與不知　為善　吟

欲作一男子須了四般事財能使人貪色能使人嗜名能使人矜勢能使人倚四患既都去

豈在塵埃裏　男子　吟

未見希夷眞未見希夷蹟止聞希夷名希夷心未識。

及見希夷蹟又見希夷眞始知今與古天下長有人。

希夷眞可觀希夷墨可傳希夷心一片不可得而言。<small>以上觀陳希夷先生眞及墨蹟三首</small>

松桂操行鶯花文才江山氣度風月情懷借爾面貌假爾形骸弄丸餘暇閒往閒來。<small>丸謂太極。自作</small>

眞贊。

財利爲先筆舌用事饑饉相仍盜賊蜂起孝悌爲先日月長久。<small>時和歲豐延年益壽。吟 治亂</small>

老者得其養幼者得其仰勞者得其飼死者得其葬。<small>太平 吟</small>

下有黃泉上有天人人許住百來年還知虛過死萬漏都似不曾生一般要識明珠須巨海。

如求良玉必名山先能了盡世間事然後方言出世間。<small>論極</small>

安莫安於王政平樂莫樂於年穀登王政不平年不登窩中何由得康寧。<small>安樂窩銘</small>

飽食豐衣不易過日長時節奈何求名少日投宣聖怕死老年親釋迦妄欲斷緣緣愈重。<small>學佛 吟</small>

微求去病病還多長江一片常如練幸自無風又起波。<small>吟</small>

一歲之事愼在春一日之事愼在晨一生之事愼在少一端之事愼在新。<small>觀事 吟</small>

君子與義小人與利與義日與與利日廢。

君子尚德小人尚力尚德樹恩尚力樹敵。

君子作福。小人作威作福。福至作威禍至作威禍隨隨。

君子樂善小人樂惡。樂惡惡至樂善善歸。

君子好譽小人好毀。好毀人怒好譽人喜。

君子思與小人思壞。思與召祥思壞召怪。

君子好與小人好求。好與多喜好求多憂。

君子好生小人好殺。好生道行好殺道絕。吟八首 以上君子

爽口之物少茹。爽心之行少慮。爽意之言少語。爽身之事少做。吟 爽口

不多求故得不多。不雜學故明欲得。心常明無過用至誠。吟 至誠

半生無苦吟書翰不求深。行筆因調性成詩。為寫心詩揚心造化筆。發性園林所樂樂吾樂。

樂而安有淫。吟 無苦

所謂十分人須有十分眞。非為能寫字。非謂能為文。非謂眉目秀。非謂衣服新。欲行人世上。

直須先了身。

所謂十分人須有十分事。事苟不十分終是未完備。事父盡其心。事兄盡其意。事君盡其忠。

事師盡其義。吟以上十分 吟二首

多事招憂多疑招悶多與招咎多取招損。吟 多事

君子處身寧人負己己無負人小人處事寧己負人無人負己。處身

居暗觀明居靜觀動居簡觀繁居輕觀重所居者寡所觀則衆匪居匪觀衆寡何用。觀物

詩者人之志非詩志莫傳人和心盡見天與意相連論物生新句詶文起雅言興來如宿構。

未始用雕鑴吟　談詩

時難得而易失心雖悔而何追不知老之已至不知志與願違吟　得失

身生天地後心在天地前天地自我出自餘何足言吟　自餘

堯夫非是愛吟詩詩是堯夫漸老時每用風騷觀物體卻因言語漏天機林間車馬自稀到。

塵外孟軻不浪飛六十一年無事客堯夫非是愛吟詩吟　首尾

司馬光　陝州夏縣涑水鄉人字君實歷仕仁宗英宗至神宗時以議王安石新法之害不合出居洛哲宗即位。

光入為相盡改新法旋卒年六十八贈太師溫國公謚文正光學行誠篤操守廉潔自謂平生無事不可對人言

為宋代名臣純儒之表率著有溫公易說書儀資治通鑑涑虛傳家集等種

答劉蒙書

昔張伯松語陳孟公曰人各有性長短自裁子欲為我亦不能吾而效子亦敗矣馬文淵戒

兄子欲其效龍伯高之周慎謙儉不欲其效杜季良憂人之憂樂人之樂也光愚無似何足

以望萬一於古人然私心所慕者伯松伯高而不敢為孟公季良之行也況幼時始能言則

誦儒書習謹敕長而爲吏則讀律令守繩墨齪齪然爲鄙細之人側足於庸俗之間不爲雄俊奇偉之士所齒目爲日久矣不意去歲足下自大河之北洋洋而來遊於京師貲其千鎰之寶欲求良工大賈而售之乃幸顧於陋巷因得竊讀足下之文窺足下之志文甚高志甚大語古則浩博而淵微論今則明切而精至誠不能不口誇而心服譬如竇人之子終日環繞愛玩咨嗟傳布訖無一錢敢問其直之高下亦終於無益而已矣今者足下忽以親之無以養兒之無以葬弟妹嫂姪之無以恤策馬裁書千里渡河指某以爲歸且曰以醫一下婢之資五十萬之足以周事何足下見期待之厚而不相知之深也光得不駭且疑乎方今豪傑之士內則充朝廷外則布郡縣力有餘而人可仰者爲不少矣下莫之取乃獨左顧而抵於不肖豈非見期待之厚哉光雖竊託迹於侍從之臣月俸不及數萬糴桂炊玉晦朔不相續居京師已十年囊儲舊物皆竭安所取五十萬以佐從者之蔬糲乎夫君子雖樂施予亦必己有餘然後能及人就其有餘亦當先親而後疏先舊而後新光得侍足下裁周歲得見不過四五而遽以五十萬奉之其餘親戚故舊不可勝數將何以待之乎光家居食不敢常有肉衣不敢純衣帛何敢以五十萬市一婢乎而足下忽以此責之豈非不相知之深哉光視地而後敢行頓足而後敢立一旦待之爲陳孟公杜季良之徒光能無駭乎足下服儒衣談孔顏之道啜菽飲水足以盡歡於親簞食瓢飲足以致樂於身而邊邊焉以貧

乏有求於人光能無疑乎足下又責以韓退之所爲若光者何人敢望韓退之能

爲文其文爲天下貴凡當時王公大人廟碑墓碣靡不請焉故受其厚謝隨復散之於親舊

此其所以能行義也若光者何人敢望退之哉光自結髮以來雖能行無所然實不敢錙銖

妄取於人此眾人所知也取之也廉則其施之人也豈亦其理宜也若既求其廉又責

其施之厚是二行者誠難得而兼矣足下又欲使光取之於佗人其尤不可之大也微生高

乞醯於鄰人以應求者孔子以爲不直況己不能施而斂之於人以爲己惠豈不害於恕乎

足下之命既不克承又費辭以釋之其爲罪尤深足下所稱韓退之亦云文章不足以發足

下之事業錢財不足以賙左右之匱急捆載而往垂橐而歸足下亮之而已

訓儉示康

吾本家寒世以淸白相承吾性不喜華靡自爲乳兒長者加以金銀華美之服輒羞赧棄去

之二十忝科名聞喜宴獨不戴花同年曰君賜不可違也乃簪一花平生衣取蔽寒食取充

腹亦不敢服垢敝以矯俗干名但順吾性而已眾人皆以奢靡爲榮吾心獨以儉素爲美人

皆嗤吾固陋吾不以爲病應之曰孔子稱與其不遜也寧固又曰以約失之者鮮矣又曰士

志於道而恥惡衣惡食者未足與議也古人以儉爲美德今人乃以儉相詬病嘻異哉近歲

風俗尤爲侈靡走卒類士服農夫躡絲履吾記天聖中先公爲郡牧判官客至未嘗不置酒

或三行五行。多不過七行。酒酤於市果止於梨栗棗柿之類。殺止於脯醢菜羹。器用瓷漆當

時士大夫家皆然人不相非也會數而禮勤物薄而情厚近日士大夫家酒非內法果非

遠方珍異食非多品器皿非滿案不敢會賓友常數日營聚然後敢發書苟或不然人爭非

之以為鄙吝故不隨俗靡者蓋鮮矣嗟乎風俗頹敝如是居位者雖不能禁忍助之乎昔李

文靖公為相治居第於封邱門內廳事前僅容旋馬或言其太隘公笑曰居第當傳子孫此

為宰相廳事誠隘為太祝奉禮廳事已寬矣參政魯公為諫官真宗遣使急召之得於酒家

既入問其所來以實對上曰卿為清望官奈何飲於酒肆對曰臣家貧客至無器皿殽果故

就酒家觴之上以無隱益重之張文節為相自奉養如為河陽掌書記時所親或規之曰公

今受俸不少而自奉若此公雖自信清約外人頗有公孫布被之譏公宜少從眾公歎曰吾

今日之俸雖舉家錦衣玉食何患不能顧人之常情由儉入奢易由奢入儉難吾

豈能常有身豈能常存一旦異於今日家人習奢已久不能頓儉必致失所豈若吾居位去

位身在身亡常如一日乎嗚呼大賢之深謀遠慮豈庸人所及哉

　呂大鈞　及郡人徙藍田字和叔嘉祐進士從張載學能守其師說兄弟四人長大忠字進伯次大防字微仲皆

仕於神宗朝敢言有為三郎大鈞四大臨字與叔先後從張載二程學兄弟同居相切磋論道考禮冠婚喪祭一

本於古關中化之。

呂氏鄉約 據朱熹增刪本照錄

凡鄉之約四一曰德業相勸二曰過失相規三曰禮俗相交四曰患難相恤衆推有齒德者一人爲都約正有學行者二人副之約中月輪一人爲直月都副正置三籍凡願入約者書於一籍德業可勸者書於一籍過失可規者書於一籍直月掌之月終則以告於約正而授於其次

德業相勸

見善必行。聞過必改。能治其身。能治其家。能事父兄。能待妻妾。能敎子弟。能御童僕。能事長上。能睦親故。能擇交遊。能守廉介。能廣施惠。能受寄託。能救患難。能導人爲善。能規人過失。能爲人謀事。能爲衆集事。能解鬪爭。能決是非。能興利除害。能居官舉職。至於讀書治田營家濟物畏法令謹租賦好禮樂射御書數之類皆可爲之非此之類皆爲無益。

右件德業同約之人各自進修互相勸勉會集之日相與推其能者書於籍以警勵其

過失相規。

不能者。

過，謂犯義之過六，犯約之過四，不修之過五。

犯義之過：一曰酗博鬥訟。酗，謂縱酒喧競。博，謂賭博財物。鬥，謂鬥毆罵詈。訟，謂告人罪惡，意在侵損於人者。若事干負累，及為人侵損而訴之者，非。

二曰行止踰違。踰，謂陵慢禮法。違，謂違眾獨異。

三曰行不恭遜。謂侮慢齒德、陵犯長上。凌，謂持強凌弱。犯，謂干犯長上。

四曰言不忠信。謂誕妄以欺罔他人，或要約退悔，或匿情相誑。

五曰造言誣毀。謂誣人過惡，以無為有，以小為大，面是背非，或作嘲詠匿名文書，及喜談人之舊過、揚人之陰私。

六曰營私太甚。謂專務進取，不恤餘事，無故而好干求假貸，或寄託財物而隱克己，或交見非其人，凡事求己不求人者，非。

不修之過：一曰交非其人。謂所交不擇，皆游惰無行、眾所不齒者。苟取其利，過則相容，若與之交遊，久而不變者，非。

二曰游戲怠惰。謂游手好閒，博弈好飲，及不事家業而出入街市者。

三曰動作無儀。謂進退太疏野，及衣冠不整，不當言而言、當言而不言，衣冠而入街市者言。

四曰臨事不恪。謂主事廢忘，期會後時，不恪其事者。

五曰用度不節。謂不計有無，過為侈費者。○為多費者不能安之過。○以上不修之過。

右件過失，同約之人各自省察，互相規戒，小則密規之，大則眾戒之。不聽則會集之日，直月告於約正，約正以義理誨諭之，謝過請改則書於籍，以俟其爭辨不服與終不能禮俗相交。改者聽其出約。

尊幼輩行。年與父同行，及長於己者三十歲以上日尊，十歲以上日長，〔凡者五〇等以上〕下不滿十歲於己敵者，少於己十歲以上，少於己二十歲以下日幼者，與兄同行日長，幼者

之餘。令子弟起，凡少者幼者，質名白於尊長及赴召者，少省歲首冬至四月朔，辭見尊者，孟月謁不辭報賀，長往者皆為禮。見此外候問，

造請拜揖。凡已疑幼者，於尊長次升堂，禮代見行四〇拜，燕見者不拜，退冬至則主人送於廉下〇還凡見敵者，門外長者報

門之外令子弟請。俟於下，馬廝俟就禮者，次升馬，禮見，燕見者不拜，退則主人送於廉下〇還凡見敵者，門外

退則俟人應，不飲至食以爵者少，尊爵馬，退冬至則主人送之下。〇凡有特召請客，燕會聚會省鄉人則坐，以齒若有親則別敘

為若有他客，又飲同約其之有少省者，爵以客親往〇凡聚會省鄉人則坐，以齒若有親則別敘，

俟其食既則省就省家少爵家事明日往謝之勞〇凡親往來謝之，或召則五里者三里，各期會於一處有

飲食既則歸省問〇其亦家事明日往謝之，或專召者則坐，以齒若有婚禮則姻別敘，有家

請召迎送。〇凡書親往來謝〇明日親往謝之勞〇凡聚會省鄉人則坐，以齒若有親則別敘

慶弔贈遺。凡有慶，弔者，家一人，與之同約。凡慶禮如常儀。有深衣致往或哭，其發引則素服而送之。凡有凶事，主家則為之期日，當營幹，素服具酒果食物往，奠服之，及葬

儀深衣致往或哭，其發引則素服而送之。凡百經營之或借與所，用器成及相牽素服〇凡弔禮如常書

慶有衣物，或問凡家則有慶，弔者，每家只一人與之同約，凡慶禮如常書

約相牽致賻賵，俟其發引，則素服而送之〇凡營幹之或借與所，用及相牽素服具酒果食物往，奠服之，及葬

又不可具酒食衣服，以待弔客，弔客亦不可受。

右禮俗相交之事，直月主之，有期日者為之期日，當糾集者督其違慢。凡不如約者，以告於約正而告之，且書於籍。

患難相恤。

患難之事有七。一曰水火，小則遣人救之，且弔之，甚者親往救且弔之。二曰盜賊，近者同力追捕，其家力不能辦者，爲訪募賞，或爲之率人追捕。三曰疾病，小則遣人問之，甚者爲之訪醫藥，貧則助其養疾之費。四曰死喪，闕於力者則遺人助其幹辦，闕於財者，則贈賻借貸。五曰孤弱，孤遺無所依者，若能自贍則爲之區處稽其出內，或聞於官司，或擇人教之，及爲求婚姻，貧則爲之圖婚嫁之費。幼無所依又不能自存者，其家富則爲之主幹，貧則爲之區處。若遺囑之侵欺者，爲之辯理，稍長而放逸不檢，亦防察約束之。六曰誣枉有方略可以救解則爲之伸理，其人勢可以聞於官府，則爲言之，有方略可以救解。七曰貧乏有安貧之分而不能自存者，則爲之計畫以歲月濟之，或爲之區處計產以歲月償之，以財濟之。

右患難相恤之事，凡同約者，財物器用車馬人僕，皆有無相假，若不急之用及有所妨者則不必借可借而不借及踰期不還及損壞借物者，書於籍，鄰里或有緩急雖非同約，而聞知亦當救助，或不能救助則爲之告於同約，而謀之有能如此者則亦書其善於籍以告鄉人。

李侗。南劍人，字愿中，年二十四，聞郡人羅從彥待河洛之學，遂從受業，朱熹少嘗師之。侗之言曰學問之道不在多言，但默坐澄心體認天理，久之則自覺天下之理贍然攝貫以次融釋各有條序，世稱延平先生，卒年七十一。

謚文靖有延平答問及語錄。

謁羅從彥書

侗聞之天下有三本焉父生之師敎之君治之關其一則本不立古之聖賢莫不有師其肄業之勤惰涉道之淺深求益之先後若存若亡其詳不可得而考惟洙泗之間七十二弟子之徒議論問答具在方冊有足稽焉是得夫子而益明矣孟氏之後道失其傳枝分派別自立門戶天下眞儒不復見於世其聚徒成羣所以相傳授者句讀文義而已爾豈謂之熄焉可也其惟先生服膺龜山先生之講席有年矣況嘗及伊川先生之門得不傳之道於千五百年之後性明而修行完而潔擴之以廣大體之以仁恕精深微妙各極其至漢唐諸儒無近似者至於不言而飲人以和與人並立而使人化如春風發物蓋亦莫知其所以然也凡讀聖賢之書粗有識見者孰不願得授經門下以質所疑至於異端之人固當置而勿論也侗之愚鄙徒以習舉子業不得服役於門下而今日拳拳欲求敎者以謂所求有大於利祿也抑侗聞之道可以治心猶食之充飽衣之禦寒也人有迫於飢寒之患者皇皇爲衣食之謀造次顚沛未始忘也至於心之不治有沒世不知慮豈愛心不若口體哉弗思甚矣侗不量資質之陋徒以祖父以儒學起家不忍墜箕裘之業孜孜矻矻爲利祿之學雖知眞儒有作聞風而起固不若先生親炙之得於動靜語默之間目擊而意全也今生二十有四歲茫

平未有所止燭理未明。而是非無以辨宅心不廣。而喜怒易以搖操履不完。而悔吝多矣。

不充而智巧襲揀焉而不淨守焉而不數朝夕恐懼不啻如飢寒切身者求充飢禦寒之具

也不然安敢以不肖之身爲先生之累哉

胡宏　崇安人字仁仲安國子幼事楊時侯仲良而卒傳其父之學優游衡山下二十餘年玩心神明不舍晝夜張

栻師事之紹興中以蔭補承務郎不調秦檜死宏被召以疾辭書曰知言栻謂其言約義精道學之樞要削治

之著龜有詩文集皇王大紀學者稱五峯先生（案胡宏之論心性在宋代別爲一派不與程門同趣故朱熹嘗

與呂祖謙及宏門人張栻互相辨論作知言疑義附於卷後今采知言即以朱熹已作疑義者錄前無疑義者隸

之俾學者瞭然於當時學派之異同而考其得失焉）

知言節錄　附朱熹疑義

天命之謂性性天下之大本也堯舜禹湯文武仲尼六君子先後相詔必曰心而不曰性何

也日心也者知天地宰萬物以成性者也六君子盡心者也故能立天下之大本人至於今

賴焉不然異端並作物從其類而瓜分孰能一之。

熹謂以成性者也此句可疑欲作而統性情也如何栻曰統字亦恐未安欲作而主性情。

如何

熹謂所改主字極有功然凡言刪改者亦且是私竊講貫議論以爲當如此耳未可遽塗

其本編也如何。熹按孟子盡心之意。正謂私意脫落衆理貫通盡得此心無盡之體。而自

其擴充則可以卽事卽物而無不盡其全體之用雖能盡得此體然存養不熟。

而於事物之間一有所蔽則或有不得盡其用者故孟子既言盡心知性又言存心養性

蓋欲此體常存而卽事卽物各用其極無有不盡夫以大學之序言之則盡心知性者致

知格物之事存心養性若誠意正心之事而夭壽不貳修身以俟之者修身以下之事也。

此其次序甚明皆學者之事也然程子盡心知性不假存養其唯聖人乎者蓋惟聖人則

合下盡得此體而用處自然無所不盡中閒更不須下存養充擴節次功夫然然程子之意。

亦指夫始條理者而爲言非便以盡心二字就功用上說也。今觀此書之言盡心大抵皆

就功用上說又便以爲聖人之事竊疑未安。別舊說未明、今改定如此，

祖謙曰成性固可疑然今所改定乃兼性情而言則與本文設問不相應來諭以盡心爲

集大成者之始條理則非不可以爲聖人事但胡子下者也兩字卻似斷定爾若言六君

子由盡其心而能立天下之大本如此

熹謂論心必兼性情然後語意完備若疑與所設問不相應而者也二字亦有未安則熹

欲別下語云性固天下之大本而情亦天下之達道也二者不能相無而心也者知天地

宰萬物而主性情者也六君子惟盡其心故能立天下之大本行天下之達道人至於今

賴焉云云　不知更有病否若所謂由盡其心者則詞恐太狹不見程子所謂不假存養之意。

天理人欲同體而異用同行而異情進修君子宜深別焉

熹按此章亦性無善惡之意與好惡性也一章相類似恐未安蓋天理莫知其所始其在人則生而有之矣人欲者梏於形雜於氣狃於習亂於情而後有者也然既有而人莫之辨也於是乎有同事而異行者焉有同行而異情者焉君子不可以不察也然非有以立乎其本則二者之幾微曖曖萬變夫孰能別之今以天理人欲混爲一區恐未允當

祖謙曰天理人欲同體而異用同行而異情在人識之耳熹再詳此論胡子之言蓋欲人於天理中揀別得人欲又於人欲中便見得天理其意甚切然不免有病者蓋

既謂之同體則上面便著人欲兩字不得此是義理本原極精微處不可少差試更子細玩索當見本體實然只一天理更無人欲故聖人只說克己復禮敎人實下工夫去卻人欲便是天理未嘗敎人求識天理於人欲汩沒之中也若不能實下工夫去卻人欲則雖

就此識得未嘗離之天理亦安所用乎

好惡性也小人好惡以己君子好惡以道察乎此則天理人欲可知。

熹按此章卽性與善惡之意若果如此則性但有好惡而無善惡之別矣君子好惡以道。

是性外有道也察乎此則天理人欲可知是天理人欲同時並有無先後賓主之別也然

則所謂天生蒸民有物有則民之秉彝好是懿德者果何謂乎龜山楊子曰天命之謂性

人欲非性也卻是此語直截而胡子非之誤矣栻曰好惡性也此一語無害但著下數語

則爲病矣今欲作好惡性也天理之公也君子者循其性者也小人則以人欲亂之而失

其則矣

熹謂好惡固性之所有然直謂之性則不可蓋好惡物也好善而惡惡物之則也有物必

有則。是所謂形色天性也。今欲語性乃舉物而遺則恐未得爲無害也

心無不在本天道變化爲世俗酬酢參天地備萬物人之爲道至大也至善也放而不知求。

耳目聞見爲已蔽父子夫婦飲食爲已欲既失其本矣猶皆曰我有知論事之

是非方人之短長終不知其陷溺者悲夫故孟子曰學問之道無他求其放心而已矣

熹按人之爲道至大也至善也此說甚若性果無善惡則何以能若是邪

栻曰論性而曰善不足以名之誠爲未當如元晦之論也夫其精微純粹正當以至善名

之龜山謂人欲非性也亦是見得分明故立言直截耳遺書中所謂善固性也惡亦不可

不謂之性也則如之何譬之水澄淸者其本然者也其或渾然則以夫泥滓之雜也方其

渾也亦不可不謂之水也夫專善而無惡者性也而其動則爲情情之發。有正有不正焉。

其正者性之常也而其不正者物欲亂之也於是而有惡焉是豈性之本哉其曰惡亦不

可不謂之性者蓋言其流如此而性之本然者亦未嘗不在也故善學者化其滓以澄其

初而已熹詳此論性甚善但明道所謂惡亦不可不謂之性是說氣稟之性觀上下文可

見。

熹又看此章云本天道變化爲世俗酬酢疑世俗字有病猶釋子之謂父母家爲俗家也。

改作日用字如何

熹又細看雖改此字亦爲未安蓋此兩句大意自有病聖人下學而上達盡日用酬酢之

理而天道變化行乎其中耳若有心要本天道以應人事則胸次先橫了一物臨事之際

著意將來把持作弄而天人之際終不合矣大抵自謝子以來雖說以灑掃應對爲學然

實有不屑卑近之意故纔說灑掃應對便須急作精義入神意思想像主張惟恐其滯於

小也如爲朱子發說論語乃云天自處皆是此個意思恐不免有病也

胡子喟然歎曰至哉吾觀天地之神道其時無愆賦形萬物無大無細各足其分太和保合

變化無窮也凡人之生粹然天地之心道義完具無適無莫不可以善惡辨不可以是非分

無過也無不及也此中之所以名也夫心宰萬物順之則喜逆之則怒感於死則哀動於生

則樂欲之所起情亦隨之心亦放焉故有私於身蔽於愛動於氣而失之毫釐謬以千里者

矣眾人昏昏不自知覺方且爲善惡亂方且爲是非惟聖人超拔人羣之上處見而知隱

由顯而知微靜與天同德動與天同道和順於萬物渾融於天下而無所不通此中和之道

所以聖人獨得民鮮能久者矣爲君子者奈何戒謹於隱微恭敬乎顚沛勿忘也勿助長也

則中和自致天高地下而位定萬物正其性命而並育成位乎其中與天地參矣

或問性曰性也者天地之所以立也曰然則孟軻氏荀卿氏揚雄氏之以善惡言性也非歟

曰性也者天地鬼神之奧也曰善不足以言之況惡乎或問曰何謂也曰宏聞之先君子曰

孟子所以獨出諸儒之表者以其知性也宏請曰何謂也先君子曰孟子道性善云者歎美

之辭也不與惡對

或問心有生死乎曰無死生曰然則人死其心安在曰子既知其死矣而問安在邪或曰何

謂也曰夫性不死是以知之又何問焉或者未達胡子笑曰甚哉子之蔽也子無以形觀心

而以心觀心則知之矣

熹按性無善惡心無死生兩章似皆有病性無善惡前此論之已詳心無死生則幾於釋

氏輪迴之說矣天地生物人得其秀而最靈所謂心者乃夫虛靈知覺之性猶耳目之有

見聞耳在天地則通古今而無成壞在人間則隨形氣而有始終知其理一而分殊則亦

一八八

何必為是心無死生之說以駭學者之聽乎。

杕曰心無死生章亦當刪去。

凡天命所有而衆人有之者聖人皆有之。聖人不病才人以欲為不善也。聖人不絕欲人以術為傷德也。聖人不棄術人以憂為非達也。聖人不忘憂人以怨為非宏也。聖人不釋怨然則何以別於衆人乎。聖人發而中節而衆人不中節也。中節者為是不中節者為非。挾是而行則為正。挾非而行則為邪。正者為善。邪者為惡。而世儒乃以善惡言性邈乎遼哉。

熹按聖人發而中節。故為善。衆人發不中節。故為惡。世儒乃以善惡言性邈乎遼哉。此亦性無善惡之意。然不知所中之節。聖人所自為邪。謂聖人所自為則必無是理。謂性所固有則性之本善也明矣。

杕曰所謂世儒殆指荀揚。荀揚蓋未知孟子所謂善也。此一段大抵意偏而詞雜當悉刪去。熹詳此段不可盡刪但自聖人發而中節以下刪去。而以一言斷之云。亦曰天理人欲之不同爾。

杕曰所謂輕詆世儒之過。而不自知其非。恐氣未和而語傷易。析理當極精微。毫釐不可放過。至於尊讓前輩之意亦不可不存也。

熹觀此論切中淺陋之病謹已刪去訖。

彪居正問心無窮者也孟子何以言盡其心曰惟仁者能盡其心居正問爲仁必

先識仁之體曰其體如何曰仁之道宏大而親切知者雖設千萬言亦

不知也能者可以一事舉不能者雖指千萬事亦不能也曰萬物與我爲一可以爲仁之體

乎曰子以六尺之軀若何而能與萬物爲一身不能與萬物爲一心則能矣曰人心有百

病一死天下之物有一變萬生子若何而能與之爲一居正竦然而去他日某問曰人之所

以不仁者以放其良心也以放心求心可乎曰齊王見牛而不忍殺此良心之苗裔因利欲

之閒而見者也一有見焉操而存之養之充之以至於大大而不已與天地同矣。

此心在人其發見之端不同要識之而已

熹按欲爲仁必先識仁之體此語大可疑觀孔子答門人問爲仁者多矣不過以求仁之

方告之使之從事於此而自得焉爾初不必使先識仁體也又以放心求心之問甚切而

所答者反若支離夫心操存舍亡閒不容息知其放而求之則心在是矣今於已放之心

不可操而復存者置不復問乃俟異時見其發於他處而後從而操之則夫未見之閒此

心遂成閒斷無復有用功處及其見而操之則所操者亦發用之一端耳於其本源全體

未嘗有一日涵養之功便欲擴而充之與天同大愚竊恐其無是理也

栻曰必待識仁之體而後可以爲仁不知如何而可以識也學者致爲仁之功則仁之體可得而見識其體矣則其爲益有所施而無窮矣然則答爲仁之問且莫若敬而已矣祖謙曰仁體誠不可遽語至於答放心求心之問卻自是一說蓋所謂心操存舍亡開不容息知其放而求之則心在是矣者平昔持養之功也所謂良心之苗裔因利欲而見一有見焉則操而存之者隨時體察之功是處矣二者要不可偏廢苟以此說欠說涵養一段而未見之開此心遂成開斷無復用功是若於已放之心置不復問乃俟其發見於他處而似太過蓋見牛而不忍殺乃此心之發見非發見於他處也又所謂操者亦發用之一端胡子固曰此良心之苗裔固欲人因苗裔而識本根非徒認此發用之一端而已

熹謂二者誠不可偏廢然聖門之敎詳於持養而略於體察與此章之意正相反學者審之則其得失可見矣孟子指齊王愛牛之心乃因其所明而導之非以爲必如此然後可以求仁也夫必欲因苗裔而識本根執若培其本根而聽其枝葉之自茂耶

天地聖人之父母聖人天地之子也有父母則有子矣此萬物之所以著見道之所以名也非聖人能名道也有是道則有是名也聖人指明其體曰性指明其用曰心性不能不動動則心矣聖人傳心敎天下以仁也

熹按心性體用之云恐自上蔡謝子失之。此云性不能不動動則心矣語尤未安凡此心

字皆欲作情字如何。

杙曰心性分體用誠爲有病此若改作性不能不動動則情矣一語亦未安不若伊川云。

自性之有形者謂之心自性之有動者謂之情語意精密也此一段似亦不必存。

熹詳此段誠不必存然性不能不動此語卻安但下句卻有未當爾今欲存此以下而頗

改其語云性不能不動則情矣心主性情故聖人教人以仁所以傳是心而妙性情之

德又按伊川有數語說心字分明此一段卻難曉不知有形二字合如何說

誠者命之道乎中者性之道乎仁者心之道乎惟仁者爲能盡性至命

仁者天地之心也心不盡用君子而不仁有矣

釋氏之學必欲出死生者蓋以身爲己私也天道有消息故人理有終始不私其身以公於

天下四大和合無非至理六塵緣影無非妙用何事非眞何物非我生生不窮無斷無滅此

道之固然又豈人之所能爲哉夫欲以人爲者吾知其爲邪矣

法制者道德之顯爾道德者法制之隱爾天地之心生生不窮者也必有春秋冬夏之節風

雨霜露之變然後生物之功遂有道德結於民心而無法制者爲無用無用者亡之類,有法

制繫於民身而無道德者爲無體無體者滅之暴秦,是故法立制定苟非其人亦不可行也

聖人尚賢使知勸敎。不能使民不爭。明善惡之歸。如日月之照白黑。然民猶有惑於欲而陷於惡。故孔子觀上世之化喟然而歎曰甚哉知之難也。雖堯舜之民比屋可封能使之由而已。亦不能使知之也。夫人目於五色。耳於五聲。口於五味。其性固然非外來也。聖人因其性而導之由於至善。故民之化之也易。老子曰不見可欲使心不亂。夫可欲天下之公欲也而可蔽之使不見乎天地之生生萬民固其理也。老耼用其道計其成而以爭行之。是舞智尚術求恬天下之權以自私也。其去王事遠矣。

物爲義氣與道義同流融合於視聽言動之間可謂盡性者矣。

氣主乎性性主乎心心純則性定而氣正氣正則動而不差者。心未純也。告子不知心。而以義爲外無主於中而主於言言有不勝則惑矣。而心有不動乎。曾子孟子之勇原於心在身爲道處氣爲本。以果一身之氣有時而衰而心有不動乎北宮黝孟施舍以

有德而富貴者乘富貴之勢以利物無德而富貴者乘富貴之勢以殘身富貴人之所大欲貧賤人之所大惡。然因貧賤而修益者多。因富貴而不失於昏淫者寡則富貴也有時而貧賤人之所大惡然因貧賤而修益者多因富貴而不失於昏淫者寡則富貴也有時而

若貧賤矣。

學欲博不欲雜守欲約不欲陋雜似博陋似約學者不可不察也。

荀子曰有治人無治法竊譬之欲撥亂反之正者如越江湖法則舟也人則操舟者也若舟

破楫壞確有若神之技人人知其弗能濟矣故乘大亂之時必變法法不變而能成治功者。

未之有也。

欲撥亂興志者當正大綱知大綱然後本可正而末可定大綱不知雖或善於條目有一時

之功終必於大綱不正之處而生大亂然大綱無定體各隨其時故魯莊公之大綱在於復

讐也衛國之大綱在於正名也譬不正雖有仲尼之德亦不能聽魯衛之政矣。

人之於天地有感必應猶心之於身疾痛必知焉

天下莫大於心患在不能推之爾莫久於性患在不能順之爾莫成於命患在不能信之爾

不能推故人物內外不能一也不能順故死生晝夜不能通也不能信故富貴貧賤不能安

也。

大哉性乎萬理具焉天地由此而立矣世儒之言性者類指一理而言之爾未有見天命之

全體者也。

萬物不同理死生不同狀必窮理然後能一貫也知生然後能知死也人事之不息天命之

無息也人生在勤勤則身修家齊國治天下平雖然動於道義則剛健而日新故身修家齊

國治天下平也勤於利欲則放肆而日息終不能保其身禹湯文武丹朱桀紂可以為鑒戒

矣貴為天子富有天下尚不能保其身而況公卿大夫士庶人乎

學即行也。非禮勿視聽動學也。行也行之也。而又行之之習之不已。理與神會。能無悅
乎。學行之上也。言之次也。教人又其次也。是以識前言往行為學而已。揚雄何其陋之甚也。
此大駁也。非小疵也。

張栻　綿竹人遷居衡陽字敬夫累官戶部侍郎右文殿修撰卒年四十八謚宣栻穎悟夙成長師胡宏以古聖賢
自期尤嚴於義利之辨學者稱南軒先生有南軒易說癸巳論語解癸巳孟子說南軒集。

孟子講義序

學者潛心孔孟必得其門而入。愚以為莫先於義利之辨。蓋聖學無所為而然也。無所為而
然者命之所以不已性之所以不偏而教之所以無窮也。凡有所為而然者皆人欲之私而
非天理之所存此義利之分也。自未嘗省察者言之終日之間鮮不為利矣。非特名位貨殖
而後為利也斯須之頃意之所向一涉於有所為雖有淺深之不同而其徇己自私則一而
已。如孟子所謂內交要譽惡其聲之類是也。是心日滋則善端遏塞欲邇聖賢之門牆以求
自得豈非卻行以望及前人乎使談高說妙不過渺茫臆度譬猶無根之木無源之水其何
益乎學者當立志以為先持敬以為本而精察於動靜之間毫釐之差審其為霄壤之判則
有以用吾力矣然後知不足乎時未覺吾利欲之多也灼然有見於義利之辨將日救過
不暇。由是而不舍則趣益深理益明而不可以已也孔子曰古之學者為己今之學者為人

為人者。無適而非利。爲己者。無適而非義。則施諸人者。亦
莫非爲己也。嗟乎義利之辨大矣。豈特學者治己之所當先施之天下國家一也。王者所以
建立邦本垂裕無疆以義故也。而伯者所以陷溺人心貽毒後世以利故也。孟子當戰國橫
流之時。發揮天理遏止人欲深切著明。撥亂反正之大綱也。其微辭奧義備載七篇之書如
某者雖日服膺而學力未充何足以窺究萬一試以所見與諸君共講之。願無忽深思焉

陸九韶　金溪人字子美與弟九齡九淵相爲師友嘗講學於梭山因號梭山居士其學以切於日用爲要云
言行校必書之清李綏志學編曰梭山老圃集四十卷見宋史藝文志明季內閣書目尚有之今購求不可得祇
從其家譜錄出居家正本制用四篇而修身齊家之要已大備矣按此四篇今象山全集亦附載有之

居家正本上篇

古者民生八歲入小學。學禮樂射御書數至十五歲。則各因其材而歸之四民。故爲農工商
賈者亦得入小學七年而後就其業其秀異者入大學而爲士致之德行凡小學大學之教。
俱不在言語文字故民皆有實行而無詐僞自井田廢壞民無所養幼者無小學之教長者
無大學之師有國者設科取士其始也投名自薦其終也糊名考校禮義廉恥絕滅盡矣學
校之養士非養之也賊夫人之子也父母之敎子非敎之也是驅而入爭奪傾險之域也愚
謂人之愛子但當敎之以孝悌忠信所讀須先六經語孟通曉大義明父子君臣夫婦昆弟

朋友之節。知正心修身齊家治國平天下之道。以事父母以和兄弟以睦族黨以交朋友以

接鄰里。使不得罪於尊卑上下之際次讀史以知歷代興衰究觀皇帝王霸與秦漢以來爲

國者規模措置之方。此皆非難事功效逐日可見。惟患不爲耳世之敎子者不知務此惟敎

以科舉之業志在於薦舉登科難莫難於此者試觀一縣之閒應舉者幾人而與薦者有幾

至於及第尤其希罕蓋是有命爲非偶然也此孟子所謂求在外者得之有命是也至於此

此有何難而人不爲耶況既通經知古今而欲應今之科舉亦無難者若命應仕宦必得之

欲通經知古今修身爲孝弟忠信之人特恐人不爲耳此孟子所謂求在我者得之求在我者也

矣而又道德仁義在我以之事君臨民皆合義理豈不榮哉

居家正本下篇

人孰不愛家愛子孫愛身然不克明愛之之道。故終焉適以損之請試言其略一家之事貴

於安寧和睦悠久也其道在於孝弟謙遜重仁義而輕名利夫然後安寧和睦可安而享也

今則不然所謂遜讓仁義之道口未嘗言之朝夕之所從事者名利也名利之所思者名利

也相聚而講究者取名利之方也言及於名利則洋洋然有喜色言及於孝弟仁義則淡然

無味而思臥幸其時數之遇則躍躍以喜小有阻意則躁悶若無容矣如其時數不偶則朝

夕憂煎怨天尤人至於父子相夷兄弟叛散良可憫也豈非愛之適以損之乎夫謀利而逐

者不百一謀名而逐者不千一今世不能百年而徼倖於不百一不千一之事豈不癡

甚矣哉就使遂志臨政不明仁義之道亦何足爲門戶之光耶愚深思熟慮之日久矣而不

敢出諸口今老矣恐一日先朝露而滅不及與鄉曲父兄子弟語及於此懷不滿之意於冥

冥之中無益也故輒冒言之幸垂聽而擇焉夫事有本末知愚賢不肖者本貧富貴賤者末

也得其本則末隨趨其末則本貧富貴賤此理之必然也何謂得其本則末隨今行孝弟本仁

義則爲賢爲知之人衆所尊仰簞瓢爲奉陋巷爲居己固有以自樂而人不敢以貧賤

而輕之豈非得其本而末自隨之乎夫慕爵位貪財利則非賢非知之人人所鄙

賤雖紆青懷紫懷金玉其胸中未必通曉義理亦無以自處矣斯言往往招

而本末俱廢乎況貧富貴賤自有定分富貴未必得則將隕穫而無以自處矣斯言往往招

人怒罵然愚謂或有信之者其爲益不細雖怒罵有所不恤也況相信者稍衆則賢才自此

而盛又非小補矣

居家制用上篇

古之爲國者冢宰制國用必於歲之杪五穀皆入然後制國用用地大小視年之豐耗三年

耕必有一年之食九年耕必有三年之食以三十年之通制國用雖有凶旱水溢民無菜色

國既若是家亦宜然故凡家有田疇足以贍給者亦當量入以爲出然後用度有準豐儉得

中。怨讟不生子孫可守今以田疇所收除租稅及種畚糞治之外所有若干以十分均之留

三分為水旱不測之備一分為祭祀之分六分分十二月之用取一月合用之數約為三十

分日用其一可餘而不可盡用至七分為得中不及五分為太嗇其所餘者別置簿收管以

為伏臘裘葛修葺牆屋醫藥賓客弔喪問疾時節餽送又有餘則以周給鄰族之貧窮者賢

士之困窮者佃人之飢寒者過往之無聊者毋以妄施僧道蓋僧道本是蠹民況今之僧道

無不豐足施之適足以濟其嗜欲長其過惡而費農夫血汗勤勞所得之物未必不增吾冥

罪果何福之有哉其田疇不多日用不能有餘則一味節嗇取諸籧篨牆屋取諸蓄養

雜糧蔬果皆以助用不可侵過次日之物一日侵過無時可補則有破家之漸當謹戒之

其有田少而用廣者但當清心儉素經營足食之路於接待賓客弔喪問疾時節餽送聚會

飲食之事一切不講免于干求親舊以滋過失貪望故索以生怨尤貪謼通借以招恥辱家

居如此方為稱宜而遠客侈之咎積是成俗豈惟一家不憂水旱之災雖一縣一郡通天下

皆無憂矣其利豈不溥哉

居家制用下篇

居家之病有七日笑日遊日飲食日土木日爭訟日玩好日惰慢有一於此皆能破家其次

貧薄而務周旋豐餘而尚鄙嗇事雖不同其終之害或無以異但有遲速之間耳夫豐餘而

不用者疑若無害也然已既豐餘則人望以周濟今乃忽然必失人之情既失人情則人不

佑人惟恐其無隙苟有隙可乘則爭媒藥之雖其子孫亦懷不滿之意一旦入手若決隄破

防矣前所言存留十之三者爲豐餘之多者制也苟所餘不能三分則存二分亦可又不能

二分則存一分亦可又不能一分則宜撙節用度以存贏餘然後家可長久不然一旦有意

外之事必遂破家矣前所謂一切不講者非絕其事也謂不能以貨財爲禮耳如弔喪則以

先往後罷爲助賓客則樵蘇供爨清談而已至如奉親最急也啜菽飲水盡其歡斯之謂孝

祭祀最嚴也蔬食菜羹足以致其敬凡事皆然則人固不我責而我亦何歉焉如此則禮不

廢而財不匱矣前所言以其六分爲十二月之用以一月合用之數約爲三十分者非謂必

於其日用盡但約見每月每日之大概其閒用度自爲贏縮惟是不可先次侵過恐難追補

宜先餘而後用以無貽鄙嗇之譏世所謂用度有何窮盡蓋是未嘗立法所以豐儉皆無準

則好豐者妄用以破家好儉者多藏以歛怨無法可依必至於此愚今考古經國之制爲居

家之法隨貲產之多寡制用度之豐儉合用萬錢者用萬錢不謂之侈合用百錢者用百錢

不謂之嗇是取中可久之制也

陳亮　永康人字同甫才氣超邁喜談兵志存經濟隆興初上中興論五首不報淳熙中更名同詣闕上書極言時

事帝將官之亮卽渡江而歸光宗策進士問禮樂刑政之要亮以君道師道對御筆擢爲第一授簽書建康府判

與朱元晦祕書書

比者匆匆奉狀聊以致其平時所欲言者耳非敢與長者辨乃承諄復下諭所宜再拜受教

而紙末之諭尤使人惻然有感自當一切不論然其間亦有不可不言者如亮之本意豈敢

求多於儒先蓋將發其所未備以窒後世英雄豪傑之口而奪之氣使知千塗萬轍卒走聖

人樣子不得而來論謂亮推尊漢唐以爲與三代不異貶抑三代以爲與漢唐不殊如此則

不獨不察其心亦併與其言不察矣某大槩以爲三代做得盡者也漢唐做不到盡者也故

曰心之用有不盡而無常泯法之文有不備而無常廢惟其做得盡故當其盛時三光全而

寒暑平無一物之不得其生無一人之不遂其性惟其做不到盡故雖其盛時三光明矣而

不保其常全寒暑運矣而不保其常平物得其生而亦有時而夭闕者人遂其性亦有時而

乖戾者本末感應只是一理使其田地根本無有是處安得有來諭之所謂小康者乎只曰

獲禽之多而不日隨種而收恐未免於偏矣到於今受其賜微管仲曰桓公九合諸侯不以兵車管

仲之力也如其仁又曰一匡天下民到於今受其賜微管仲吾其被髮左衽矣說者

以爲孔氏之門五尺童子皆羞稱五伯孟子力論伯者以力假仁而夫子稱之如此所謂如

其仁者。蓋曰似之而非也。觀其語脈決不如說者所云。故伊川所謂如其仁者。稱其有仁之功用也仁人明其道不計其功夫子亦計人之功乎若如伊川所云則亦近於來諭所謂喜獲禽之多矣功用與心不相應則伊川所論心跡元不曾判者今亦有時而判乎聖人之於天下大其心以觀之平其心以參酌之不使當道有棄物而道旁有不厭於心者九轉丹砂點鐵成金不應學力到後反以銀為鐵也前書所謂攬金銀銅鐵鎔作一器者蓋措辭之失耳王通有言皇墳帝典吾不得而識矣不以三代之法統天下終危邦也如不得已其兩漢之制乎不以兩漢之制輔天下者誠亂也已仲淹取其以仁義公恕統天下而祕書必謂其假仁借義以行之心有時而泯可也而謂千五百年常泯可乎法有時而廢可也而謂千五百年常廢可乎至於全體只在利欲上之語竊恐待漢唐之君太淺狹而世之君子有不厭於心者矣匡章通國皆稱其不孝而孟子獨禮貌之者眼目既高於駁雜中有以得其真心故也波流犇逸利欲萬端宛轉於其中而能察其真心之所在者此君子之道所以為可貴耳若於萬慮不作全體潔白而曰真心在焉者此始學之事耳一生辛勤於堯舜相傳之心法不能點鐵成金而不免以銀為鐵使千五百年之間成一大空闕人道泯息而不害天地之常運而我獨卓然而有見無乃甚高而孤乎宜亮之不能心服也來書所謂天地無心而人有欲是以天地之運行無窮而在人者有時而不相似又謂心則欲其常不泯而不恃其

不常泯。法則欲其常不廢。而不恃其不常廢此常言也。而謂指其須臾之間。偶未泯滅底道

理。以為只此便可與堯舜三代並隆。而不察其所以為之田地根本。無有是處者。不知高祖

太宗何以自別於魏宋二武哉。又書又謂立心之本當以盡者為法不當以不盡者為准此

亦名言也。而謂漢唐不無愧於三代之盛時便以為欺罔者。不知千五百年之間以何為眞

心乎。亮輩根本工夫自有欠闕。來論誠不誣矣。至於眸去繩墨脫略規矩。無乃通國皆稱其

不孝。而因謂之不孝乎。此夷齊所以蒙頭塞眼柳下惠所以降志辱身。不敢望一人之或知

者。非敢以淺待人也。勢當如此耳。亮不敢有望於一世之儒先所以深恨者言以人而廢道以

人而屈使後世之君子不免哭途窮於千五百年之間亮雖死而目不瞑矣。

程端蒙　董銖　端蒙德興人一作鄱陽人字正思朱熹門人當時禁為洛學端蒙持書上諫議大夫王月然責

之著有性理字訓號蒙明訓。　銖德興人字叔重亦熹門人有性理註解易書註人稱槃澗先生二人嘗共推其

師鹿洞揭示之意而作學則其條文頗簡明切實為初學入德之門

學則

凡學於此者必嚴朔望之儀。

其日昧爽值日一人主擊板始擊咸起盥漱總櫛衣冠再擊皆著深衣或涼衫升堂師長

率弟子詣先聖像前再拜焚香訖又再拜退師長西南嚮立諸生之長者率以次東北嚮。

再拜師長立而扶之長者一人前致辭訖又再拜師長入於室諸生以次環立再拜退各

就案。

謹晨昏之令。

常日擊板如前再擊諸生升堂序立俟師長出戶立定皆揖次分兩序相揖而退至夜將
寢擊板會揖如朝禮會講會食會茶亦擊板如前朝揖會講以深衣或涼衫餘以道服褙
子。

居處必恭。

居有常處序坐以齒凡坐必直身正體毋箕踞傾倚交脛搖足寢必後長者既寢勿言當

晝勿寢。

步立必正。

行必徐立必拱必後長者毋背所尊毋踐閾毋跛倚。

視聽必端。

毋淫視毋傾聽。

言語必謹。

致詳審重然諾肅聲氣毋輕毋誕毋戲謔詬誶毋論及鄉里人物長短及市井鄙俚無益

之談。

容貌必莊。

必端嚴凝重毋輕易放肆毋粗豪很傲毋輕有喜怒

衣冠必整。

毋為詭異華靡毋致垢敝簡率雖燕處不得裸袒露頂雖盛暑不得輒去鞋襪

飲食必節。

毋求飽毋貪味食必以時毋恥惡食非節假及尊命不得飲酒飲不過三爵勿至醉

出入必省。

非尊長呼喚師長使令及己有急幹不得輒出學門出必告反必面出不易方入不踰期

讀書必專一。

必正心肅容記徧數已足而未成誦必須成誦徧數未足雖已成誦必滿徧數一書

已熟方讀一書毋務泛觀毋務強記非聖賢之書勿讀無益之文勿觀

寫字必楷敬。

勿草勿欹傾

几案必整齊

位置有倫簡帙不亂書篋衣笥必謹扃鑰。

堂室必潔淨。

逐日值日再擊板如前以水灑堂上良久以帚埽去塵埃以巾抆拭几案其餘悉令齋僕埽拭之別有污穢悉令埽除不拘早晚。

相呼必以齒。

年長倍者以丈十年長者以兄年相若以字勿以爾汝書問稱謂亦如之。

接見必有定。

凡客請見師長坐定值日擊板。諸生如其服升堂序揖立侍師長命之退則退若客於諸生中有自欲相見者則見師長畢就其位見之非其類者勿與親狎。

修業有餘功遊藝以適性

彈琴習射投壺各有儀矩非時勿弄博弈鄙事不宜親學

使人莊以恕而必專所聽

擇謹愿勤力者莊以臨之恕以待之有小過者訶之甚則白於師長懲之不悛眾稟師長遣之不許直行已意苟日從事於斯而不敢忽則入德之方庶乎其近之矣

真德秀　宋城人字景元後更景希理宗時拜參知政事立朝有直聲卒年五十八諡文忠學者稱西山先生其

學以朱熹為宗顏多發明自韓侂胄立偽學之名以錮善類其後正學得以復顯者德秀之力也（寧宗時韓侂胄秉政欲除異己以快己私因目道學為偽學乃禁用偽學之黨削朱熹官貶蔡元定於道州朝廷正士一空旋因衆議沸騰恐不免報復乃弛其禁）著有大學衍義讀書記心經西山文集

大學衍義序

臣始讀大學之書見其自格物致知誠意正心修身齊家至於治國平天下其本末有序其

先後有倫蓋嘗撫卷三歎曰為人君者不可以不知大學為人臣者不可以不知大學為人

君而不知大學無以清出治之源為人臣而不知大學無以盡正君之法既又考觀在昔帝

王之治未有不本之身而達之天下者然後知此書所陳宲百聖傳心之要典而非孔氏之

私言也三代而下此學失傳其書雖存數以傳記目之而已求治者既莫之或考言治者亦

不以望其君獨唐韓愈李翺嘗舉其說見於原道復性之篇而立朝論議曾弗之及蓋自秦

漢以後尊信此書者惟愈及翺而亦未知其為聖學之淵源治道之根柢也況其他乎自曾

妄謂大學一書君天下者之律令格例也本之則必治達之則必亂近世大儒朱熹嘗為章

句或問以析其義實皇之初入侍經幃又嘗以此書進講願治之君儻取其書玩而繹之則

凡帝王為治之序為學之本洞然於胸次矣臣不佞竊思所以羽翼是書者故劉取經文二

百有五字載於是編而先之以堯典皐謨伊訓與思齊之詩家人之卦者見前聖之規撫不

異乎此也。繼之以子思、孟子、荀況、薫仲舒、揚雄、周敦頤之說者，見後賢之議論不能外乎此也。（以上論帝、王、）堯舜禹湯文武之學純乎此者也，商高宗、周成王之學庶幾乎此者也，漢唐賢君之所謂學，已不能無悖乎此矣，而漢孝元以下數君之學，或以技藝，或以文辭，則甚繆乎此者也。（以上論帝、王、）上下數千載間，治亂存亡皆繇是出，故斷然以為君天下之律令格例也。

雖然，人君之學必知其要，然後有以為用力之地。蓋明道術（之目有四：曰道、曰天理人倫之正、曰聖賢傀儡之法、曰吾道異端之分）、辨人材（之目有六：曰霸術、曰邪正之辨、曰……）、審治體（之目有二：曰德刑先後之分、曰義利重輕之別，察竊國之……）、察民情（之目有二：曰生靈休戚之實、曰愛惡趨向之同）者，人君格物致知之要也。

崇敬畏（之目有五：曰操存省察之功、曰謹言行、曰正威儀者，修省之功，曰敬天、曰敬身、曰敬民、曰敬事）、戒逸欲（之目有四：曰戒游畋之戒、曰戒荒淫之戒、曰戒盤遊之戒、曰戒奢侈之戒，而先之以總論者，所以兼戒四者之失也）者，誠意正身之要也。

重妃匹（曰謹選立之道、曰謹嫡媵之辨、曰謹廢奪之禍）、嚴內治（曰宮壼內外之分、曰嬪嬙謁見之法宜豫、曰嫡庶分辨、曰內臣預政之戒）、定國本（曰建立宗計之宜）、教戚屬（曰外戚謙謹之福、曰外家驕溢之禍）者，齊家之要也。四者之道得，則治國平天下在其中矣。每條之中，首以聖賢之明訓，參以前古之事蹟得失之鑑，炳焉可觀。昔時入侍邇英，蓋嘗有志乎是。比年以來，屏居無事，迺得繙閱經傳，彙而輯之。犬馬微忠，朝思暮繹，所得惟此。祕之巾衍，以俟時而獻焉。其書之指，皆本大學，前列二者之綱，後分四者之目，所以推衍大學之義也，故題之曰大學衍義云。

程端禮　元慶元人字敬叔從史蒙卿遊。（蒙卿鄞人字景正號果齋宗朱熹之學）、傳朱熹明體達用之旨。官
衢州路教授嘗因輔廣（廣慶源人字漢卿師事呂祖謙朱熹）所輯朱子讀書法而增修之著讀書分年日程
國子監取以頒示郡縣有畏齋集

集慶路江東書院講義

端禮竊聞之朱子曰為學之道莫先於窮理。窮理之要必在於讀書讀書之法莫貴乎循序
而致精。而致精之本則又在於居敬而持志。此不易之理也其門人與私淑之徒會稡朱子
平日之訓而節取其要定為讀書法六條曰循序漸進曰熟讀精思曰虛心涵泳曰切己體
察。日著緊用力曰居敬持志。其所謂循序漸進者朱子曰以二書言之則通一書而後及一
書。以一書言之篇章句字首尾次第亦各有序而不可亂也量力所至而謹守之字求其訓
句索其旨未得乎前則不敢求乎後。未通乎此則不敢志乎彼。如是則志定理明而無疎易
陵躐之患矣若奔程趁限。一向趲看了。則看也近方覺此病痛不是小事元來道學
不明不是上面欠工夫乃是下面無根腳其循序漸進之說如此所謂熟讀精思者朱子曰
荀子說誦數以貫之見得古人誦書亦記徧數乃知橫渠教人讀書必須成誦真道學第一
義徧數已足而未成誦必欲成誦徧數未足雖已成誦必滿徧數但百徧時自是強五十徧
時二百徧時自是強一百徧時今所以記不得說不去心下若存若亡皆是不精不熟之患

今人所以不如古人處只爭這些子學者觀書讀得正文記得註解成誦註中訓釋文

意事物名件發明相穿紐處一一認得如自己做出來底一般方能玩味反覆向上有通透

處若不如此只是虛設議論非爲己之學也其熟讀精思之說如此所謂虛心涵泳者朱子

曰莊子說吾與之虛而委蛇既虛了又要隨他曲折去讀書須是虛心方得聖賢說一字是

一字自家只平著心去秤停他都使不得一毫杜撰學者看文字不必自立說只記前賢與

諸家說便了今人讀書多是心下先有箇意思了卻將聖賢言語來湊他底意思其有不合

便穿鑿之使合其虛心涵泳之說如此所謂切己體察者朱子曰入道之門是將自箇已身

入那道理中去漸漸相親與己爲一而今人道在這裏自家在外元不相干學者讀書須要

將聖賢言語體之於身如克己復禮如出門如見大賓等事須就自家身上體覆我實能克

己復禮主敬行恕否件件如此方有益其切己體察之說如此所謂著緊用力者朱子曰寬

廐骨肋今之學者全不曾發憤直要抖擻精神如救火治病然如撐上水船一篙不可放緩

著期限緊著課程爲學要剛毅果決悠悠不濟事且如發憤忘食樂以忘憂是甚麼精神甚

其著緊用力之說如此所謂居敬持志者朱子曰程先生云涵養須用敬進學則在致知此

最精要方無事時敬以自持凡心不可放入無何有之鄉須是收斂在此及應事時敬於應

事讀書時敬於讀書便自然該貫動靜心無不在今學者說書多是撦合來說卻不詳密活

熟此病不是說書上病。乃是心上病。蓋心不專靜純一。故思慮不精明。須要養得虛明專靜。

使道理從裏面流出方好。其居敬持志之說如此。愚按此六件者乃朱子教人讀書之要。故

其誨學者告君上舉不出此。而自謂其為平日艱難已試之效者也。竊嘗論之自孔子有博

學於文約之以禮。亦可以弗畔矣夫之訓。以顏子之善學其贊孔子循循善誘亦不過曰博

我以文約我以禮而已。是孔子之教顏子之學不越乎博文約禮二事豈以學者捨是無

以為用力之地歟。蓋盈天地間萬物萬事莫非文也。其文出於聖人之手而存之於書者載

道為尤顯。故觀孔子責子路何必讀書然後為學之語。可為深戒豈非讀書為博文之大而

急者歟。朱子曰約禮則只是這些子博文各有次序當以大而急者為先。蓋謂是也。然則博

文豈可不以讀書為先。而讀書又豈可不守朱子之法。朱子平日教人千言萬語即之。

不越乎此六條。而六條者總而言之。又不越乎熟讀精思切己體察之兩條。蓋熟讀精思即

博文之功。而切己體察即約禮之事。然則欲學顏子之學者豈可不由是而求之哉。今幸其

說具存。學者讀書能循是六者以實用其力。則何道之不可進何聖賢之不可為。使朱子復

生身登其門耳。聞其誨未必若是之詳且要也。學者可不自知其幸歟。世之讀書其怠忽間

斷者固不足論其終日勤勞貪多務廣終身無得者蓋以讀之不知法故也。惟精廬初建端

禮荒陋匪材夫豈其任承乏之初敢以朱子讀書法首與同志講之期相與確守焉以求共

學之益使他日義精仁熟賢材輩出則朱子之訓不爲虛語精廬不爲虛設顧不美歟。

吳澄 元崇仁人字幼清用力聖賢之學以與起斯文爲己任至大初爲國子監司業四方之士負笈從學者以千數眼郎著書於易書春秋禮記各有纂言著學基學統二篇又校正老莊太玄經皇極經世樂律八陣圖葬書所居草屋程鉅夫題曰草廬故世稱草廬先生卒年八十五謚文正案有元一代先後名儒宗朱者有姚樞許衡金履祥等宗陸者有陳苑趙偕等惟澄不主一家所學尤博論者以爲駕姚許諸子而上之

尊德性道問學齋記

天之所以生人人之所以爲人以此德性也然自孟氏以來聖傳不嗣學士靡宗誰復知此哉漢唐千餘年間儒者各於所長奮迅馳騖而自不知其缺董韓二子依稀數語近之而原本竟昧昧也則亦漢唐之儒而已矣宋初如胡如孫首明聖經以立師教一時號爲有體有用之學卓行異材之士多出其門不爲無補於人心世道然稽其所極度越董韓者無幾是何也於所謂德性未嘗知所以用其力也逮夫周程張邵興始能上通孟氏而爲一程氏四傳而至朱文義之精密談而字議又孟氏以來所未有者而其學徒往往滯於此而溺其心夫既以世儒記誦詞章爲俗學矣而其爲學亦未離乎言語文字之末甚至專守一藝而不復旁通它書掇拾腐說而不能自遣一辭反俾記誦之徒嘻其陋詞章之徒譏其拙此則嘉定以後朱門末學之弊而未有能救之者也夫所貴乎聖人之學以能全天之所與我爾

天之與我德性是也是為仁義禮智之根株是為形質血氣之主宰舍此而他求所學果何

學哉假而行如司馬文正公才如諸葛忠武侯亦不免為習不察亦不過為資器之

超於人而謂有得於聖學則未也況止於訓詁之精講說之密如北溪之陳雙峰之饒則與

彼記誦詞章之俗學相去何能以寸哉漢唐之儒無責焉聖學大明於宋代而踵其後者如

此可歎已清江皮公字其子曰昭德其師名其讀書之齋曰學從吾遊請以尊德性道問學

更其扁名也父合父師所命而一之噫父所命也學者學此而已抑子之學詞章則云至

矣記誦則云富矣然德性無預也姑置是也鑽研於文義毫分縷析每猶以陳為未精

饒為未密也墮此科臼之中垂四十年而始覺其非因子之請惕然於歲月之已逝今之語

子其敢以昔之自誤者而誤子也哉自今以往一日之內而亥一月之內朔而晦一歲之

內春而冬常見吾德性之昭昭如天之運轉如日月之往來不使有須臾之間斷則於尊之

之道殆庶幾乎於此有未能則問於人學於己而必欲其至若其用力之方非言之可喻亦

味於中庸首篇訂頑終篇而自悟可也夫如是齊之種之有種可必其然也願

與子偕之若夫為是標榜務以新美其名而不務允蹈其實是乃近代假託欺誑之儒所以

誤天下誤國家而自誤其身使異己之人得以藉口而斥之為偽學者其弊又浮於末學之

外而子不為是也。

文正公此記自敍用功得失悔悟深切。有志於聖學者反覆此篇門徑了然矣。

文正

方孝孺　明寧海人字希直一字希古從宋濂遊宗朱子之學闢異端名其室曰正學建文時爲侍講學士燕王入南京召使草卽位詔孝孺衰絰至號哭徹殿陛終不從被殺時年四十有六有侯成集希古堂稿福王時追諡

求古齋記

生乎古者豈皆善人乎生乎今者豈皆不善人乎使生乎古者皆善人則舍今而求古可也使今之人亦有善爲者安得遽舍之而不求於古乎而視乎百歲之前古也生乎百歲之前者自視則今矣遠而千載之上古也千載之上之人自視則亦今矣孔子以爲古者三代之盛而其時之人視三皇二帝則又爲古矣三代以爲古而其時亦嘗以爲今矣然則今與古何定名乎隨人號之耳今與古無定名安知今之非古古之非今耶安得謂古之人皆善乎故遺今而專乎古則其失爲固遺古而務乎今則其失爲妄固與妄其失一也君子不貴也君子之學取其善不究其人師其道不計其時善誠足稱也其人雖非聖賢而已道誠足師也其人雖生於吾同時居與吾同巷不以其易見而遺之也師其道一也古與今之道均也何以其人與時論之耶苟必惟古之求也則孔子於禮不問於老聃必求周公而問之琴不問於師襄

必求師曠而問之官不問於鄰子必求古之命官者而問之求其人而不可得則卒無所聞矣必得聖人而後取其言則荷蕢丈人之語孔子必將掩耳而過之與時人歌必默然而不和之滄浪之孺子耦耕之隱者必鄙之以爲老農小子而不聽之七十子之流必不與之往復答問而以道告之何以爲聖人乎善學之今之善吾學之今之不善吾惡之古之不善吾亦惡之古之善吾學之今之善吾亦學之今之不善吾惡之古之不善吾亦惡之古之事合乎道固將取以爲法也如使不若後世之美則舍古而取後世可也後世之不近乎道者固所棄也如古之不合乎道者安得以其古而取之乎曰然則孔子何以好乎古而取之也曰吾之言固孔子求古之謂善學者之求古猶良匠之求木焉木之生乎山有千歲者矣有百歲者矣使生乎千歲者而材固取之也使不若百歲之材豈以歷年多而取之乎二帝之輅古於殷也伏羲氏之建時古於夏也黃帝之冕古於周也孔子不取其古之甚者而取乎三代何歟惟其善而已孟子不取夏之貢而取殷之助武成之書取其二三策曾謂孟子非好古者乎聖賢之於古固如此也使聖賢生乎今之世其所去取又可知也慈溪孫君元禮篤學而慎行取孔子求古之語名其讀書之齋予喜其異世俗之學也推其說以告之使自擇焉

家人箴十五首並序

論治者常大天下而小一家然政行乎天下者世未嘗乏而敎洽乎家人者自昔以爲難豈

理學治要卷二　宋元以來各家論學名著

二一五

小者固難而大者反易哉。蓋骨肉之間。恩勝而禮不行。勢近而法莫舉。自非有德而躬化發言制行有以信服乎人。則其難誠有甚於治民者。是以聖人之道。必察乎物理。誠其念慮以正其心。然後推之修身。身既修矣。然後推之齊家。家既可齊。而不優於爲國與天下者。無有也。故家人者。君子之所盡心而治天下之準也。安可忽哉。余病乎德無以刑乎家。然念古之人自修有箴戒之義。因爲箴以攻己缺。且與有志者共勉焉。

正倫

人有常倫而汝不循斯爲匪人。天使之然。而汝舍㤘斯爲悖天。天乎汝棄人乎汝異曷不思耶。天以汝爲人而忍自絕爲禽獸之歸耶。

重祀

身烏乎生。祖考之遺汝哺汝歔祖考之資。此而可忘。孰不可爲。尙嚴享祀式敬且時。

謹禮

縱肆怠忽人喜其佚孰知佚者禍所自出。率禮無愆人苦其難。孰知難者所以爲安嗟時之人性佚之務尊卑無節。上下失度。謂禮爲僞謂敬不足行。悖理越倫。卒取禍。遜讓之性天實錫汝。汝手汝足能俯與拜跽曷爲自賊恣傲不恭人。或不汝誅。天寧汝容。彼有國與民無禮猶敗刜予眇微矣特弗戒。由道在己。豈誠難耶。敬茲天秩以保室家。

務學

無學之人謂學為可後苟為不學流為禽獸吾之所受上帝之衷學以明之與天地通堯舜之仁顏孟之智聖賢盛德學焉則至夫學可以為聖賢俟天地而不學不免與禽獸為歸烏可不擇所之乎噫

其將老雖悔何追

光明化行邦國萬世作程汝曷弗效易自滿足無以過人人寧汝服及今尚少不勇於為追

家義讓乎鄉使汝無位誰不汝臧古人之學修己而已未至聖賢終身不止是以其道碩大

位不若人愧恥以求行不合道恬不加修汝德之涼僥倖高位祇為賤辱疇汝之貴孝弟乎

篤行

辨制義患乎異儒御人患乎剛褊汝之所患豈特此耶夫為可以不勉

言恆患不能信行恆患不能善學恆患不能正盧恆患不能遠改過患不能勇臨事患不能

自省

厚己薄人固為自私厚人薄己亦匪其宜太公之道物我同視循道而行安有彼此親而宜惡愛之為偏疏而有善我何惡焉愛惡無他一裁以義加以絲毫則為人偽天之恆理各有

絕私

當然。孰能無私忘已順天。

崇畏

有所畏者其家必齊無所畏者必怠而暁厥父兄相率以聽小大祇肅靡敢驕橫於道為
順順足致和始若難能有美實多人各自賢縱私殖利不一其心禍敗立至君子崇畏畏心
畏天畏已有過畏人之言所畏者多故卒安肆小人不然終履憂畏汝今奚擇以保其身無
謂無傷陷於小人

懲忿

人言相忤遽愠以怒汝之怒人彼寧不惡惡能與禍怒實招之當忿之發宜忍以思彼言誠
當雖忤爲益忤我何傷適見其直言而不當乃彼之狂而能容我道之光君子之怒審乎
義理不深責人以厚處已故無怨惡身名不隳輕忿易忤小人之爲人之所慕實在君子考
其所由君子鮮矣言出乎汝烏可自爲以道制欲毋縱汝私

戒惰

惟古之人既爲聖賢猶不敢息曉今之人安於卑陋自以爲德舒舒其學肆肆其行日月邁
矣將何成名昔有未至人憫汝少壯不自強忽其既耄於乎汝進乎止乎天實望汝云何
而忍無聞以沒齒乎

審聽

聽言之法平心易氣既究其詳當察其意善也吾從否也舍之勿輕於信勿逆於疑近習小夫閨閣嬖女爲讒爲佞類不足取不幸聽之爲患實深宜力拒絕杜其邪心世之昏庸多惑乎此人告以善反謂非是家國之亡匪天引入尙審彌聽以正厥身

謹習

引卑趨高歲月劬勞習乎汙下不日而化惟重惟默守身之則惟詐惟佻致患之招瞌瞌小子以患爲美側媚傾邪矯飾誕詭告以禮義謂人已欺安於不善莫覺其非彼之不善爲徒孔多懼其化汝不愼如何

擇術

古之爲家者汲汲於禮義禮義可求而得守之無不利也今之爲家者汲汲於財利財求未必得而有之不足恃也舍可得而不求其不足恃者而以不得爲憂咄嗟乎若人吾於汝也奚尤

慮遠

無先己私而後天下之慮無重外物而忘天爵之貴無以耳目之娛而爲腹心之蠹無苟一時之安而招終身之累難操而易縱者情也難完而易毀者名也貧賤而不可無者志節之

貞也富貴而不可有者意氣之盈也。

慎言

義所當出默也為失非所宜言言也為愆愆失奚自不學所致。二者孰得寧過於默。於鄉

黨言若不能作法萬年世守為經多言違道適貽身害不忍臾為禍敗莫大之惡。一語

可成小忿不思罪如丘陵造怨興戎招尤速咎孰為之端。鮮不自口。是以吉人必寡其辭捷

給便佞鄙夫之為。汝今欲言先質乎理於理或乖慎弗啟齒當言則發無繼誕詭匪善曷陳

匪義曷謀善言取辱則非汝羞

薛瑄 明河津人字德溫號敬軒永樂進士英宗朝累官至禮部侍郎兼翰林院學士入閣預機務尋致仕卒年七

十三諡文清其學一本程朱以復性為主不修談著嘗言樂有雅鄭書亦有之聖賢之書雅也嗜著者常少以其

味之淡也百家小說鄭也嗜著者常多以其味之甘也淡則人心平而天理存甘則人心迷而人欲肆著有讀書錄

續錄卽本斯旨考躬行心得之言為明代理學家之名著坊刻有薛子道論題為瑄撰實乃後人自其讀書錄中

摘出別立一名非瑄本有二書也

讀書錄二十七則

人心有一息之怠便與天地之化不相似。

萬物不能礙天之大萬事不能礙心之虛。

修德行義之外當一聽於天若計較利達日夜思慮萬端而所思慮者又未必遂徒自勞擾
祇見其不知命也

萬起萬滅之私亂吾心久矣今當悉皆埽去以全吾湛然之性工夫切要在夙夜飲食男女
衣服動靜語默應事接物之間於此事事皆合天則則道不外是矣

人知天下事皆分內事則不以功能誇人矣天無不包地無不載君子法之

人有負才能而見於辭貌者其小也可知矣

中夜以思只公之一字乃見克己之效驗

人所以千病萬病只為有己為有己故計較萬端惟欲己富惟欲己貴惟欲己安惟欲己樂
惟欲己生惟欲己壽而人之貧賤危苦死亡一切不恤由是生意不屬天理滅絕雖曰有人
之形其實與禽獸奚以異若能克去有己之病廓然大公富貴貧賤安樂生壽皆與人共之
則生意貫徹彼此各得分願而天理之盛便是與萬物為一體矣

張南軒無所為而為之之言其義甚大蓋無所為而為之者皆天理有所為而為之者皆人
欲如日月間大事小事只道我合當如此作了心下平平如無事一般便是無所為而為

若有一毫求知求利之意雖作得十分中理十分事業總是人欲之私與聖人之心絕不相
似

為學能使理勝氣則可以變化氣質之性而及天地之性若氣勝理則不能矣

人之威儀須臾不可不嚴整蓋有物有則也

挺持剛介之志常存則有以起��惰而勝人欲一有頹靡不立之志則甘為小人流於卑污
之中而不能振拔矣

志固難持氣亦難養主敬可以持志少慾可以養氣

心如鏡敬如磨鏡鏡纔磨則塵垢去而光彩發心纔敬則人欲消而天理明

千古為學要法無過於敬敬則心有主而諸事可為

常人見貴人則加敬見敵己者則敬稍衰於下人則慢之而已聖人於上下人己之間皆一
誠敬之心

古人衣冠偉博皆所以莊其外而肅其內後人服一切簡便短窄之衣起居動靜惟務安適
外無所嚴內無所肅鮮不習而為輕佻浮薄者

錦衣玉食古人謂惟辟可以有此以其功在天下而分所當然也世有一介之士得志一時
即侈用無節甚至祖衣皆綾綺之類宜其顛覆之無日此曾目觀其事可為貪侈之戒

戲謔甚則氣蕩而心亦為所移不戲謔亦存心養氣之一端

輕言戲謔最害事蓋言不妄發則言出而人信之苟輕言戲謔後雖有誠實之言人亦弗之

凡與人言。即當思其事之可否可則諾之不可則無諾若不思可否而輕諾之事或不可行則

必不能踐厭言矣有子曰信近於義言可復也意蓋如此

大丈夫心事當如青天白日使人得而見之可也

酒色之類使人志氣昏醋荒耗傷生敗德莫此為甚俗以為樂余不知果何樂也惟心清慾

寡則氣平體胖樂可知矣

讀書不體貼向自家身心上作工夫雖盡讀古今天下之書無益也

將聖賢言語作一場話說學者之通患

作詩作文寫字皆非本領工夫惟於身心上用力最要身心之功有餘力游焉可也

萬金之富不以易吾一日讀書之樂也

凡讀書思索之久。覺有倦意當斂襟正坐澄定此心少時再思則心清而義理自見

凡國家禮文制度法律條例之類皆能熟觀而深考之則有以酬應世務而不戾乎時宜

有欲則人得而中之惟無欲則彼無自而入

心不可有一毫之偏向有則人必窺而知之余嘗使一走卒見其頗敏捷使之稍勤下人即

有趨重之意余遂逐去之此雖小事以此知當官者當正大明白不可有一毫之偏向

立法之初貴乎參酌事情必輕重得宜可行而無弊者則播告之既立之後謹守勿失信如

四時堅如金石則民知所畏而不敢犯矣或立法之初不能參酌事情輕重不倫遽施於下

既而見其有不可行者復遂廢格則後有良法人將視爲不信之具矣令何自而行禁何自

而止乎法者因天理順人情而爲之防範禁制也當以公平正大之心制其輕重之宜不可

因一時之喜怒而立法若然則不得其平者多矣

正以立心廉以律己忠以事君恭以事長信以接物寬以待下敬以處事居官之七要也

不欺君不賣法不害民此作官持己之三要也

作事快心必愼其悔蓋消息循環自然之理持之有道則雖九而非滿矣

士之氣節全在上之人獎激獎激則氣節盛苟樂輙熟之士而惡剛正之人則人務容身而

氣節消矣

爲官者切不可厭煩惡事苟視民之冤抑一切不理曰我務省事則民不得其死者多矣可

不戒哉

羅欽順　明泰和人字允升號整庵弘治進士世宗立擢吏部尚書時張璁桂萼以議禮驟貴樹黨屏逐正人欽

順恥與同列乃辭不拜里居二十餘年潛心格物致知之學著困學記辨析精審卒年八十三諡文莊

與王陽明書

昨拜書後一日。始獲奉領所惠大學古本朱子晚年定論二編珍感珍感。某無似。往在南都。

嘗蒙誨益第苦多病怯於話言未克傾吐所懷以求歸於一是恆用為歉去年夏士友有以

傳習錄見示者亟讀一過則凡向日所聞往往具在而他所未聞者尚多乃今又獲并讀二

書何其幸也顧惟不敏再三尋繹終未能得其旨歸而向日有疑嘗以面請而未決者復叢

集而不可解深惟執事所以惠教之意將不徒然輒敢一二條陳仰煩開示率爾瀆弘

度之能容也竊惟大學古本之復蓋以人之為學但當求之於內而程朱格物之說不免求

之於外聖人之意殆不其然於是遂去朱子之分章而削其所補之傳直以支離目之曾無

所用夫當仁之讓可謂勇矣竊惟聖門設教文行兼資博學於文厥有明訓顏淵稱夫子之

善誘亦曰博我以文文果內耶外耶是固無難辨者凡程朱之所為說有戾於此者乎如必

以學不資於外求但當反觀內省則正心誠意四字亦何不盡之有何必於入門之

際便困以格物一段工夫也顧經既有此文理當尊信又不容不有以處之則為之訓

曰物意之用也格者正也其不正以歸於正也其為訓如此要使之於會歸

一處亦嘗就以此訓推之如曰意用於事親即事親之事而格之正其事親之不正者

以歸於正而必盡夫天理蓋猶未及知字已見其繳繞迂曲而難明矣審如所訓茲惟大學

之始苟能即事即物正其不正以歸於正而皆盡夫天理則心亦既正矣意亦既誠矣繼此

誠意正心之目無乃重復堆疊而無用乎大哉乾元萬物資始至哉坤元萬物資生凡吾之

有此身與夫萬物之爲萬物執非出於乾坤其理固皆乾坤之理也自我而觀物也以

理觀之我亦物也渾然一致而已夫何分於內外乎所貴乎格物者欲卽其分之殊而有見

乎理之一無彼無此無欠無餘而實有所統會夫然後謂之知至亦卽所謂知止而大本於

是乎可立達道於是乎可行自誠正以至於治平庶乎可以一以貫之而無遺矣然學者之

資稟不齊工夫不等其能格與否或淺或深或遲或速詎容以一言盡哉惟是聖門大學之

敎其道則無以易此學者所當由之以入不可誣也外此或誇多而鬪靡則溺於外而遺其

內或厭繁而喜徑則局於內而遺其外溺於外而遺其內俗學是已局於內而遺其外禪學

是已凡爲禪學之至者必自以爲明心見性然於天人物我未有不二之者是可謂之有眞

見乎使其見之果眞則極天下之至賾而不可惡一毛一髮皆吾體也又安肯叛君父捐妻

子以自陷於禽獸之域哉今欲援俗學之溺而未有以深杜禪學之萌使夫有志於學聖賢

者將或昧於所從恐不可不過爲之慮也又詳朱子定論之編蓋以其中歲以前所見未眞

爰及晚年始克有悟乃於其論學書尺三數十卷之內摘此三十餘條其意皆主於向裏者

以爲得於既悟之餘而斷其爲定論斯其所擇宜亦精矣第不知所謂晚年者斷以何年爲

定贏軀病暑未暇詳考偶考得何叔京氏卒於淳熙乙未時朱子年方四十有六爾後二年

丁酉。而論孟集註或問始成今有取於答何書者四通以爲晚年定論至於集註或問則以爲中年未定之說竊恐考之欠詳而立論之太果也又所取答黃直卿一書監本止云此是向來差誤別無定本二字今所編刻增此二字當別有據而序中又變定字爲舊字卻未詳本字同所指否朱子有答呂東萊一書嘗及定本之說然非指集註或問也凡此愚皆不能無疑顧猶未足深論竊以執事天資絕出而日新不已向來恍若有悟之後自以爲證諸五經四子沛然若決江河而放諸海又以爲精明的確洞然無復可疑某固信其非虛語也然又以爲獨於朱子之說有相牴牾揆之於理容有是耶他說姑未敢請嘗讀朱子文集其第三十二卷皆與張南軒問書內第四書亦自以爲其於實體似益精明因復取凡聖賢之書以及近世諸老先生之遺語而讀驗之則又無一不合蓋平日所疑而未白者今皆不待安排往往自見灑落處與執事之所以自序者無一語不相似也書中發其所見不爲不明而卷末一書提綱振領尤爲詳盡竊以爲千聖相傳之心學殆無以出此矣不知何故獨不爲執事所取無亦偶然也耶若以此二書爲然則論孟集註學庸章句或問不容別有一般道理雖或其間小有出入自不妨隨處明辨也如其以爲未合則是執事精明之見決與朱子異矣凡此三十餘條者不過姑取之以證成高論而所謂先得我心之所同然者安知不有毫釐之不同者爲祟於其間以成牴牾之大隙哉恐不可不詳推其所以然也又執事於

朱子後特推草廬吳氏以爲見之尤眞而取其一說以附於三十餘條之後竊以草廬晚年
所見端的與否良未易知蓋吾儒昭昭之云釋氏亦每言之毫釐之差正在於此卽草廬所
見果有合於吾之所謂昭昭者安知非其四十年間鑽研文義之效殆所謂眞積力久而豁
然貫通者也蓋雖以明道先生之高明純粹又早獲炙於濂溪以發其吟風弄月之趣亦
必反求諸六經而後得之但其所覰隙於生知聞一以知十與他人極力於鑽研者不同耳
又安得以前日之鑽研文義而非而以墮此科白爲悔夫得魚忘筌得兔忘蹄可也矜魚兔
之獲而反追咎筌蹄以爲多事其可乎哉然世之徒事鑽研而不知反說約者則不可不深
有徵於斯言也抑草廬既有見夫所謂昭昭者又以不使有須臾之間斷爲庶幾乎尊之之
道其亦然矣而下文乃云於此有未能則問於人學於己而必欲其至夫其須臾之間間斷
與否豈他人之所能與且既知所以尊之之道在此一有間斷則繼續之而已又安得以爲
未能而別有所謂學哉是則見道固難而體道尤難道誠未易明而學誠不可不講恐未可
安於所見而遂以爲極則也某非知道者然黽勉以求之亦有年矣夏尋衰晚茫茫無所得乃
欲與一代之英論學多見其不知量也雖然執事平日相與之意良不薄矣雖則駑鈍心誠
感慕而樂求教焉一得之愚用悉陳之而不敢隱其他節目所欲言者頗多筆硯久疏收拾
不上然其大要亦略可觀矣伏惟經略之暇試一觀焉還賜一言以決其可否幸甚

又與王陽明書 戊子冬

側聞旌麾伊邇計不日當臨敝邑甚欲一瞻德範以慰多年渴仰之懷奈病骨支離艱於遠
出咫尺千里悵惘曷勝伏惟亮察去年嘗辱手書預訂文會殆有意乎左提右挈相與偕之
大道爲愛良厚感戢無已但無若區區之固滯何而循常而高明者恆妙於
獨得竊恐異同之論有非一會晤間之所能決也然病既有妨盛意何可虛辱輒以近來鄙
說數段奉塵尊覽及嘗反覆高論有不能無疑者亦條爲一段具如別幅固知未能仰契尊
旨將不免爲覆瓿之具亦姑效其愚而已雖然愚者千慮容有一得瞑後尚不能無望
於高明伏希裁擇幸甚

物者意之用也格者正也正其不正以歸於正也此執事格物之訓也向蒙惠教有云格
物者格其心之物也格其意之物也格其知之物也正心者正其物之心也誠意者誠其物之意也致知
者致其物之知也自有大學以來無此議論此高明獨得之妙夫豈淺陋之所能窺也耶
然誨諭之勤兩端既竭固嘗反覆推尋不敢忽也夫謂格其心之物格其意之物格其知
之物凡其爲物也三謂正其物之心誠其物之意致其物之知一而已矣就三就一物而論
物而論以程子格物之訓推之猶可通也以執事格物之訓推之不可通也就一物而論
則所謂物者果何物耶如必以爲意之用雖極安排之巧終無可通之日此愚之所不能

無疑者一也又執事嘗謂意在於事親即事親是一物意在於事君即事君是一物諸如

此類不妨說得行矣有如論語川上之歎中庸鳶飛魚躍之旨皆聖賢吃緊爲人處學者

如未能深達其義未可謂之知學也試以吾意著於川之流鳶之飛魚之躍若之何正其

不正以歸於正耶此愚之所不能無疑者二也又執事答人論學書有云吾心之良知即

所謂天理也致吾心良知之天理於事事物物則事事物物皆得其理矣致吾心之良知

者致知也事事物物各得其理者格物也審如所言則大學當云格物在致知不當云致

知在格物當云物格而后知至而后物格不當云物格而后知至矣且既言精察此心之天理以致

其本然之良知又言正惟致其良知以精察此心之天理然則天理也良知也果一乎果

非一乎察也致也果孰先乎孰後乎此愚之所不能無疑者三也往年講學之約書未及

寄而陽明下世矣惜哉鄙說數段皆

記中語也念非一家私議因錄之、

胡直　明泰和人字正甫號廬山嘉靖進士官至福建按察使萬曆中卒直少攻古文詞後從歐陽德及羅洪先遊。

以土守仁爲宗嘗與門人講學螺水上有胡子衡齊衡廬精舍藏稿（清四庫子部儒家存目胡子衡齊提要略

曰大要以理在心而不在天地萬物意在疏通守仁之旨然守仁本謂我與天地萬物一氣流通無有礙隔放人

心之理即天地萬物之理而直乃謂吾心所以造天地萬物匪是則勠沒荒忽而天地萬物息矣是覺指天地萬

物爲無理與守仁亦不相合未免太失之高遠云云）

六鉏 節錄

弟子曰旦旦乎先生之語理。弟子已冰化矣。然而世儒之訓熟爛乎耳目徵繹乎腑臟辟諸屑崖陰黯非太陽為之曲照莫能覩也溝澮積潦非霖雨為之終日莫能滌也蓋二三子之鍼於中者有六請宣之以瘳承學胡子曰何哉六鍼曰世儒之所爭而未肯降者則虛實也天人也心性也體用也循序與格物也此六者彼方挾以攻我又安能令彼之有入者夫彼之挾以攻我者非其故為也彼固有似是而難明者以鍼於中也而近儒者語之未竟則是我固未盡於彼而欲彼之有入於我無異乎其曉然明而溺然塞也胡子曰然然則何謂虛實之鍼曰昔者世儒立教以萬理為實是天地實天地萬物實萬物父子實父子君臣實君臣夫唯其實而後天下不以幻視若求理於心則將幻天地萬物於無何有矣又何有於父子君臣哉此與釋氏所稱三界惟心山河大地皆妙明心中物又何以殊也胡子曰然非也夫萬理之實豈端在物哉其謂實理即實心是也孟子曰萬物皆備於我而下文即繼之曰反身而誠樂莫大焉若實理皆在於物則萬物奚與於我又奚能反身以求誠哉何則人心唯誠則其視天地也實天地視萬物也實萬物父子之親君臣之義不可解於心者皆實理也若人心一偽彼且視父子君臣浮浮然也其極至弒父與君而弗之忌彼烏覩父子君臣之為實理哉彼視天地萬物夢夢然也其極至斁天瀆地而弗之顧彼烏

親天地萬物之爲實理哉。故曰不誠無物者此也。子欲求實理乎。孩提之愛親敬長則實

較著焉。今人乍見孺子入井有怵惕惻隱之心則實理較著焉。見牛觳觫而不速殺則實理

較著焉豈當求實理於親長孺子以逮牛羊哉。故理莫實於盡心而莫幻於索物而世儒者

自幻視其本實之心而反瞿瞿焉獵獵焉索理以求理認外以爲實會不知其所索而認者。

乃其口吻之爲名也楮墨之爲書也影響之爲傳也意念之爲執也而自謂實也而實固不

居乎此也是所謂以幻求幻其幻不可以究竟矣而強以爲實而不亦左乎若夫釋氏所稱

三界惟心山河大地爲妙明心中物其言雖少偏而亦不至大繆蓋釋氏者雖知天地萬物

之不外乎心而卒至於逃倫棄物若是異者非心之不實也則不盡心之過也蓋釋氏主在

出世故其學止於明心明心則雖照乎天地萬物而終歸於無有吾儒主在經世故其學貴

盡心盡心則能察乎天地萬物而常處之有則。是吾儒與釋氏異者則盡心與不盡心之分

也所謂毫釐千里者此也而奚以罪心哉今夫心之能察物猶水之能流火之能炎也苟有

人焉瀦水不流而欲其常澄宿火不炎而欲其常燼亦豈水火之罪哉而世乃獨以虛幻不

實歸罪於人心則又烏取實哉雖然使世儒誠有得於盡心之旨則實者未嘗不虛而虛者

乃所爲實也實無不虛費而隱也無聲無臭是也虛無不實微之顯也三千三百是也其究

一也而世儒未達也。

何謂心性之鯛曰先儒以爲心者止於知覺而知覺所具之理爲性故其言曰能覺者心所

覺者理意者覺虛而理實則心虛而性實此心性雖也故心性雖不可離而尤不可混其

果然歟胡子曰然非也夫先儒以知覺爲性固可謂不混矣然以理爲在物則

性亦當爲在物是性雖不與心混而不免與物濟矣其可通乎曰先儒有言者心之理又

曰心統性情則未嘗不以性具於心者也獨未認知覺爲性耳曰若是則先儒之語理與性

也一以爲在心一以爲在物是在心其各相牟焉已矣其又可通乎曰然則子將奚析

曰心性奚能析嘗試譬之心猶之火性猶之明有一星之火卽有一星之明不在火之表

性猶火之明情猶明之光有一星之明卽有一星之光光不在明之後故謂火與明與光異

號則可謂爲異物則不可也謂心與性與情異文則可謂爲異體則不可也子不見性之文

從心從生夫人心惟覺則生弗覺則弗生惟理則弗生假令捧土揭木儼若其形

蒙以袞爲載以軒冕立傳而告之曰是爲父子之親君臣之義蓋塊如也而況物理何哉以

土木無覺故也是以舍人心之覺則無性矣又爲有理哉是故蘊而仁義禮智藏焉始非有

物焉以分貯於中也則感之惻隱羞惡辭讓是非形焉亦非有物焉以分布於

外也則覺爲之運也而無不宰也雖天下之至虛而無不實也方其運也而無不宰

雖天下之至實而無不虛也故覺卽性非覺之外有性也性卽理非性之外有理也又烏有

夫覺虛理實心虛性實之謂哉夫覺何以若是至哉帝降之衷天命之性靈而能生生。

理故也是故帝堯之謂欽明帝舜之謂濬哲文王之謂緝熙太甲之謂明命成王之謂光明。

伊尹之謂先覺大學之謂明德衞武之謂有覺德行程伯子之謂明覺自然紫陽夫子亦謂

之本體之明疇非是也曾子所謂五倫五教五事三物九德四術五禮六樂六府三事九疇

九經以迄天地萬物無有端崖疇非是也然則所覺者卽能覺者為之也向無能覺者則亦

捧土揭木已爾亦烏有夫所覺者哉曰先儒又言覺於理則為道心覺於欲則為人心今先

生以覺語性安知不覺於欲而為人心歟曰審如先儒之言是烏足以言覺古者醫書以手

足痿痺為不仁言弗覺也誠覺則痛癢流行而仁理在其中矣豈覺之外而別有痛癢別有

仁理哉是故覺卽道心亦非覺之外而別有道心也人惟蔽其本覺而後為多欲為人心當

其為多欲為人心則雖有聞見知識辨別物理亦均為痿痺而已而奚其覺然則謂覺為覺

於欲者非也曰釋氏以作用為性若是胡以異也曰吾儒之語性有專以體言者記所謂生

而靜者是也有專以用言者孟子所謂惻隱羞惡辭讓是非是也若獨以作用罪釋氏則孟

子亦失矣此未可以正其非夫覺性者儒釋一也而所以異者則盡與未盡繇分也吾嘗比

釋氏於宿火溺水而水火奚罪哉今奈何嫌於覺性之相近乃至騈拇物理以相別也可乎

昔漢廷欲盡誅中常侍而濫及於無鬚者他凡無鬚者懼及已也乃皆盡鬚以自別今之儒

者懼近釋氏而必求物理以自別是亦盡鬖者之自爲贅也豈不過甚矣哉曰子固合心性
而一之矣然夫子稱回曰其心三月不違仁孟子又以芻豢喻理義若是乎析也何哉曰世
儒之藉口也久矣甚哉其泥文牽義之無瘳也信如世儒之疑則仁亦爲在物矣顏子又安
得輓在物之仁而不違於心哉不知仁人心也心存則仁自不違非心外索仁也顏子雖大
賢或不能盡存於三月之后夫子所以稱而激之豈謂仁與心爲二物哉若夫理義芻豢人
孰不知孟子之取辟也子姑反觀無滯唹嚗惑也終身
牽義之莫瘳也子姑反觀無滯唹嚗惑也終身
何謂循序之鍘曰古者學不躐等致不淩節貴有序也否則欲益而賊之者至矣以孔子上
聖猶曰下學而上達其教人也曰中人以上可以語上中人以下不可以語上是孔子且不
能躐等而學淩節而教而況衆人乎故古之小學必習於少儀曲禮學於詩書禮樂未有先
從事心性也今子嘐嘐然唯心性之務先靈覺之獨切吾恐先後序紊而中下者惘然弗之
入矣然則書所稱學於古訓易所言多識蓄德則又何也胡子曰然非也不聞大學之教曰
物有本末事有終始知所先後則近道矣古人以先本後末先始後終爲序未聞先末與先
之爲序也猶之種樹必先植其根而爲之培灌積日而累月焉然後其枝幹葉葩從而敷茂
其爲序何漸也猶之治水必先濬其源而爲之疏決積日而累月焉然後江淮河漢從而涵

浸其爲序何漸也心性者學之根與源也古之大學欲明明德於天下國家者乃推極其本。

日先修其身而修身先正心正心先誠意誠意先致知而知卽性也然則君子曷嘗不務先

於心性哉其爲序亦何異於植根濬源而積日累月者之爲漸也世儒乃反以先本爲非必

欲窮索物理而豫求於末終又何異種樹者先求其葩葉導水者先事於江河非獨淩節躐

等亦將莫究其底矣是不爲紊紊哉夫本末非二物也立本以豐末而顯末未有

能生本者也若孔子所謂語上語下學上達要亦本末之間均有上下非謂以本爲上以

末爲下也蓋自用力者而言謂之下自得力者而言謂之上孔子告顏淵仲弓則幷其得力

者而語之是所謂可語上者也告樊遲司馬牛則曰恭忠敬訒言而未嘗及得力之事。

是所謂不可語上者也然仁卽心也恭忠敬訒言卽存心也養性也孔門曷嘗不以心

性敎亦曷嘗不以心性學哉蓋心性自不離乎言行而言行固皆出乎心性第曰心性本也

而未可後爲爾非離言行爲心性者也小學者習於少儀曲禮治於詩書禮樂皆將以收攝

其心磨礱其性禁於未然而非專求其文義已也故曲禮發篇曰毋不敬風雅大旨曰思無

邪孔子敎弟子入孝出弟謹信親仁最先而學文特餘力耳然則聖人敎學先後之序蓋可

覩已豈嘗以先末爲序哉且學於古訓者其孰爲古歟蓋莫古於精一執中之學而人君尤

務先爲人君者雖未可以廢書然一日二日萬幾若必如經生學究以討求乎物理其勢不

可得矣堯舜之智不能徧物況後世乎經曰自天子至於庶人壹是皆以修身爲本若以理

爲在物從物物而索之則上必不能通於天子下必不能通於庶人又奚足以言理若夫前

言往行亦莫非自古人心性出也故君子多識前言往行專以蓄德非曰泛然馳騖物理者

倫也昔者謝顯道舉史不遺一字程伯子譏之曰玩物喪志然則古人之學古多識又可觀

已亦豈以先末爲序哉而世儒迄不自知其爲索也嗟嗟

何謂格物之鍧曰弟子荷明訓內反諸心外印諸經其於致知之旨瞭矣何則知也者即經

文所謂明德是已致知者即經文所謂明明德是已以是知東越致良知之訓雖孔曾復生

無以易也然東越訓格物曰正其不正以歸於正則似與正心義相涉引初學者猝難了也

蓋嘗聞之倉頡觀鳥跡而作字奚仲觀轉蓬而造車中古聖人仰觀俯察制器尚象莫不取

諸物觀冠員象天履方傚地聘取圭璋樂徵律呂婚陳鴻雁贄用雉羔授時假璿璣考祥

驗諸著龜三公擬自三台五等法乎五行帝堯之十二章咸有取義故曰天生神物聖人則

之天地變化聖人效之天垂象見吉凶聖人象之河出圖洛出書聖人則之聖人者雖未嘗

索物求理亦鮮不因物觸心哉然則致吾良知而無遺物豈亦其旨與胡子曰然非也夫以

經訓經則經可明移經就已則義益晦世儒以至訓格物矣乃轉而爲窮以物語物矣乃增而

爲理是正所謂移經以就已經安得不晦焉爲經上文不曰物有本末而下文即以格物應是

寧有二物哉格有通之義致知在格物者蓋言古人之致其良知雖曰循吾覺性無感不應

而猶懼其泛也則恆在於通物之本末而無以末先其本是則其本即格物而致知之功

不雜施矣故其下文曰壹是皆以修身為本其本亂而末治者否矣其本語曰此謂知本此

謂知之至也吁亦明甚矣異時夫子曰反求諸其身孟子曰反求諸己又曰萬物皆備反身

而誠皆格物疏義也括而言之曰知本而已夫致知非遺本也而其求端用力之

在於本而後能不泛也而末學者未嘗一力其本乃先以窮索物理為事滥焉浩焉如賈舶

之無所歸不倒置而拂經也哉彼既倒置矣而猶自以為知序之先而子又以制字造

車仰觀俯察制器尚象者言之是特以語聖王開物成務之故而無裨於學者求端用力之

窮之義盡也而非謂窮索也易繫曰窮神知化夫神不可致思矧可索乎故窮神有極

方此正謂先末後本先終後始於大學之道不尤倒而重傷乎曰格物則然窮理何居曰

神之義為窮理則亦然矣記曰窮人欲滅天理得非謂極欲而滅理者耶誠使極天理則滅

人欲矣窮理者即極夫天理之謂也豈在物哉是即所謂致知所謂明明德故程伯子曰才

窮理即盡性至命更無次第不可以窮理屬知之事而世之言窮索物理者遠哉曰先儒曰

理有所當然所以然此非獨自人身雖一草一木亦皆有之曰一草一木則烏親乎所當然

所以然者哉儒者豈不曰草木之生有時而形有定此所謂理也然而有春花產乎冬實樓

質生乎人面仆而髭伐而血者何哉人曰此草妖木怪也然謂有怪理可乎彼其所當所

以然則奚以窮也豈不曰天淸地寧日晨月夕此所謂理也然而有裂陷朓朒仄慝暈晝

星而夜日烏夾而蜺貫其極則有雙月兩日日中見人馬戰鬪之異又有山移數里而蟲魚

猝生雨毛隕石穴犬井羊之殊者何哉人曰此變象也然謂有變理可乎彼其所當所以

然則奚以窮也豈不曰大德受命作善降祥此所謂理也然而孔子旅人下惠三黜顏回夭

折仲弓癩死者何哉人曰此異數也而謂有異理可乎彼其所當然所以然則奚以窮也曰

弟子聞諸陰陽人物之失傳洪範者皆歸咎於人事乃至春秋以降明王不作則何疑於尼

惠之不遇曰若是則理之在人不在物也益瞭矣知本之學可後乎哉

呂坤　明寧陵人字叔簡號心吾萬歷進士歷官內外留意風敎主持正義爲小人所不容致仕卒年八十三坤少

時資質魯鈍讀書不能成誦繼乃澄心體認久之了悟其學不語精微不談高遠所著文字皆切近淺顯以躬行

實踐爲本(案淸陳宏謀有養正訓俗等遺規五種所收此類文字甚多學者可取備參閱)著有呻吟語閨範

實政錄去僞齋文集。

好人歌

天地生萬物惟人最爲貴人中有好人更出人中類好人先忠信好人重孝弟好人知廉恥

好人守禮義好人不縱酒好人不戀妓好人不賭錢好人不倘氣好人不仗富好人不倚勢

好人不欠糧好人不侵地好人不致唆好人不妒忌好人不說謊好人不譏戲好人沒閒言

好人不謗議好人沒歹朋好人沒浪會好人不村野好人不狂悖好人不懶惰好人不妄費

好人不輕浮好人不華麗好人不邋遢好人不蹺蹊好人不強梁好人不暗昧好人救患難

好人施恩惠好人行方便好人讓便宜惡人罵好人不答對惡人打好人只躲避

不論大小人好人不得罪不論大小事好人合天理富人做好人陰功及後世貴人做好人

鄉黨不咒罵貧人做好人說甚千頃地賤人做好人不數王侯貴少年做好人德望等前輩

老年做好人遮盡一生罪弱漢做好人自羞愧惡人做好人聲名重十倍好人鄉邦寶

好人家瑞好人動鬼神好人感天地不枉做場人替天出口氣吁嗟乎百年一去永不還

休做惡人浪世間

爲善記

問吉凶於卜筮者惑也善則吉不善則凶登泰山造浮圖衣冠土木詔事神鬼者婪也善則

福不善則毀雖然此理也聖人教人不得已之說也至其自爲則不然善者皆凶而君子不

敢避善以趨吉善者皆禍而君子不敢違善以要譽父慈子孝兄愛弟敬夫義婦順家人和

姻族睦不傷人不害物安常處順以求無負於民彝如斯而已矣其吉也福也譽也君子之

爲善自若也反是君子之爲善亦自若也吾爲所當爲如飢之食渴之飲耳吾不爲所不爲

如飢不食董渴不飲鴆耳吉凶禍福毀譽聽其自來也於我何與焉

黃宗羲　清餘姚人字太沖號黎洲明將亡奔走營救卒無功入清隱居敎授數徵不起其學本姚江而綜會諸家博考經史力矯王學末流之弊嘗言讀書不多無以證理之變化多而不求諸心則爲俗學晚年著明夷待訪錄以箕子自比其議論縱橫透闢顧炎武極歎服之卒年四十六門人追諡曰文孝學者稱南雷先生又有南雷文定明儒學案等書

原君

有生之初人各自私也人各自利也天下有公利而莫或與之有公害而莫或除之有人者出不以一己之利爲利而使天下受其利不以一己之害爲害而使天下釋其害此其人之勤勞必千萬於天下之人夫以千萬倍之勤勞而己又不享其利必非天下之人情所欲居也故古之人君量而不欲入者許由務光是也入而又去之者堯舜是也初不欲入而不得去者禹是也豈古之人有所異哉好逸惡勞亦猶夫人之情也後之爲人君者不然以爲天下利害之權皆出於我我以天下之利盡歸於己以天下之害盡歸於人亦無不可使天下之人不敢自私不敢自利以我之大私爲天下之公始而慚焉久而安焉視天下爲莫大之產業傳之子孫受享無窮漢高祖所謂某業所就孰與仲多者其逐利之情不覺溢見之於辭矣此無他古者以天下爲主君爲客凡君之所畢世而經營者爲天下也今也以君爲主天

下爲客凡天下之無地而得安寧者爲君也是以其未得之也屠毒天下之肝腦離散天下

之子女以博我一人之產業曾不慘然曰我固爲子孫創業也其既得之也敲剝天下之骨

髓離散天下之子女以奉我一人之淫樂視爲當然曰此我產業之花息也然則爲天下之

大害者君而已矣向使無君人各得自私也人各得自利也嗚呼豈設君之道固如是乎古

者天下之人愛戴其君比之如父擬之如天誠不爲過也今天下之人怨惡其君視之如

寇讎名之爲獨夫固其所也而小儒規規焉以君臣之義無所逃於天地之間至桀紂之暴

猶謂湯武不當誅之而妄傳伯夷叔齊無稽之事乃兆人萬姓崩潰之血肉曾不異夫腐鼠

豈天地之大於兆人萬姓之中獨私其一人一姓乎是故武王聖人也孟子之言聖人之言

也後世之君欲以如父如天之空名禁人之窺伺者皆不便於其言至廢孟子而不立非導

源於小儒乎雖然使後之爲君者果能保此產業傳之無窮亦無怪乎其私之也既以產業

視之人之欲得產業誰不如我攝緘縢固扃鐍一人之智力不足以勝天下欲得之者之衆

遠者數世近者及身其血肉之崩潰在其子孫矣昔人願世世無生帝王家而毅宗之語公

主則曰若何爲生我家痛哉斯言回思創業時其欲得天下之心有不廢然摧阻者乎是故

明乎爲君之職分則唐虞之世人人能讓許由務光非絕塵也不明乎爲君之職分則市井

之間人人可欲許由務光所以曠後世而不聞也然君之職分難明以俄頃淫樂不易無窮

之悲雖愚者亦明之矣。

原臣

有人焉視於無形聽於無聲以事其君可謂之臣乎曰否殺其身以事其君可謂之臣乎曰否夫視於無形聽於無聲資於事父也殺其身者無私之極則也而猶不足以當之則臣道如何而後可曰緣夫天下之大非一人之所能治而分治之以羣工。故我之出而仕也爲天下非爲君也爲萬民非爲一姓也吾以天下萬民起見非其道即君以形聲強我未之敢從也。況於無形無聲乎非其道即立身於朝未之敢許也。況於殺其身乎不然而以君之一身一姓起見君有無形無聲之嗜慾吾從而視之聽之此宦官宮妾之心也。君爲己死而爲己亡吾從而死之亡之此其私暱者之事也。是乃臣不臣之辨也世之爲臣者昧於此義以謂臣爲君而設者也君分吾以天下之人民而後牧之視天下人民爲人君囊中之私物今以四方之勞擾民生之憔悴足以危吾君也不得不講治之之術苟無係於社稷之存亡則四方之勞擾民生之憔悴雖有誠臣亦以爲纖芥之疾也夫古之爲臣也於此乎於彼乎蓋天下之治亂不在一姓之興亡而在萬民之憂樂是故桀紂之亡乃所以爲治也秦政蒙古之興乃所以爲亂也晉宋齊梁之興亡無與於治亂者也爲臣者輕視斯民之水火即能輔君而興從君而亡其於臣道固未嘗不背也夫治天下猶曳木然前者唱邪後

者唱許。君與臣共曳木之人也若手不執紲地曳木者唯娛笑於曳木者之前從曳

木者以為良而曳木之職荒矣嗟乎後世驕君自恣不以天下萬民為事其所求乎草野者

不過欲得奔走服役之人乃使草野之應於上者亦不出夫奔走服役一時免於飢寒遂感

在上之知遇不復計其禮之備與不備躋之僕妾之間而以為當然萬曆初神宗之待張居

正其禮稍優此於古之師傅未能百一當時論者駭然居正之受無人臣之禮夫居正之罪

正坐不能以師傅自待聽指使於僕妾而責之反是何也是則耳目浸淫於流俗之所謂臣

者以為鵠矣又豈知臣之與君名異而實同耶或曰子不與臣並稱乎曰非也父子一氣子

分父之身而為身故孝子雖異身而能日近其氣久之無不通矣不孝之子分身而後日遠

日疏久之而氣不相似矣君臣之名從天下而有之者也吾無天下之責則吾在君為路人

出而仕於君也不以天下為事則君之僕妾也以天下為事則君之師友也夫然謂之臣其

名累變夫父子固不可變者也

原法

三代以上有法三代以下無法何以言之二帝三王知天下之不可以無養也為之授田以

耕之知天下之不可無衣也為之授地以桑麻之知天下之不可無教也為之學校以興之

為之婚姻之禮以防其淫為之卒乘之賦以防其亂此三代以上之法也固未嘗為一己立

也後之人主。既得天下。惟恐其祚命之不長也。子孫之不能保有也。思患於未然以爲之法。然則其所謂法者。一家之法而非天下之法也。是故秦變封建而爲郡縣。以郡縣得私於我也。漢建庶孽以其可以藩屏於我也。宋解方鎭之兵以方鎭之不利於我也。此其法何曾有一毫爲天下之心哉。而亦可謂之治乎三代之法藏天下於天下者也。山澤之利不必其盡取。刑賞之權不疑其旁落貴不在朝廷也。賤不在草莽也。在後世方議其法之疏而天下之人不見上之可欲不見下之可惡法愈疏而亂愈不作所謂無法之法也。後世之法藏天下於筐篋者也。利不欲其遺於下福必欲其斂於上用一人焉則疑其自私而又用一人以制其私行一事焉則慮其可欺而又設一事以防其欺天下之人共知其筐篋之所在吾亦鰓鰓然日爲筐篋之是虞故其法不得不密法愈密而天下之亂卽生於其中所謂非法之法也。論者謂一代有一代之法子孫以法祖爲孝夫非法之法前王不勝其利欲之私以創之者亦未始非害天下者也。後王或不勝其利欲之私以壞之者固足以害天下其創之者亦未始非害天下者也。乃必欲周旋於此膠彼漆之中以博憲章之餘名此俗儒之勦說也。卽論者謂天下之治亂不繫於法之存亡夫古今之變至秦而一盡至元而又一盡經此二盡之後古聖之所惻隱愛人而經營者蕩然無見苟非爲之遠思深覽一一通變以復井田封建學校卒乘之舊雖小小更革生民之戚戚終無已時也。卽論者謂有治人無治法吾以謂有治法而後有治人。

自非法之法梏天下人之手足卽有能治之人。終不勝其牽輓嫌疑之顧盼有所設施亦

就其分之所得安於苟簡而不能有度外之功名使先王之法而在莫不有法外之意存乎

其間其人是也則可以無不行之意其人非也亦不至於深刻羅網反害天下。故曰有治法

而後有治人

顧炎武　清崑山人初名絳字寧人號亭林明諸生奉母遺命不事二姓入清後周遊四方載書自隨康熙間薦

應鴻博修明史皆不就後卒於華陰年七十其學主於博文有恥不悅以理學立名嘗謂經學卽理學其非王學

尤甚又長於考證爲清代漢學家所宗著有日知錄音學五書天下郡國利病書詩文集數十種

與友人論學書

此往來南北頗承友朋推一日之長問道於盲竊歎夫百餘年以來之爲學者往往言心言

性而茫乎不得其解也命與仁夫子之所罕言也性與天道子貢之所未得聞也性命之理

著之易傳未嘗數以語人其答問士也則曰行己有恥其爲學則曰好古敏求其與門弟子

言舉堯舜相傳所謂危微精一之說一切不道而但曰允執其中四海困窮天祿永終嗚呼

聖人之所以爲學者何其平易而可循也故曰下學而上達顏子之幾乎聖也猶日博我以

文其告哀公也明善之功先之以博學自曾子而下篤實無若子夏而其言仁也則曰博學

而篤志切問而近思今之君子則不然聚賓客門人之學者數十百人譬諸草木區以別矣

而一皆與之言心言性，舍多學而識，以求一貫之方，置四海之困窮不言，而終日講危微精一之說，是必其道之高於夫子，而其門弟子之賢於子貢，祧東魯而直接二帝之心傳者也。我弗敢知也。

孟子一書，言心言性，亦諄諄矣，乃至萬章、公孫丑、陳代、陳臻、周霄、彭更之所問，與孟子之所答者，常在乎出處、去就、辭受、取與之間。以伊尹之元聖，堯舜其君其民之盛德大功，而其本乃在乎千駟一介之不視不取。伯夷、伊尹之不同於孔子也，而其同者則以行一不義、殺一不辜而得天下不為。是故性也，命也，天也，夫子之所罕言，而今之君子之所恆言也。出處、去就、辭受、取與之辨，孔子、孟子之所恆言，而今之君子所謂忠與清之未至於仁，而不知不忠與清而可以言道者，未之有也。我謂不忮不求之不足以盡道，而不知終身於忮且求而可以言道者，未之有也。我弗敢知也。

愚所謂聖人之道者如之何？曰博學於文，曰行己有恥。自一身以至於天下國家，皆學之事也；自子臣弟友以至出入往來、辭受取與之間，皆有恥之事也。恥之於人大矣！不恥惡衣惡食，而恥匹夫匹婦之不被其澤。故曰：萬物皆備於我矣，反身而誠。嗚呼！士而不先言恥，則為無本之人；非好古而多聞，則為空虛之學。以無本之人，而講空虛之學，吾見其日從事於聖人而去之彌遠也。雖然，非愚之所敢言也，且以區區之見，私諸同志而求起予。

張爾岐　清濟陽人。字稷若，號蒿庵，明諸生。清時隱居教授，恪守程朱之說。篤志力行，卓然經師，尤精三禮。顧炎武自以爲不如卒年六十六著有儀禮鄭注句讀周易說略春秋傳義嵩庵集嵩庵閒話。

辨志

人之生也未始有異也。而卒至於大異者何也。人生而呱呱以啼。啞啞以笑。頓頓以動。惕惕

以息無以異也出而就傳朝授之讀暮課之義同一聖人之易書詩禮春秋也。及其既成或

爲百世之人焉或爲天下之人焉或爲一國一鄉之人焉其劣者爲一室之人七尺之人焉。

至於最劣則爲不具之人異類之人焉言爲世法動爲世表存則儀其人沒則傳其書流風

餘澤久而愈新者百世之人也功在生民業隆匡濟身存則天下賴之以安身亡則天下莫

知所恃者天下之人也恩施沾乎一域行能表乎一方業未大光立身無負者一國一鄉之

人也若夫智慮不離乎鍾釜慈愛不外乎妻子則一室之人而已耽口體之養徇耳目之娛

膜外概置不通疴癢者則七尺之人而已篤於所嗜瞀亂荒遺則不具之人因而敗度滅義

爲民蠹害者則爲異類之人也豈有生之始遽不同如此哉抑且有驅迫限制爲之區別致

然哉習爲之耳習之不同志爲之耳志在乎此則習在乎此志在乎彼則習在乎彼矣子

曰苟志於仁矣無惡也言志之不可不定也故志乎道義未有入於貨利者也志乎貨利未

有幸而爲道義者也志乎道義則每進而上志乎貨利則每趨而下其端甚微其效甚巨近

在胸臆之間而遠周天地之內定之一息之頃而著之百年之久志之爲物往而必達圖而

必成及其既達則不可以返也及其既成則不可以改也世之誦周公孔子之言通其義以

售於世者項相望也周公孔子之遺教未聞有見諸行事被於上下者豈少而習之長而忘

之歟無亦誦周公孔子志不在周公孔子也志不在周公孔子則志必貨利矣以志在貨

利之人而乘富貴之資制斯人之命吾悲民生之日蹙也今夫種之播於地也種梁菽則梁

菽矣種烏附則烏附矣雨露之滋壅培之力各視所種以成效也梁菽成則人賴其養烏附

成則人被其毒學不正志而勤其佔畢廣其聞見美其文辭以售於世則所學於古之人者

皆其毒人自利之藉也嗚呼學者一日之志天下治亂之原生人憂樂之本矣學記曰凡學

官先事士先志故未官者必使正其志教而不知先志學而不知尚志欲天下治隆而俗美

何繇得哉故人之漫無所志安坐飽食而已者自棄者也舍其道義而汲汲貨利不知自返

者將致毒於人以賊其身者也自棄者也毒人而以賊其身愈不可也且也志在道義未

有不得乎道義者也窮與達均得焉志在貨利未必貨利之果得也而道義已坐失矣人苟

審乎內與外之分必得與不必得之數亦可以定所志哉

辱惠致言訓勵諄切多所獎勗且示以康成泰山徂徠三先生之遺烈而期之修述此豈猥

陋敢希萬一雖然自有識來於六經亦常稍涉其流矣見諸儒先之言經者後先繼出注疏

之典核。程朱之深醇語詳而擇精似已各極其至。學者苟能席其成業尊所聞而行所知

者可至於聖賢下者亦足以效一官濟一隅名一善而無難私謂士生今日欲倡正學於天

下似不必多所著述。正當以篤志力行爲先務耳。不識高明以爲何如。論學書粹然儒者之

言。特拈博學行己二事以爲學鵠確當不易。眞足砭好高無實之病。行己有恥一語更覺切

至。學之眞僞祇以行己果有恥也。博學固以考辨得失。卽言心言性亦非龔語行

己未必果有恥也。言心言性固恍惚無據。卽博學亦未免玩物喪志之失。此愚見所以於二

語中更欲質者性命之理。夫子固未嘗輕以示人。其所與門弟子詳言而諄復者何一非性

命之顯設散見者歟。苟於博學有恥。眞實踐履。自當因標見本合散知總心性天命將有不

待言而庶幾一遇者故性命之理騰說不可也。未始不可默喩侈於人不可也。未始不可驗

諸己强探力索於一日不可也。未始不可優裕漸漬以俟自悟如謂於學人分上了無交涉。

是將格盡天下之理而反遺身以內之理也。恐其知有所未至。則行亦有所未盡將令異學

之直指本體反得誇耀所長誘吾黨以去此。又留心世教者之所當慮也。寡昧之質。樂求師

資不敢苟異亦不敢苟同。惟幸裁正拙作本欲請敎旣承近日不作文字。遂亦不敢復以此

等相瀆。所以然者欲先生永不破除此戒耳。獨中庸論一篇似與論學書旨有偶似者謹錄

奉覽偷肯一涉筆繩削乎。

陸世儀　清太倉人字道威明諸生嘗從劉宗周學洽無所不通窮居敎授明亡拓地十畝築亭其中自號曰桴亭不通賓客其學主敦守禮法不虛談誠敬之旨與陸隴其並稱二陸年六十二卒門人私謚曰尊道先生亦曰文潛先生有思辨錄桴亭全集等種。

論讀書

古之學聖賢易今之學聖賢難只如讀書一節書籍之多千倍於古學者苟欲學爲聖賢非博學不可然苟欲博學則此汗牛充棟者將何如耶偶思得一讀書法將所讀之書分爲三節自五歲至十五爲一節十年誦讀自十五歲至二十五爲一節十年講貫自二十五至三十五爲一節十年涉獵使學有漸次書分緩急庶幾學者可由此而程工朝廷亦可因之而試士矣所當讀之書約略開後

十年誦讀

　小學　四書　五經　周禮　太極通書西銘　綱目　古文　古詩　各家歌訣

十年講貫

　四書　五經　周禮　性理　綱目　本朝事實　本朝典禮　本朝律令　文獻通考

　大學衍義　天文書　地理書　水利農田書　兵法書　古文　古詩

十年涉獵

四書　五經　周禮　諸儒語錄　二十一史　本朝實錄及典禮律令諸書　諸家經

濟類書　諸家天文　諸家地理　諸家水利農田書　諸家兵法　諸家古文　諸家

詩

以上諸書力能兼者兼之。力不能兼則略其涉獵而專其講貫。又不然則去其詩文其於經

濟中或專習一家。其餘則斷斷在所必讀。庶學者俱為有體有用之士。今天下之精神皆耗

於帖括矣。誰肯為真讀書人而國家又安得收讀書之益哉。

張履祥　濟桐鄉人字考夫明諸生從劉宗周聞慎獨之學晚年專意程朱立身端直躬習農事學者稱楊園先

生卒年六十四有楊園全書

與何商隱書

論語一書謹言慎行為多。不亟亟於頭腦也顏子所述善誘之功。則曰博文約禮而已。他日

所請為仁之目則曰非禮勿視聽言動而已。竊謂此即所謂約禮之實也。博文約禮三千之

徒莫不從事於此。非獨為顏子致也曾子所示一貫之指則曰忠恕而已。子思受曾子之學

者也。中庸所述與論語曾子之言如合符節。故曰忠恕違道不遠。孟子傳子思之學者也。其

言曰居仁由義。曰求放心。其曰持其志無暴其氣者。即求放心之謂也。求放心則中庸戒慎

恐懼之謂而論語曰省其身。如臨深淵。如履薄冰之指也。仁義二字。論語未嘗並舉見於易

傳則有曰立人之道曰仁與義見於中庸則曰仁者人也。親親為大義者宜也。尊賢為大則

亦夫子之言也至云反身而誠樂莫大焉強恕而行求仁莫近則與曾子思先後一轍矣。

三代以下。在濂溪則曰主靜立人極。在關中則曰知禮成性。在程門則曰敬義夾持曰存心

致知曰理一而分殊在朱子則曰居敬窮理要而論之豈有異指哉居敬所以存心也窮理

所以致知也惟居敬故能直其內惟窮理故能方其外惟內之直故能立天下之大本惟外

之方故能行天下之達道然居敬窮理又非截然有兩種功夫也博學審問愼思明辨是為

窮理其不敢苟且以從事或勤始而怠終及參以二三。即為居敬故又曰學者用功當在分

殊上其曰知禮成性即約之以禮之謂親親之殺尊賢之等皆天理也。故曰禮所生也三百

三千皆所從出也所謂分殊也其曰主靜立極者定之以中正仁義而已也仁義而不軌以

中正則仁之或流於兼愛義之或流於為我而人極不立矣禮以敬為本則自無非僻之干。

人欲退而天理還矣欲退理還則終日言言其所當言終日行行其所無事而靜矣故又曰。

無欲故靜然則茂叔子厚雖不言主敬而敬在其中矣由是而上質之鄒魯豈不同條而共

貫哉象山教人以擴充四端以孩提知愛稍長知敬為人皆堯舜學者先立乎大則小者不

能奪未嘗非孟子之指但孟子之言心有等有殺之心也故曰老吾老以及人之老恩及禽

獸功不至百姓以爲失權度之甚又曰聖人人倫之至遵先王之法而過者未之有也象山

信其心知而謂本四端以行卽堯舜所行不過是夫惻隱而無權度至摩頂放踵

而爲之羞惡而無權度則其弊恆至拔一毛而不爲故窮理爲要也苟理明而義精則或出

或處或默或語皆將合乎規矩方圓之至而時措之宜矣象山黜窮理爲非是欲舍規矩而

自爲方圓也正使離婁公輸子復生有難任其目力者矣知其理之一而不知其分之殊所

由流入於二氏而其勢不可止也若下此以佛老之真亂吾儒之似以文其好言遂其無

忌憚者又無論已近世學者祖尚其說以爲捷徑稍及格物窮理則謂之支離煩碎夫

離則好直捷厭煩碎則樂徑省世儒動稱孟子直捷簡易夫動容周旋中禮者盛德之至義

路也禮門義路君子能由是路出入是門非孟子之言乎抑何不思之甚也然則吾人學問舍

居仁由義四字更無所謂學問吾人功夫舍居敬窮理四字更無所謂功夫凡先儒之言若

志伊尹之所志學顏子之所學若爲天地立心爲生民立命若以興起斯文爲己任種種道

術舉不外是矣夫居敬窮理之方朱子以其躬行心得者諄復言之詳至備矣吾人遵而

守之日夕從事於此則亦可以有獲矣入門而升堂升堂而入室循之有其階導之有其相

也或者信之不篤不免徒倚於歧途志之不勇不免徘徊於方軌以至日暮途遠進退失據

耳今以朋儕中攸好之深矢志之固如仁兄者蓋已不多矣先生平所致力於六行之修者豈

非仁義之事其事之克修豈非本於仁義之心哉本仁義之心以力行仁義之事所以立人之道者豈有他哉而更欲頭腦之是求古人騎驢覓驢之喻是之謂矣特患居敬之不熟則有或得或失之憂窮理之未精則有或然或不然之慮要亦無它道也有不熟則勉進於熟而已有未精則勉求其精而已易曰三人行則損一人一人行則得其友言致一也九州萬國而統於一王千流萬派而歸於一海故曰禮儀三百威儀三千無一而非仁也仁人心也義人路也源深則流長根凝則實茂清明在躬則志氣如神平日功夫惟在涵養其本原以為制事酬物之主爾矣朋友講習養也獨居思索考究養也飲食動作亦養也念茲在茲釋茲在茲如伏雌之抱卵其退不銳如日月之貞恆修其疆畔時其耔耘如農夫之力穡而後可致其精也而後可幾於熟也必若先儒云滿腔子皆惻隱之心盎然若太和元氣之流行於天地之間必若先儒云在我之權度精切不差然如萬物之各正其性命子思所云擇善固執孟子所云深造自得其或以此也與夫學問者將以盡性命之理也苟不本於天之所賦物之所受非學問之正也安可使之有兩截乎事物者身心之準則也苟事至物來而處之不當其分正身心之病也安可視之為兩途乎自世儒以在物為理處物為義之言為不然而體用內外始判而二之矣自世儒不明於動靜不失其時之義而以墮黜聰明為靜不明於心存斯是敬之義而但以嚴威儼恪為敬而人倫庶物之外。

若別有一種學問矣夫事物之不能不日至者勢也迎之非也拒之亦非也以其皆不免於

自私而用智也非順應之道也無事則讀書讀書者所以維持此心而不使其或息也非以

務博也默坐則思索思索者所以檢點其身而不使其有闕也非以耽寂也事至則泛應泛

應者所以推行天理於事事物物而不使其有過有不及也非以外馳也無衆寡無小大無

敢慢則一矣無有事無有人無人無敢慢則一矣一則窮通一矣壽夭一矣死生亦

一矣然則仁兄所憂心之粗而氣之昏者或恐不一之故未必皆不能讀書之故也上蔡誦

史不遺一字程子責其玩物喪志上蔡而赤程子曰此卽是惻隱之心由是之讀書只是

功夫之一種非不能讀書便無功夫也但擇善之功惟讀書爲得益之易故以爲先務耳然

卽讀書而論亦不可以不一矣一則心志專而義理純熟雜則意分而氣散卽上力亦

有所不給矣夫數學至康節非小道矣程子已能得其概然不以學後竟忘之曰吾所知者

惠迪從逆而已吾人聰明不逮古人遠甚約之使歸於一猶懼不克遂其初志況敢旁搜而

遐覽乎夫孟子之言暴其氣者非獨應事酬物言語動作之間與夫喜怒哀樂之感也書亦

一物也讀之亦一事也物至而人化物滅天理而窮人欲惟讀書亦有之故敬之道不可須

臾舍也顏子惟敬之純熟故有不善未嘗不知知之未嘗復行孟子之睟面盎背四體不言

而喻此物此志也

濟崑山人字致一明諸生父集璜殉闔難死川純慕王衰攀柏之義自號柏盧其學恪守程朱知行並進而一以主敬爲要或欲以鴻博廳固辭乃免卒年七十一所著有愧訥集其治家格言一篇辭義淺近婦孺傳誦世有以爲宋朱子所作者誤也

治家格言

黎明即起灑埽庭除要內外整潔既昏便息關鎖門戶必親自檢點一粥一飯當思來處不易半絲半縷恆念物力維艱宜未雨而綢繆毋臨渴而掘井自奉必須儉約燕客切勿留連器具質而潔瓦缶勝金玉飲食約而精園蔬愈珍羞勿營華屋勿謀良田三姑六婆實淫盜之媒婢美妾嬌非閨房之福奴僕勿用俊美妻妾切忌豔妝祖宗雖遠祭祀不可不誠子孫雖愚經書不可不讀居身務期質樸教子要有義方勿貪意外之財莫飲過量之酒與肩挑貿易毋佔便宜見貧苦親鄰須加溫恤刻薄成家理無久享倫常乖舛立見消亡兄弟叔姪須分多潤寡長幼內外宜法肅辭嚴聽婦言乖骨肉豈是丈夫重貲財薄父母不成人子嫁女擇佳壻毋索重聘娶媳求淑女勿計厚奩見富貴而生諂容者最可恥見貧窮者賤莫甚居家戒爭訟訟則終凶處世戒多言言多必失毋恃勢力而陵逼孤寡勿貪口腹而恣殺牲禽乖僻自是悔誤必多頹惰自甘家道難成狎昵惡少久必受其累屈志老成急則可相倚輕聽發言安知非人之譖愬當忍耐三思因事相爭安知非我之不是須平心再

想。施惠無念受恩莫忘凡事當留餘地得意不宜再往人有喜慶不可生妒忌心人有禍患

不可生喜幸心善欲人見不是眞善惡恐人知便是大惡見色而起淫心報在妻女匿怨而

用暗箭禍延子孫家門和順雖饔飧不繼亦有餘歡國課早完即囊橐無餘自得至樂讀書

志在聖賢非徒科第爲官心存君國豈計身家守分安命順時聽天爲人若此庶乎近焉

王夫之　清衡陽人字而農號薑齋明崇禎舉人入清浪遊不仕後愈歸晦最後歸衡陽築室石船山杜門著書

其論學以漢儒爲門戶宋五子爲堂奧尤神契張載正蒙之說所著有船山全書凡三百二十四卷

侯解七則

讀史亦博文之事而程子斥謝上蔡爲玩物喪志所惡於喪志者玩也玩者喜而弄之之謂

如史記項羽本紀及竇嬰灌夫傳之類淋漓痛快讀者流連不舍則有代爲悲喜神飛魂蕩

而不自持於斯時也其素所志尙者不知何往此之謂喪志以其志氣橫發無益於身心也

豈獨讀史爲然哉經亦有可玩者玩之亦有所喪如玩七月之詩則且沈溺於婦子生計鹽

米布帛之中玩東山之詩則且淫泆於室家嘑唲寒溫拊摩之內春秋傳此類尤衆故必約

之以禮皆以蕭然之心臨之一節一目一字一句皆引歸身心求合於所志之大者則博可

弗咈而禮無不在矣近世有千百年眼史懷史取諸書及屠緯眞鴻苞陳仲淳古文品外錄

之類要以供人之玩而李贄藏書爲害尤烈有志者勿惑焉斯可與於博文之學

人之所以異於禽獸者。君子存之。則小人去之矣。不言小人。而言庶民害。不在小人。而在庶民也。小人之爲禽獸。人得而誅之。庶民之爲禽獸。不但不可勝誅。且無能知其爲惡者。不但不知其爲惡。且樂得而稱之。相與崇尙而不敢踰越。學者但取十姓百家之言行而勘之其異於禽獸者。百不得一也。營營終日生與死俱者何事。一人倡之。千百人和之。若將不及其何心。芳春晝永。燕飛鶯語。見爲佳麗。清秋之夕。鵑啼蛩吟。見爲孤清。乃其所以然者求食求匹偶求安居。不則相鬬已耳。不則畏死而震懾已耳。庶民之終日營營有不如此者乎二氣五行摶合靈妙。使我爲人而異於彼。抑不絕吾生之情而或同於彼乃迷其所同而失其所以貢天地之至仁以自貢其生此君子所以憂勤惕厲而不容已也。庶民者流俗也流俗者禽獸也。明倫察物居仁繇義。四者禽獸之所不得與。壁立萬仞止一線可弗懼哉堂堂巍巍壁立萬仞。心氣自爾和平。如彊壯有力者。雖重任行赤日中自能不喘力大氣必和也。毋以簞豆竿牘爲恩怨。毋以婦人稚子之啼笑。田夫市販之毀譽爲得失以之守身以之事親以之活人。焉往而生。不平之氣哉。故日未有小人而仁者也卑下之必生於慘刻也。學道節修之士自命爲豪傑。至此亦割捨不下奚足以與於仁王龍溪家爲火焚其往來書牘言之不置平生講良知。至此躁氣浮動其所謂良知者。非良知也。夫子廐焚不問馬。故之惻怛心專注於人人幸無傷則太和自在聖人胞中以之事親則底豫以之立身則浩然。

以之治人則天下歸之此之謂良知。

各似儉鄙似勤懦似慎吝者貪而無已何儉之有鄙者銷磨歲月精力於農圃簞豆之中而

荒廢其與生俱生之理何勤之有懦者畏禍而避之躬陷於大惡而不恤何慎之有儉者畏其節

其耳目口體之欲節已而不節人勤者不使此心昏昧偷安於近小心專而志致慎者畏其

身入於非道以守死持之而不為禍福利害所亂能偷能勤能慎可以為豪傑矣莊生非知

道者且曰人莫悲於心死而身死次之各也鄙也懦也皆以死其心者也

王介甫以經義易詩賦其意良善欲使天下之為士者習於聖賢之言雖未深造而心目

之間常有此理作鏡中之影以自知妍媸而飾之自王守溪以弱肉彊食之句為邱瓊山所

賞拔而其所為呼應開合裁劇整齊之法羣相奉為大家不知天地間要此文字何為士風

日流於靡蓋此作之俑也子曰辭達而已矣有意不達而不拙也無意可達惟言是飾

是謂言不緣衷王守溪薛方山之經義何大復王元美之詩皆無意可達者也為士於今日

不能不以此為事能達其意如顧涇陽可矣黃石齋之文狂黃蘊生之文狷始其次乎

侮聖人之言小人之大惡也自蘇明允以斗筲之識將孟子支分條合附會其雕蟲之技孫

月峯於國風考工記檀弓公羊穀梁效其尤而以纖巧拈弄之皆所謂侮聖人之言也然侮

其詞猶不敢侮其義至姚江之學出更橫拈聖言之近似者摘一句一字以為要妙竄入其

禪宗尤爲無忌憚之至。讀五經四書但平平讀去。涵泳中自有無窮之妙。心平則敬氣平則

靜眞如父母師保之臨其上而何敢侮之有

陶淵明讀書但觀大意蓋自漢以後注疏家瑣瑣訓詁爲無益之長言如昔人所誚曰若稽

古四字釋至萬餘言如此者不得遂之以氾濫失歸陶公善於取舍而當時小儒驚爲迥異

乃此語流傳遂爲慵惰疏狂者之口實韓退之謂爾雅注蟲魚爲非磊落人而其譏荀揚擇

不精語不詳則自矜磊落者必至之病讀書者以對父母師保之心臨之一罄欬一欠伸皆

不敢忽而加以視於無形聽於無聲之情將順於意言之表方可謂畏聖人之言以疏慵之

才而效陶公自命爲磊落此之謂自暴

湯斌　清睢州人字孔伯一字荊峴號潛菴順治進士累擢江蘇巡撫澄清吏治口碑載道官至工部尚書卒年六

十一諡文正斌受業於容城孫奇逢其論學頗宗陽明而能持朱陸之平以刻厲實行講求日用爲主有洛學篇

睢州志湯十遺書明史稿等種

理學宗傳序

天之所以賦人者無二理聖人之所以承天者無二學蓋天命流行化育萬物秀而靈者爲

人本性之中五常備具其見於外也見親則知孝見長則知弟見可矜之事則惻隱見可恥

之事則羞惡不學不慮之良人固無異於聖人也惟聖人爲能體察天理之本然而朝乾夕

惕。自強不息極之盡性至命而操持不越日用飲食之間顯之事親從兄而精微逐至窮神

知化之際蓋其知明處當乃吾性中自有之才能參天贊化亦吾性中自有之功用止如其

本性之分量而非有加於毫末也堯舜禹之相授曰人心惟危道心惟微惟精惟一允執

厥中其爲教之目曰父子有親君臣有義夫婦有別長幼有序朋友有信此聖學之淵源王

道之根柢也由湯文武周公孔子以至顏曾思孟成已成物止有此道在上在下止有此學

秦漢而後道喪文敝賴江都文中昌黎衍其端緒至濂溪周子崛起舂陵直接鄒魯程邵

朱諸儒中所自得道合心符鍼芥不爽蓋道之大原出於天天不變道亦不變苟得其本心

之同然則千百世之上千百世之下固無異親授受於一堂者矣如高曾祖禰與嫡子嫡孫

精氣貫通譜帙昭然而旁流支派雖貴盛於一時而不敢與大宗相抗蓋誠有不可紊者在

也近世學者或專記誦而遺德性或重超悟而略躬行又有爲儒佛合一之說者不知佛氏

之言心言性似與吾儒相近而外人倫遺事物其心起於自私自利而其道不可以治天下

國家吾儒之道本格致誠正以爲修而合家國天下以爲學體用一原顯微無間豈佛氏所

可比而同之乎容城孫先生集理學宗傳一書自濂溪以下十一子爲正宗後列漢隋唐儒

考宋元儒考明儒考端緒稍異者爲補遺其大意在明天人之歸儒釋之辨蓋吾儒傳心之

要典也八十年中躬行心得悉見於此斌謝病歸田從學先生之門受而讀之其折衷去取

精義微言幸承面誨而得有聞焉。先生命斌爲序斌何言哉惟曰天下同志讀是書者無徒
作書觀也止出此以復天之所與我者耳吾之身天實生之無一體之不備吾之性天實命
之無一理之不全吾性實與萬物爲一體而民胞物與不能渾合而無間焉吾性未盡也吾
性實與堯舜同量而明物察倫不能細大克全焉吾性未盡也吾性實與天地合德而戒愼
恐懼不能如乾健不息焉吾性未盡也誠由濂洛關閩以上達孔顏曾孟由孔顏曾孟而證
諸堯舜湯文得其所以同者返而求之人倫日用之間實能省察克治體驗擴充使此心渾
然天理而返諸純粹至善之初焉則寂然不動感而遂通中和可以位育而大本達道在我
矣不然徒取先儒因時補救之言較短絜長橫分畛域不幾負先生論定之苦心乎斌惟與
天下學者共勉之而已矣。

答陸稼書書

先生正學清德僕私心嚮慕久矣承手敎及大作仰見崇正道闢邪說至意嘉惠良深敬謝
敬謝來諭云孔孟之道至朱子而大明學者但患其不行不患其不明但當求入其堂奧不
當又自關門戶此不易之定論也再讀學術辨云天下有立敎之弊有末學之弊又云涇陽
景逸未能盡脫姚江之藩籬皆極精當非先生體認功深何能言之鑒鑒如此獨謂僕不欲
學者詆毀先儒是誠有之然有說焉僕少無師承長而荒廢茫無所知嘗汎濫諸家妄有

論說其後學稍進心稍細甚悔之反復審擇知程朱為吾儒之正宗欲求孔孟之道而不由程朱猶航斷港絕潢而望至於海也必不可得矣故所學雖未能望程朱之門牆而不敢有他途之歸若夫姚江之學嘉隆以來幾徧天下近年有一二巨公倡言排之不遺餘力姚江之學遂衰可謂有功於程朱矣然海內學術澆漓日甚其故何與蓋天下相尚以偽久矣巨公倡之於上隨聲附和者多更有沈溺利慾之場毀棄坊隅節行虧喪者亦皆著書鑱板肆口譏彈曰吾以趨時局也亦有心未究程朱之理目不見姚江之書連篇累牘無一字發明學術但抉摘其居鄉居家隱微之私以自居衞道閑邪之功夫詡以為直聖賢惡之惟學術所關不容不辨如孟子所謂不得已者也今舍其學術而毀其功業更舍其功業而詆其隱私豈非以學術精微未嘗探討功業昭著未易詆誣而發隱微無據可以自快其筆舌此其用心亦欠光明矣在當年桂文襄之流不過同時忌其功名今何為也責人者貴服其心自古講學未有如今之專以譭罵為能者也或曰孟子嘗闢楊墨矣楊墨何至無父無君孟子特慮其流弊而極言之此聖賢衞道之苦心也何怪今之君子與夫陽明之果為楊墨否姑未暇論竊以謂孟子得孔子之心傳者以其知言養氣性善盡心之學為能發明聖人之蘊也蓋有所以為孟子者而後能闢楊墨熄邪說閑先聖之道若學術不足繼孔子而徒日告於人曰楊墨無父無君也率獸食人也恐無以服楊墨之心而熄其方張之熖矣

孟子曰今之與楊墨辨者。如追放豚既入其苙又從而招之則知當日之與楊墨辨者。亦不乏人矣今無片言隻字之存則其不足爲輕重可知也然則楊墨之道不傳於今者獨賴有孟子耳今不務爲孟子之知言養氣崇仁義賤功利而但與如追放豚之流相頡頏焉其亦不自重也已來論云陽明嘗比朱子於洪水猛獸是詆毀先儒莫陽明若也今亦黜夫毀先儒者耳庸何傷竊謂陽明之詆朱子也陽明之大罪過也於朱子何損今人功業文章未能望陽明之萬一而止效法其罪過如兩口角罵何益之有恐朱子亦不樂有此報復矣故僕之不敢詆斥陽明者非篤信陽明之學也非博長厚之譽也以爲欲明程朱之道者當心程朱之心學程朱之學窮理必極其精居敬必極其至喜怒哀樂必求中節視聽言動必求合禮子臣弟友必求盡分久之人必咸孚聲應自衆卽篤信陽明者亦曉然知聖學之有眞也而翻然從之若曰能護罵者卽程朱之徒毀棄坊隅節行虧喪者但能鼓其狂舌皆將組豆洙泗之堂矣非僕之所敢信也僕年已衰暮學不加進實深自愧惟願默自體勘求不愧先賢或天稍假以年果有所見然後徐出數言以就正海內君子未晚此時正未敢漫然附和也今天下眞爲程朱之學者舍先生其誰歸故僕將奉大教爲指南焉道本無窮學貴心得胸中欲請敎者甚多容專圖晤求先生盡敎之。

陸隴其　清平湖人字稼書康熙進士先後官嘉定靈壽知縣惠政頗多卒年六十三諡清獻其學以居敬窮理

為主推尊程朱而力闢王陽明顧涇陽講為禪學之流敗壞天下之人心風俗其言不無偏激然論者以為程朱
之統自明薛瑄後獨隴其為得其傳所著曰四書大全困勉續錄松陽講義三魚堂文集等種

學術辨上

漢唐之儒崇正學者尊孔孟而已孔孟之道尊則百家之言熄自唐以後異端曲學知儒者
之尊孔孟也於是皆託於孔孟以自行其說我曰孔孟彼亦曰孔孟而學者遂莫從而辨其
是非程朱出而崇正闢邪然後孔孟之道復明而天下尊之自宋以來異端曲學知儒者之
尊程朱也於是又託於程朱以自行其說我曰程朱彼亦曰程朱學者又莫從而辨其是非
程朱言天理則亦言天理天理之名同而其所指則霄壤矣程朱言至善則亦言至善至善
之名同而其所指則冰炭矣程朱言靜言敬則亦言靜言敬靜敬之名同而所以為靜敬
則適越而北轅矣程朱之言有可假借者則曰程朱固若是也有不可假借者則曰此其中
年未定之論也黑白淆而雅鄭混雖有好古篤志之君子力扶正學亦止知其顯叛程朱之
非至其陽尊而陰篡之者則固不得而盡絕矣蓋其弊在宋元之際即有之而莫甚於明之
中葉自陽明王氏倡為良知之說以禪之實而託儒之名且輯朱子晚年定論一書以明己
之學與朱子未嘗異龍溪心齋近溪海門之徒從而衍之王氏之學徧天下幾以為聖人復
起而古先聖賢下學上達之遺法滅裂無餘學術壞而風俗隨之其弊也至於蕩軼禮法蔑

視倫常天下之人恣睢橫肆不復自安於規矩繩墨之內而百病交作於是淫陽景逸起而

救之痛言王氏之弊使天下學者復尋程朱之遺規向之邪說詖行為之稍變然至於本源

之際所謂陽尊而陰篡之者猶未能盡絕之也治病而不能盡絕其根則其病有時而復作

故至於啟禎之際風俗愈壞禮義埽地以至於不可收拾其所從來非一日矣故愚以為明

之天下不亡於寇盜不亡於朋黨而亡於學術學術之壞所以釀成寇盜朋黨之禍也今之

說者猶曰陽明與程朱同師孔孟同言仁義雖意見稍異皆聖人之徒也何必力排而深

拒之乎夫使其自外於孔孟自外於仁義則天下之人皆知其非又奚待吾之辨惟其似孔

孟而非孔孟似仁義而非仁義所謂失之毫釐差以千里此其所以不容不辨也曰陽

明之流弊非陽明之過也學陽明之過耳程朱之學豈獨無流弊乎今之學程朱者未必皆

如敬軒敬齋月川之絲毫無疵也其流入於偏執固滯以至僨事者亦有矣則亦將歸罪程

朱乎是又不然夫天下有立教之弊有末學之弊如源清而流濁也立教之弊如

源濁而流亦濁也學程朱而偏執固滯是末學之弊也若夫陽明之所以為教則其源先已

病矣是豈可徒咎末學哉

學術辨中

陽明以禪之實而託於儒其流害固不可勝言矣然其所以為禪者如之何曰明乎心性之

辨則知禪矣知禪則知陽明矣今夫人之生也氣聚而成形而氣之精英又聚而為心是心

也神明不測變化無方要之亦氣也其中所具之理則性也故程子曰性即理也邵子曰心

者性之郛郭朱子曰靈處是心不是性是心也者性之所寓而非即性也性也者寓於心而

非即心也先儒辨之亦至明矣若夫禪者則以知覺為性而以知覺之發動者為心故彼之

所謂性則吾之所謂心也彼之所謂心則吾之所以滅彝倫離仁義張皇詭怪

而自放於準繩之外者皆由不知有性而以知覺當之耳何則既以知覺為性則其所欲保

養而勿失者惟是而已一切人倫庶物之理皆足以為我之障而惟恐其或累宜其盡舉而

棄之也故其言曰佛氏本來面目即我們所謂良知也其所謂良知即所謂天理所謂至善非指

謂至善雖其縱橫變幻不可究詰而其大旨亦可睹矣充其說則人倫庶物固於我何有而

特以束縛於聖人之教未敢肆然決裂也則又為之說曰良知苟存自能酬酢萬變非若禪

家之遺棄事物也其為說則然學者苟無格物窮理之功而欲持此心之知覺以自試於

萬變其所見為是者果是而見為非者果非乎又況其心本以為人倫庶物初無與於我不

得已而應之以不得已而應之夫未嘗窮究之事其不至於顛倒錯謬者幾希其倡

之者雖不敢自居於禪陰合而陽離其繼起者則直以禪自任不復有所忌憚此陽明之學

所以為禍於天下也淫陽景逸深懲其弊知夫知覺之非性而無善無惡不可以言性。其所
以排擊陽明者亦可謂得其本矣然其學也專以靜坐為主則其所重仍在知覺雖云事物
之理乃吾性所固有而亦當窮究然既偏重於靜則窮之未必能盡其精微而不免於過不
及是故以理為外而欲以心籠罩之者陽明之學也以理為內而欲以心籠罩之者高顧之
學也陽明之病在認心為性而求性高顧之病在惡動求靜我觀高子之論學也言一貫則以為是
入門之學言盡心則以為盡心然後知性言格物則曰知本之謂物格與程朱之論往往齟
齬而不合者無他蓋欲以靜坐為主則凡先儒致知窮理存心養性之法不得不為之變易
夫靜坐之說雖程朱亦有之不過欲使學者動靜交養無頃刻之離之則非如高顧之學雖箴砭
所言必欲澄神默坐使呈露面目然後有以為下手之地也由是觀之則高顧之學雖有大賢
陽明多切中其病至於本源之地仍不能出其範圍豈非陽明之說浸淫於人心雖有大賢
不免猶蹈其弊乎吾嘗推求其故天下學者所以樂趨於陽明而不可過者有二一則為其
學者可以縱肆自適非若程朱之履繩蹈矩不可假借也一則其學專以知覺為主謂人身
有生死而知覺無生死者此所以羣趨而不能舍也嗚呼縱肆之不可易明也至於無生死之說則
又思求其無生死者故天下一切皆幻而惟此為真故不賢者既樂其縱肆而賢者
真禪家之妄耳學者取程朱陰陽屈伸往來之論潛心熟玩焉其理亦彰彰矣奈何不此之

學而彼之是惑乎

學術辨下

自陽明之學興從其學者流蕩放佚固有之矣亦往往有大賢君子出於其間其功業足以
潤澤生民其名節足以維持風俗今日陽明之學非正學也然則彼皆非歟若夫明之末季
潰敗不振蓋氣運使然豈盡學術之故也由陽明則宋之衰亦將咎程朱周之
衰亦將咎孔孟乎是又不然周宋之衰孔孟程朱之道不行也明之衰陽明之道行也自嘉
隆以來秉國鈞作民牧者孰非浸淫於其教者乎始也倡之於下繼也持之於上始也為
議論為聲氣繼也遂為政事為風俗禮法於是而弛名教於是而輕政刑於是而蔑僻邪詭
異之行於是而生縱肆輕狂之習於是而成雖曰喪亂之故不由於此吾不信也若其間大
賢君子學問雖偏而人品卓然者則又有故蓋天下有天資之病有學術之病有天資僻而
學術正者有學術僻而天資美者恆視其勝負之數以為其人之高下如柴之愚參之魯師
之辟由之喭率為聖門高弟此以學術勝其天資者也如唐之顏魯公宋之富鄭公趙清獻
皆溺於神仙浮屠之說而志行端方功業顯赫為唐宋名臣此以天資勝其學術者也人見
顏富諸公之志行功業則以為神仙浮屠之無損於人如此且以為諸公之得力於神仙浮
屠如此是何異見氣盛之人冒風寒而不病而謂不病之得力於風寒善飲之人多飲而惺

二七〇

然而謂惺然之得力於多飲豈其然乎今自陽明之敎盛行天下靡然從之其天資純粹不

勝其學術之僻流蕩忘返者不知凡幾矣間有卓越之士雖從其學而修身勵行不愧古人

是非其學之無弊也蓋其天資之美而學術不能盡蔽之亦如顏富諸公學於神仙浮屠而

其人其行則非神仙浮屠之可及也是故不得因其學而棄其人亦豈可因其人而遂不敢

議其學哉且人但見顏富之品行卓犖而不知向使其不溺於異學則其所成就豈特如此

而已但見明季諸儒爲王氏之學者亦有大賢君子出其間而不知向使其悉遵程朱遺法

光以爲蝕之無傷於光豈不誤乎嗚呼正學不明人才陷溺中人以下既汨沒而不出而大

本則其造詣亦豈如是而已耶譬諸日月之蝕然不知其所虧之已多而但指其僅存之

不談良知不言無善無惡不指心爲性不偏於靜坐不以一貫盡心爲入門不以物格爲知

賢者亦不能自盡其才可勝歎哉

顏元　清博野人字易直一字渾然號習齋明末父戍遼東沒於關外元家貧百計覓骨歸葬世稱孝子順治中補

　　諸生後棄去主講肥鄉之漳南書院爲立規制有文事武備經史藝能等科嘗曰羹舜之道在六府三事周禮敎

　　士以三物孔子以四敎非主靜專誦讀流爲禪宗俗學者所可依託故於宋明理學各家之說皆在排斥之列卒

　　年七十有存性存學存治存人四編後德淸戴望輯爲顏氏學記。

明親

大學首四句吾奉爲古聖眞傳所學無二理亦無二事祇此仁義禮智之德子臣弟友之行。

詩書禮樂之文以之修身則爲明德以之齊治則爲親民明矣而未親矣而未止至善吾

不敢謂之道也親矣而未明明矣而未止至善吾亦不敢謂之道也親而未明者即謂之親

非大學之親也然既用其功於民皆可曰親其親而未明者漢高帝與唐太宗之類也其親

且明而未止至善者漢之孝文光武之流也凡如此者皆宋明以來儒者所共謂之親

道者也其明而未親明且親而未止至善者則儒者未之言也非不肯言也非不敢言也羞

舜不作孔孟不生人無從證其爲道者一二聰明特傑者出於道略有所見粗有所行遂自

謂眞孔孟矣一時共尊爲孔孟焉嗣起者以爲我苟得如先儒足矣是以或學訓解纂集或

學靜坐讀書或學直捷頓悟至所見所爲彷彿於前人而不大殊則將就冒認人已皆以爲

大儒矣可以承先啟後矣或獨見歧異恍惚道體則輒稱發得孔顏樂處矣又

孰知其非大學之道乎此所以皆未之言也天下人未之言數百年以來之人未之言吾獨

於程朱陸王之外別有大學之道焉豈不犯天下之惡而受天下僇乎然吾之所懼有甚於

此者以爲眞學不明則生民將永被毒禍而終此天地不得被吾道之澤異端永爲鼎峙而

終此天地不能還三代之舊是以冒死言之望有志繼開者之一轉也夫明而未親即謂之

明非大學之明然既用其功於德皆可曰明其明而未親者莊周陳摶之類也其明且親而

未止至善者周程朱陸薛王之儔也何也吾道有三盛君臣於堯舜父子於文周師弟於孔

孟堯舜之治即其學也敎也其精一執中二人祕受而已百官所奉行天下所被澤者如

其命九官十二牧所爲耳禹之治水非禹一身盡治天下之水必天下士長於水學者分治

之而禹總其成推伯夷之司禮非伯夷一身盡治天下之禮必天下士長於禮學者分司之而

伯夷掌其成推於九官羣牧咸若是是以能平地成天也文周之治亦即其學也敎也其陰

陽天人之旨寄之於易而已百官所奉行天下所被澤者如其治岐之政制禮作樂耳其進

秀民而敎之者六德六行六藝仍本唐虞敷敎典樂之法未之有改是以太和宇宙也孔孟

之學敎即其治也孔子一貫性道之微傳之顏曾端木而已其當身之學與敎及門士以待

後人私淑者庸言庸德兵禮農樂耳仍本諸唐虞成周之法未有改故不惟暮月三年五年

七年胸藏其具而且小試於魯三月大治暫師於滕四方歸之單父武城亦見分體是以萬

世永遵也秦漢以降則著述講論之功多而實學實敎之力少宋儒惟胡子經義治事齋

雖分析已差而其事頗實矣張子敎人以禮而期行井田雖未舉用而其志可尙矣至於周

子得二程而敎之二程得楊謝游尹諸人而敎之朱子得蔡黃陳徐諸人而敎之以主敬致

知爲宗旨以靜坐讀書爲工夫以講論性命天人爲授受以釋經註傳纂集書史爲事業嗣

之者若眞西山許魯齋薛敬軒高梁溪性地各有靜功皆能著書立言爲一世宗信乎爲儒

者。煌煌大觀三代後所難得者矣。而問其學其致。如命九官十二牧之所爲者乎。如周禮教民之禮明樂備者乎。如身致三千。今日習禮明日習射教人必以規矩引而不發不爲拙工改廢繩墨者乎。此所以自謂得孔子眞傳天下後世亦皆以眞傳歸之。而卒不能服陸王之心者原以表裏精粗全體大用誠不能無歉也。陸子分析義利聽者垂泣先立其大通體宇宙見者無不竦動王子以致良知爲宗旨以爲善去惡爲格物。無事則閉目靜坐遇事則知行合一嗣之者若王心齋羅念庵鹿太常皆自以爲接孟子之傳。而稱直捷頓悟當時後世亦皆以孟子目之。信乎其爲儒中豪傑三代後所罕見者矣。而問其學其致。如命九官十二牧之所爲者乎。如周禮教民之禮明樂備者乎。如身致三千。今日習禮明日習射教人必以規矩引而不發不爲拙工改廢繩墨者乎。此所以自謂得孟子之傳與程朱之學並行中國。而卒不能服朱許薛高之心者原以表裏精粗全體大用誠不能無歉也。他不具論卽如朱陸兩先生倘有一人守孔子下學之成法。而身習夫禮樂射御書數。以及兵農錢穀水火工虞之屬而精之。凡弟子從遊者則令某也學禮某也學樂某也兵某也水火某也兼數藝。某也尤精幾藝則及門皆通儒進退周旋無非性命也。聲音度數無非涵養也。政事文學同歸也。人己事物一致也。所謂下學而上達也。合內外之道也。如此不惟必有一人虛心以相下。而且君相必實得其用天下必實被其澤。人才既興王道次舉。異端可靖太平可期正書

所謂府修事和。為吾儒致中和之實地位育之功。出處皆得致者也。是謂明親一理大學之

道也。以此言學則與異端判若天淵而不可混。曲學望洋浩歎而不敢擬清談之士不得假

魚目之珠文字之流不得逞春華之豔惟其不得於此故既卑漢唐之訓詁而復事訓詁斥

佛老之虛無而終蹈虛無以致紙上之性天愈透而學陸者進愈支離之譏非譏也誠支離也。

心頭之覺悟愈捷而宗朱者供近禪之誚非誚也誠近禪也或曰諸儒勿論陽明破賊建功。

可謂體用兼全又何弊乎余曰不但陽明朱門不有蔡氏言樂乎朱子常平倉制與在朝風

度不皆有可觀乎但是天資高隨事就功非全副力量如周公孔子專以是學專以是教專

以是治也或曰新建當日韜略何以知其不以為學教者余曰孔子嘗言二三子有志於禮

者其於赤乎學之如某可治賦某可為宰某子身通六藝者七十二人王門無此

且其擒縱濠破桶岡所共事者皆當時官吏非偏將參謀弟子皆不與焉其全書所載皆其門

人旁觀贊服之筆則可知其非素以是立學致也是以感孫徵君知統錄說有陸王效諍論

於紫陽之語而敢出狂愚少抑後二千年周程朱陸薛王諸先生之學而伸前二千年堯舜

禹湯文武周孔孟諸先聖之道亦竊附效諍論之義而願持道統者其深思熟計而決復孔

孟以前之成法勿執平生已成之見解而不肯舍勿拘平日已高之門面而不肯降以誤天

下後世可也。

李塨　清蠡縣人字剛主號恕谷康熙舉人學於顏元又從毛奇齡論樂律其學恪守顏氏以堅苦耐勞應世實用

為主解釋經義多與宋儒不同卒年七十五有大學辨業聖經學規小學稽業瘳忘編習齋年譜恕谷後集等種。

又有恕谷年譜記其一生言行之大略則為其門人所纂者也。

與許酉山先生書

塨嘗問道於博陵顏習齋先生。今遇有道所見多合。故不敢不盡其愚以求指示。後儒之學

所依據者曰尊德性曰道問學。德性中庸自註之矣。曰智仁勇易言君子四德周禮六德皋

陶言九德洪範三德孟子以仁義禮知統之直指曰形色天性也惟聖人然後可以踐踐

形者踐其蕭乂哲謀聖以全形色之天。形色全則性全矣。故孔子詔為仁也。曰非禮勿視聽

言動曰居處恭執事敬與人忠論崇德也曰主忠信徙義。要使躬行日用事事自強不息。故

念參前倚衡是之謂先立其大未嘗有所謂靜坐觀空致思於無極太極生天生人之始以

為尊德性也卽用力久上達。如孔子五十知天命亦聽其自致耳而其始固立焉焉不之

驟也。故曰下學而上達其致人也罕言命性天不可得聞孟子雖不得巳與亂性者辨而

皆就才情言。非專以言性立教也。乃後儒或以頓悟為崇。或敦人以性為先閉目靜坐息念

觀空。帝王孔孟何嘗有此誠先生所謂戴儒巾之禪和子也。是後儒之尊德性不可卽謂古

聖賢之尊德性也。大戴禮保傅篇曰古者年八歲出就外舍履小節學小藝束髮就大學履

大節學大藝故內則臚列爲學次第。自能食食以及四十出仕皆修己治人之事周官取士

六德繼以六行六藝曰孝友睦婣任恤禮樂射御書數孔門傳習由以兵求以足民赤以禮

樂未嘗有所謂先讀某書後讀某書訓詁翰墨也即有時誦讀則誦詩以習樂觀書以知政

耳夫人精力有幾乃不力禮樂兵農之學水火工虞之業而徒驚於讀覽著述何爲哉非孔子

刪修乃晚年不得用恐與王既遠聖道遂湮故刪繁就簡以詔及門曰後世其效吾行而行

耳非謂皆效吾言而言也且道猶路也書所以指路也天下羣欲爲指路之人而不爲行路

之人將指之誰而行乎況所指者更有非路而陷人於荆棘者乎先生謂註經諸賢不離曲

學局面則後儒之道問學不可即謂古聖賢之道問學也先生既灼見流弊必宜力復古轍

以忠信篤敬爲德以詩書禮樂爲學使位天地育民物者實有其事則大學明親之道實見

今日而堦亦得依門牆以有成矣。

上顏習齋先生書

宋儒學術之誤實始周子周子嘗與僧壽涯道士陳摶往來其敎二程以尋孔顏樂處雖依

附儒說而虛中玩弄竟爲二氏潛移而不之覺二程承之遂以其依稀恍惚者爲窺見性天。

爲漢唐儒者所未及不知漢唐儒者原任傳經其視聖道固散寄於天下也宋儒於訓詁之

外加以體認性天遂直居傳道而於聖道乃南轅而北轍矣於是變舊章者有八一太極乃

參同契水火匡廓三五至精二圖合之爲丹家修煉之用。道藏眞元品載之易經無此也。一僞傳河洛圖書上古圖書自周魑戎之難已失而宋之陳摶乃出二圖以誤儒者遂載大易之首周易玩辭曰姚小彭氏謂今所傳戴九履一之圖乃易乾鑿度九宮法本朝劉牧長民以爲河圖而又以鄭康成大衍註生數就成數依五方圖之爲洛書僞關子明洞極經又兩易之宜世儒有藝魍罔象之譏也一靜坐十三經未有其說宋儒忽立課程半日靜坐則幾幾乎蒲團打坐之說矣一致人以性爲先明與聖門不可得聞不可語上相反矣一朱子言古者八歲入小學教之灑埽應對進退之節禮樂射御書數之文十五入大學教之以窮理正心修己治人之道又曰小學學其事大學明其理此前無所承憑臆創說者也內則歷載學習六藝歲時大戴禮賈誼皆言小學學小藝大學學大藝蓋禮樂六藝正格致誠正修齊治平之事非二端也但年有少長則習有小大耳今舉其事盡歸之小學至大學乃專以讀書明理爲務則遍考三代教法未之見也故自居道學而於學字誤解以致數百年學術盡誤也一日致良知說命曰知之匪艱行之維艱宋儒則以眞知爲重言人有眞知所行自然無失不能行祇是不能知至明王陽明遂專以爲心源澄澈諸事可辦創爲致良知之說。而今之儒者亦羣譏其爲禪矣一立道學名子貢曰賢者識大不賢者識小莫不有文武之道蓋世無全局負荷之人則分寄道者必不可少自朱門立道學名宋史遂專立道學一傳。

但取註經講性天者爲道學而文學如韓歐以爲浮華言語如陸賈以爲捷給德行如陳寔

司馬光以爲木強政事如蕭曹房杜以爲粗淺而道學中遂相率爲迂腐無用之學矣一立

書院古大小學皆稱學書院之名自宋始是專以讀書爲學矣。

方苞　清桐城人字靈皋號望溪康熙進士累官禮部侍郎以事落職者再其學以宋儒爲宗所釋經義皆推衍程

朱之說尤致力於春秋三禮文章師倣韓歐嚴於義法爲桐城派古文之初祖卒年八十二有望溪文集等種

原人上

孔子曰天地之性人爲貴董子曰人受命於天固超然異於羣生非於聖人賢人徵之於塗

之人徵之也非於塗之人徵之也何以謂聖人賢人徵之也人子而能盡

其道於親也爲人臣而能盡其道於君也而比俗之人徇妻子則能竭其力縱嗜欲則能致

其身此塗之人能爲堯舜之驗也婦人之淫男子之方竊非失其本心者莫肯爲也而有或

許之則怍於色怒於言故禽獸之一其性有人所不及者矣而偏且塞者不容也人之失其

性有禽獸之不若者矣而正且通者具在也宋元兇劭之誅所不容丈人

何爲見哭唐柳粲臨刑自嘗曰貧國賊死其宜矣由是觀之劭之爲子粲之爲臣未嘗不明

於父子君臣之道也惟知之而動於惡人之罪故人視禽獸爲有加惟動於惡而猶知之故人

之性視禽獸爲可反孟子曰人之所以異於禽獸者幾希痛哉言乎非明於天性豈能自反

於人道哉

原人下

自黃帝堯舜至周之中葉僅二千年。其民繁祉老壽。恆數百年不見兵革。雖更姓易代。而禍不延於民降及春秋天下大亂。尚賴先王之遺澤以相維持。會盟討伐徵辭執禮且其時戰必以車。而長兵不過弓矢所謂敗績師徒奔潰而已。其俘獲至千百人則傳必特書以為大酷焉自戰國至元明亦二千年。無數十年而無小變百年二百年而不馴至於大亂者兵禍之連動數十百年。殺人之多。每數十百萬歷稽前史所載民數或十而遺其四三焉或十而遺其一二焉何天之甚愛前古之民而不念後世之民也。以道受命不若於道者天絕之也。三代以前教化行而民生厚舍刑戮放流之民皆不遠於人道者也。是天地之心之所以寄五行之秀之所鍾而可多殺哉人道之失自戰國始當其時篡弒之人列為侯王暴詐之徒比肩將相而民之耳目心志移焉為所尚者機變所急者嗜慾薄人紀悖理義安之若固然人之道既無以自別於禽獸而為天所絕故不復以人道待之草薙禽獮而莫之憫痛也秦漢以還中更衰亂或有數十百年之安則其時政事必少修明焉人風必少淳實焉而大亂之興必在政法與禮俗盡失之後蓋人之道幾無以自立非芟夷蕩滌不可以更新至於禍亂之成則無罪而死者亦不知其幾矣然其間得自脫於瘡痍之餘剝盡而

復生者必於人道未盡失者也嗚呼古之人日夜勞來其民大懼其失所受於天耳失所受

而不自知任其失而不爲之所其積也遂足干天禍而幾盡其類此三王之德所以倖於天

地也歟

李剛主墓志銘

李塨字剛主直隸蠡縣人其父孝愨先生與博野顏習齋爲執友剛主自束髮卽從之遊習

齋之學其本在忍嗜欲苦筋力以勤家而養親而以其餘習六藝講世務以備天下國家之

用以是爲孔子之學而自別於程朱其徒皆篤信之予嘗謂剛主程朱之學未嘗不有事於

此但凡此乃道之法迹耳使不由敬靜以探其根源則於性命之理知之不眞而發於身心

施於天下國家者不能曲得其次序剛主色變爲默然者久之吾友王源崑繩奇人也所

慕惟漢諸葛武侯明王文成而剛主爲迂闊見剛主而大悅因與共師事習齋時年將六

十矣余詰之曰衆謂我目空並世人非也果有人敢自佻大平剛主嘗爲其友治劇邑期年

政致大行用此名動公卿間諸王延經師主閫外者爭欲致之堅不就康熙庚午嘗舉乙科

晚歲授通州學正浹月以母老告歸長官不能奪也崑繩慨然不快意既葬二親逐漫遊將求

名山大壑而隱身焉雖妻子不知其所之予與剛主每蹙然長懷而無從迹之數年忽至予

家曰吾求天下士四十年得子與剛主而子篤信程朱之學恨終不能化子爲是以來留兼

旬。盡發程朱之所以失習齋之所以得者。予未嘗與之爭。將行憮然曰。子終守迷吾從此逝

矣。使百世以下聰明傑魁之士沈溺於無用之學而不返是即程朱之罪也。予作而言曰。子

之言盡矣吾可以言乎子毋視程朱爲氣息奄奄人觀朱子上孝宗書雖晚明楊左之直節。

無以過也其備荒浙東撫荊湖西漢趙張之吏治無以過也而世不以此稱者以道德崇

閎稱此轉渺乎其小耳吾姑以淺事喻子非其義也雖三公之貴避之若浼子之所能信於

程朱也今中朝如某某子夙所賤惡儻一旦揚子於朝以學士或御史中丞徵子將亡命山

海而義不反顧乎抑猶躊躇不能自決也吾願子歸視妻孥流行坎止歸潔其身而已矣。

繩自是終其身口未嘗非程朱其後予出刑部獄剛主來唁以語崑繩者語之剛主立起自

責取不滿程朱語載經說中已鐫版者削之過半因舉習齋存治存學二編未愜予心者告

之隨更定曰吾師始教即以改過爲大子之言然吾敢留之爲口實哉習齋無子剛主中歲

遷博野爲羣祠堂以收召學者博野去京師三百里剛主自來唁後復三至予家一問吾母

之疾再弔喪終則自計衰疲恐不能更出而就別予驅柴車長子習仁御往返芻秣皆載車

中知予時寠且艱也嗚呼即是而剛主之勤於身式於家施於人而措注於事物者居可知

矣剛主言溫溫然終日危坐蕭敬而安和近之者不覺自斂抑以崑繩之氣既老而爲剛主

屈以剛主之篤信師學以予一言而翻然改其志之不欺與勇於從善皆可爲學者法故剛主

詳之而餘行則不具焉銘曰

習齋矢言檢身不力口非程朱難免鬼責信斯言也趨本無弊各從所務安用詆媒君承師

學固守樊垣老而大覺異流同源不師成心乃見大原改過爲大前聞是尊琢瑕葆瑜有耀

師門九原相見宜無間言

李紱 清臨川人字巨來號穆堂康熙進士官至直隸總督工部侍郎爲田文鏡所陷幾死不屈人歎爲鐵漢其學

推本象山陽明博聞强識下筆千言論者謂其能集江西諸先正之長卒年七十八有陸子學譜朱子晚年全論

陽明學錄穆堂類稿等書

原教

致之說何昉乎中庸言修道之謂教道惡在君臣父子夫婦昆弟朋友是也道在於是則教

在於是矣致莫古於唐虞其使契爲司徒敬敷五教也亦曰父子有親君臣有義夫婦有別

長幼有序朋友有信而已孟子紱述三代之教謂設爲庠序學校以教之皆所以明人倫也

人倫明於上小民親於下然則舍五達道弃人倫無所謂教也魯論稱子以四教文行忠信

文者修五倫之禮節也行者踐五倫之實事也忠信者以親義序別信之實心而修其禮踐

其事也周禮大司徒以鄉三物敎萬民而賓興之一曰六德智仁聖義中和卽中庸之知仁

勇所以行此五達道者也二曰六行孝友睦婣任卹孝卽父子友卽兄弟睦者兄弟之推婣

理學治要卷二　朱元以來各家論學名著

二八三

者夫婦之黨任卹者朋友之交其教之而與之者君而承其教而升焉者皆臣也三曰六藝禮樂射御書數皆五倫之所有事所以相治相養而遂其親義序別信之心者也聖人繼作其教遞詳教之以佃以漁焉教之以耒耜焉教之以遷交易焉教之以衣冠焉教之以舟楫焉服牛乘馬焉斷木為杵掘地為臼焉教之以重門擊柝以待暴客弧矢之利以威天下上棟下宇焉教之以葬以封以樹喪期有數焉教之以書契百官治萬民察焉其為教甚繁而總其藝之概則曰禮樂射御書數皆五倫之所有事而已其人之等雖有君卿大夫士庶人之分其人之業雖有士農工商賈之別而總其人之類則曰君臣父子夫婦昆弟朋友皆五倫之所綴屬而已是故天下無倫外之道即無道外之人天下無道外之人即無人外之教自二帝三王以來莫之或易也沿及後世乃獨目聖人之教為儒而又有異端邪說與儒者之道分行畸立而多為教之名者何也曰二帝三王之時教主於上作之師者即作之君者也至周文武而下道在周公則移而之臣矣然猶行其道於朝廷之上也至孔子而移於士矣儒者士之別稱不必皆能為聖人者也故孔子謂子夏曰汝為君子儒無為小人儒儒行出於漢不必實為孔子之言然哀公問儒服而孔子猶不以儒自居至戰國時有楊墨之言然後以學周公孔子之道者為儒墨者夷之所稱儒者之道是也而孟子亦曰逃墨必歸於楊逃楊必歸於儒而儒之名於是乎乃立楊氏為我墨氏兼愛未嘗遺棄五倫

也而推其流弊之所極。至於無父無君而害於人倫也。故辭而闢之至後世乃有

所謂道與釋者出焉而後天下乃有倫外之道乃有人外之教夫所謂倫外

之道者何也人之一身有理有神有氣有形仁義禮智信者理也知覺運動者神也屈伸呼

吸者氣也耳目口鼻四肢者形也以理宰神以神運氣以氣運形施之世而人倫出

焉所謂道也若釋之道則靜守其神而已知有神不知有理惟恐一物之擾吾神故空諸所

有雖遺棄五倫之人而不顧也極其靜之明可以彰往察來而動則昏道之道專致其氣而

已知有氣不知有理惟恐一事之損吾氣故清淨無為雖遺棄五倫之事而不顧也極其專

之用可以卻病延年而勞則敗是所謂倫外之道也無與於家國天下故曰道外

之人道外之人無與於修齊治平故曰人外之教昌黎韓子欲塞而止之則孟子放距之說

也歐陽子欲修其本以勝之則孟子反經之說也然吾謂不必塞而止之也彼不塞而吾之

教無不流也彼不止而吾之教無不行也亦不必修其本以勝之也吾本自在也吾

本在而無不可以勝之也何也吾儒之教聖人之教也聖人之

教而有一日不行不修焉則不足以為聖何也無君臣焉則彊淩弱眾暴寡而天下亂

矣無父子夫婦焉則生人之道滅而乾坤或幾乎息矣有父子夫婦自不能無兄弟而朋友

則亦彼之所不能無也是吾儒之道固萬古流行於天地何必取彼二氏者塞而止之而後

流且行哉或謂聖人之教後世未必能如二帝三王之修之也本之不足則從彼者衆烏在

其能必勝也曰本固未嘗不修也後世之修之雖實心實政亦與時爲盛衰然未有舍五倫

之說而可以治天下者也是吾之本無日而不修也本無日而不修則儒者之教無人而不

遵而勝不勝不足道矣子疑二氏之衆而守儒教者之少耶儒不必冠章甫而衣逢掖也凡

南面而臨天下者君也即儒者也承流宣化於下者公卿大夫士也即儒者也趨走而在官

者府史胥徒也即儒者也耕且斂者農也即儒者也懋遷有無執藝事以食其力者商也工

也即儒者也何也彼皆有君臣父子夫婦昆弟朋友之道者即皆聖人之教也彼遺棄五達

道而爲道與釋者特養神養氣之一術蓋千萬人而一二人者也千萬人而一二亦焉能爲

有無而又何勝不勝之足言乎吾故曰天下無倫外之道即無道外之人天下無道外之人

即無人外之教也

原學上

學字古文作斆其爲字從爻今學字中亦從爻易傳謂爻也者效此者也故朱子釋論語謂

學之爲言效也而效之義則未全也詩稱天生蒸民有物有則弟子職謂先生施教

弟子是則惟有則是以可效惟能則乃謂之學此學之所由以名也效天生之則則孟子所

謂凡有四端擴而充之者是也效先生之教則顏子所謂步亦步趨亦趨是也效有二義故

日效之義未全朱子之訓得其一而遺其一者也。學主於效法。就行言不就知言蓋天生之

則本於良知孩提之童無不知愛其親及其長也。無不知敬其兄。不行不患不知親親

敬長達之天下而天下可平堯舜之道孝弟而已矣。此學之大規也。至於效先生之教亦非

導之以知止於親書册而勤討論也。孔子謂無行不與。又曰天何言哉。四時行焉百物生焉。

皆不在語言之告敎書册之咿唔聖門好問者無若曾子。而夫子所告在於一貫博學者無

若子貢而多學而識夫子非之。其敎弟子也。以孝弟謹信親愛爲主。餘力乃學文。其在成

人也以志道據德依仁爲先。而遊藝則居末。故先以敏事愼言。而後就正於有道則以爲好

學夫子拱而尚右。則以嗜學孔門弟子好學夫子獨稱顏淵其好學之實。

則曰不遷怒不貳過行也。非學也。蓋古未有以學爲知之事者。至朱子始以學問思辨俱屬

知因以窮致事物之理爲格物。又以大學未詳言格致之事也。因疑其義亡。而爲傳以補之。

於是古人爲學之法乃一變。尋章摘句之弊流爲玩物喪志。斷斷於口耳之間與古人躬行

實踐之學不得而見之矣。學記稱大學之敎時敎必有正業。退息必有居學。連下句、誤。鄭注以學字不

學操縵不能安弦不學博依不能安詩不學雜服不能安禮不興其藝不能樂學四者之中。

並無誦讀講論窮理格物之說。其論學之弊也。則曰今之敎者呻其佔畢。多其訊又曰記問

之學不足以爲人師。然則專務讀書講論博聞強記以爲窮理格物之事者皆大學之所戒

也其始教也時觀而弗語者聽而弗問弗語弗問始教猶然烏有學爲聖賢而專於講論

以爲窮理格物之事者哉大學之法禁於未發之謂豫當其可之謂時不陵節而施之謂孫

相觀而善之謂摩四法之中皆論行不及今之以窮致事物之理極處無不到爲格物致

知之學者自有大學以來無此學也然則大學所謂格物致知之說奈何曰古本在禮記註

疏中無庸辨也其知先後之知格物即格其有本末之物知本即爲知至如是而

已矣且朱子之以效釋學也曰後覺者必效先覺之所爲乃可以明善而復其初是先行而

後知也其補格致傳則曰大學始教必使學者即凡天下之物莫不因其已知之理而益窮

之以求至乎其極是又先知而後行也物理固不可窮又一人所著彼此互異後學之士何

所遵守然則效吾心之天則恪遵訓效之解而一力於躬行雖違大學之章

句而合於論語之集註學之義既不荒其於朱子之說亦可以無戾矣

原學下

學訓效其義雖有二而以效吾心之天則爲本義效先生之教則餘力學文之事耳蓋仁義

禮智我固有之非由外鑠察識而擴充之則聖學無餘蘊矣親師取友特提撕而使吾察識

鞭策而使吾擴充爲耳非有加於吾性之外也自宋南渡以後學者不務其所當務而疑其

所不必疑不汲汲然患其知之而不行而鰓鰓然患其行之而不知溺其志於章句訓詁之

煩而駕其說於意見議論之末。置其身於日用彝常之外而勞其心於名物象數之中。未嘗

一日躬行實踐而詡詡然自以為講學吾不知其所講者何學也試取孟子所謂本心良心

者一體察焉有不茫然思惕然懼者必非人矣楊龜山謂學者所以學為人也烏乎學為人

孟子曰仁也者人也學為仁所以學為人也孟子曰仁人心也又曰學問之道

無他求其放心而已吾一日之間自昧旦而起至寢息而止吾心發一念即自加審察為理

耶即奮然直前為欲耶即毅然斷絕由是推之行事必求一於理而無欲而心之理得矣此

之理得而全乎其為人矣此夫婦之愚不肖可以與知可以能行而人皆可以為堯舜也反

是則謂之放其良心反之則謂之失其本心放其良心則孟子所謂近於禽獸而

非人矣至於所行之是非則吾心自有良知且餘力以學文亦既知其大端矣其措注則必

臨事而後見其細微曲折則必行之而後知非事未至而揣度想像者所能得之也即如事

親孝提知愛本心自具此良知常守此本心良心即大舜終身之慕矣其所以盡孝之道則

戴記所云有深愛者必有愉色有愉色者必有婉容以至於視無形聽無聲莫不本此深愛

之心是故昏而愛親則必思定晨而愛親則必思省冬而愛親則必思溫夏而愛親則必思

清推之事長事上使衆無不皆然豈有舍固有之良心而求之書册求之講論以為外鑠之

學者哉若謂事上使衆天下國家之事繁重難知必須豫為講習不知家國天下無異理也。

昔魯哀公問政孔子對以文武之政布在方策言不待問也一朝之興各有會典當官之職

各有掌故時至事起虛心延訪實意推尋未有不能知者大學謂心誠求之不中不遠未有

學養子而後嫁者如必豫爲講習是學養子而後嫁也至於常變經權其理皆一不過以此

心權度之而已昔顧東橋疑經事可以理推變事非精義不能恐須平時講解因舉舜不告

而娶周公大義滅親二事爲問陽明先生答以舜周公亦止臨時以心度其輕重並非平時

預爲講習見古人有不告而娶大義滅親者而因而效法之也蓋心之爲用萬物皆備苟能

治心無施不可中庸論治國平天下不過曰絜矩曾子答一貫不過曰忠恕已欲立而立人

己欲達而達人能近取譬而仁不待外求矣伊川程子論學謂學也者使人求於內也不求

於內而求於外非聖人之學也以文爲主者是也學也者使人求於本也不求於本而求於

末非聖人之學也考詳略採異同者是也二者皆無益於吾身君子弗學若明道程子則

明言不可將窮理作知之事又曰存久自明何待窮索朱子敎人乃云窮理以致其知固異

於明道之說其爲格致補傳謂大學始敎必使學者即凡天下之物莫不因其已知之理而

益窮之以求至乎其極夫即物窮理豈非伊川所謂求之於外者乎以是爲竊取

程子之意正恐程子不受蓋自大學改格致傳補而孔孟之學乃失傳矣雖然朱子晚年固

已盡覺其誤余嘗輯朱子晚年全論三百七十餘條並以尊德性求放心爲主而元明陋儒

専取其中年未定之書用以取士明初益之編為大全科舉之學因陋就簡。朱子全書未
嘗寓目遂以講章訓詁之學為足以師承朱子此亦朱子所不欲受也

劉大櫆　清桐城人字才甫號海峯副貢生晚官黟縣教授喜讀莊周韓愈之書工古文辭方苞許為國士卒年八十三有海峯詩文集

息爭

昔者孔子之弟子有德行有政事有言語文學其鄙有樊遲其狂有曾點孔子之師有老耼有郯子有萇弘師襄其故人有原壤而相知有子桑伯子仲弓問子桑伯子之為簡及仲弓疑其太簡然後以雍言為然是故南郭惠子問於子貢曰夫子之門何其雜也嗚呼此其所以為孔子歟至於孟子乃為之言曰今天下不之楊則之墨楊墨之言不息孔子之道不著能言距楊墨者聖人之徒當時因以孟子為好辯雖非其實而好辯之端由是啟矣唐之韓愈攘斥佛老學者稱之下逮有宋有洛蜀之黨有朱陸之徒者以排擊蘇氏為事為朱之學者以詆娸陸子為能吾以為天地之氣化萬變不窮則天下之理亦不可以一端盡昔者曾子之一以貫之自力行而入子貢之一以貫之自多學而得以後世觀之子貢是則曾子非矣然而孔子未嘗區別於其間其道固有以包容之也夫所惡楊墨者為其無父無君也斥老佛者亦曰棄君臣絕父子不為昆弟夫婦以求其清淨寂滅如其

不至於是而吾獨何爲訾謷之大盜至胠篋探囊則荷戈戟以隨之服吾之服而誦吾之言

吾將畏敬親愛之不暇今也操室中之戈而爲門內之鬭是亦不可以已乎夫未嘗深究其

言之是非見有稍異於己者則衆起而排之此不足以論人也人貌之不齊稍有巨細長短

之異遂斥之以爲非人豈不過哉北宮黝孟施舍其去聖人之勇蓋遠甚而孟子以爲似曾

子似子夏然則諸子之迹雖不同以爲似曾子似子貢可也居高以臨下不至於爭爲其不

足與我角也至於才力之均敵而惟恐其不能相勝於是紛紜之辯以生是故知道者視天

下之歧趨異說皆未嘗出於吾道之外故其心恢然有餘夫恢然有餘而於物無所不包此

孔子之所以大而無外也

附錄　朱琦辨學中

或曰子之言學而惡夫近利似矣其日學不病其雜者得毋惑於卑近之說而不繇其統

乎曰非謂是也夫雜者乃所以爲一者也孔子曰天下同歸而殊途一致而百慮傳曰窮

鄉多異曲學多辯不知而不疑異於己而不非公爲而求衆善者也今夫京師衣冠之所

會也中國政教之所出也苟循其塗雖以萬里之遠方百賈之所觀赴也天下輻輳而至者有二塗焉一自東

自西二者皆大道也循其塗雖以萬里之遠山砠水涯輦舟輗而可以至焉是故均

之至京師也出於東與出於西無以異也此不待智者而決也今使東道者必與西道者

爭曰彼所由之塗非也西者亦復之曰彼所由之塗非也可乎不可乎夫道猶京師也學

者所從入之塗或義理或考訂猶塗有東西之分其可以適於京師一也今之人不知從

入之有殊塗也執其所先入者而爭之是東西交鬨之類也且今之爭者吾異焉彼義理

考訂猶其顯殊者也程朱陸王同一師同孔孟奚不相悅如是爲朱之徒者未必術

首讀陸之書也而曰與陸之徒爭者也而曰與朱之徒爭

夫不考其實但惡其異己而與之爭使他塗者得以抵巇非第交鬨之爲患也又如遠適

者未涉其塗但執日程指曰某至某所若千里而已某地所經某山某水其間形狀險夷

弗之悉也其有歧路弗之知也而況京都宮闕之壯百官之富親所繪之圖而遙揣焉其

庸有當乎古人有言義雖相反猶並置之黨同門妬道眞最學者大患又曰道一而已自

其異者觀之不獨傳記異也卽書有伏生歐陽大小夏侯易有施孟梁丘詩則齊魯韓毛

鄭皆各爲說而唐宋以後之箋注者悉數不能終也自其同者觀之則義理考訂卽識大

識小之謂程朱陸王與分道接軫而至都邑者何異哉朱子亦言某與彼常集其長非判

然立異者也是故善學者不獨陸王可合漢宋可合卽世所謂旁徑曲說如申商老莊之

說其書多傳古初遺制聖人復起必不盡取其籍而廢之也故曰無病其雜也然則學將

安從曰予固已言之矣以聖人之道爲歸而已然此又非始學所能知也此又向者塗人

交闕者之所笑也

袁枚　清錢塘人字子才號簡齋乾隆進士出宰江寧少年棄官佚宕不羈築隨園於江寧城西吟詠著作爲其樂其

文章好出新意不屑爲拘謹因襲之說亦頗有名卒年八十二有隨園全集數十種

代潘學士答雷翠庭祭酒書

前以一家言求教書來如發蒙且云由周公而上道統在上由孔孟以至程朱道統在下漢

唐君臣無與焉是說也蒙不謂然夫道無統也若大路然堯舜禹湯孔子終身由之者也漢

唐君臣履乎其中而時軼乎其外者也其餘則偶一至焉者也天不厭漢唐而享其郊祀孔

子不厭漢唐而受其烝嘗亦曰彼合乎道則以道歸之彼不合乎道則自棄乎道耳道固自

在而未嘗絕也後儒沾沾於道外增一統字以爲今日在上明日在下交付若有形收藏若

有物道甚公而忽私之道甚廣而忽狹之陋矣三代之時道統在上而未必不在下三代以

後道統在下而未必不在上合乎道則人人可以得之離乎道則人人可以失之昔者秦燒

詩書漢談黃老非有施讐伏生申公瑕邱之徒貟經而藏則經不傳非有鄭元趙岐杜子春

之屬瑣瑣箋注則經雖傳不甚明千百年後雖有程朱奚能爲程朱生宋代賴諸儒說經都

有成迹才能參已見成集解安得一切抹摋而謂孔孟之道直接程朱也夫人之所得者大

其所收者廣所得者狹其所棄者多以孔子視天下才如登泰山察邱陵耳然於子產晏嬰

竊武子等無不稱許。至孟子於管晏則薄之已甚此孟子之不如孔子也孟子雖學孔子然
於伯夷伊尹柳下惠均稱爲聖至朱子則詆三代下無完人此朱子之不如孟子也王通稱
孔明能與禮樂邵伯溫作論駁之康節怒曰爾烏知孔明之不能與禮樂乎此伯溫之不如
邵子也夫堯舜禹湯周孔之道所以可貴者正以易知易行不可須臾離故也必如修眞煉
藥之說以爲丹不易得訣不易傳鍾離而後惟有呂祖愈珍愈祕愈嚴則道愈病我皇上文
集中不遠稱堯舜而屢舉漢文帝唐太宗者亦以言漢唐則年代近而政事易於核實言唐
虞則年代遠而空言難以引據先生來書尊皇上爲堯舜之言先生又不以爲然何也
書中斥陸王爲異端亦似太過周易曰仁者見之謂之仁智者見之謂之智子曰仁者樂山
智者樂水夫道一而已何以因所見而異因所樂而異哉然仁者之樂山固不指智者之樂
水爲異端也顏淵問仁曰克復仲弓問仁曰敬恕樊遲問仁曰愛人隨其人各爲導引使生
後世則仲弓必以顏淵爲異端顏淵又必以仲弓爲異端矣大抵古之人以行勝後之人以
言勝以行勝者未之能行惟恐有聞不暇爭也以言勝者矜矜栩栩守一先生之言無所不
爭也聖人知其如此故諄諄戒之曰先行其言而後從之曰君子無所爭宋儒之語
錄皆言也所以駁辨皆爭也非聖人意也士幸生宋儒爭定之後宜集長戒短各抒心得不必
助一家攻一家今有赴長安者或曰舟行或曰騎行其主人之心不過皆欲至長安耳蒼頭

僕夫各尊其主遂至戟手嚷詈及問其路之曲折而皆不知也今之排陸王者皆此類也顧

先生勿似之也

戴震　清休寧人字東原乾隆舉人四庫館開紀昀裴曰修薦之於朝充纂修官其學長於考證尤精小學晚年著

孟子字義疏證原善復暢言性命理欲之故以攻宋儒之說為失經傳本誼自謂乃平生著述之最大者卒年五

十五有戴氏遺書若干種

答問性　孟子字義疏證下二篇同

問論語言性相近孟子言性善自程子朱子始別之以為截然各言一性子朱子於論語引之程子云此言氣質之性程子一則曰論性不論氣不備論氣不論性不明二之則不是繼之以氣質之性反取告子生之謂性之說合於孔子子言性也孔子言性也孔子言性相近也俗言人性善性惡此言性之所稟也孟子言性善是也何以言之性如何且如俗言人性急性緩此言性之所稟也孟子言性善之類性安有緩急此言性之所稟也孔子言性也創立名目曰氣質之性以理當孟子所謂善性言乎人之所得乎天也告子生之謂性犧牲之為牛性犧之為性即理於也中庸天命之謂性被命與理五謂告性也何以不言善言相近孟子言性善者為生物之本程子性人與禽獸得之也性即氣形氣牛之性亦少異得恐孟子不知人異於禽獸者幾希因各得其氣乃若極本窮源成形而理亦賦焉而致疑於孟子所以人與獸同牛與獸之行生萬物若一若本乎程子性人與禽獸得之也告子相近云若本性之所稟也孟子言性善是也告子相近若云凡相近此言性之所稟也孟子看意如何且如俗言人性善之類性善之本也生安有緩急此言性之所稟也孔子言性也何以不言善言相近孟子言性善者為生物之本性非言善言相近孟子言性善者為生物之本然善不害為性不因萬物乃若極本窮源成形而理亦賦焉而致疑於孟子所以人與獸同牛與獸犬異此不知人何似故欠中間禽獸一轉語又須著犬之五常命之少異始得恐孟子不知人異於禽獸者幾希因各得其氣乃若極本窮源成形而理亦賦焉而致疑於孟子所以人與獸同牛與獸於這些子未曉甚察卻是謂性即理於孟子且不可通矣其不能通於易論語固宜孟子聞告

子言生之謂性則致詰之程朱之說。不幾助告子而議孟子歟曰。程子朱子其初所講求者。老莊釋氏也。老莊釋氏自貴其神而外形體顯背聖人毀訾仁義告子未嘗有神與形之別。故言食色性也。而亦尙其自然故言性無善無不善雖未嘗毀訾仁義而以梏桮喩義則是災杞柳始爲梏桮其指歸與老莊釋氏不異也凡血氣之屬皆知懷生畏死因而趨利避害雖明暗不同不出乎懷生畏死者同也人之異於禽獸不在是禽獸知母而不知父限於知覺也然愛其生之者及愛其所生之者與雌雄牝牡之相愛同類之不相囓習處之不相囓進乎懷生畏死矣一私於身一及於身之所親皆仁其身也及於身之所親者仁其所親也心知之發乎自然有如是人之異於禽獸亦不在是告子以自然爲性使之然以義爲非自然轉制其自然使之強而相從故言仁內也非外也義外也非內也立說之指歸保其生而已矣陸子靜云善能害心此言實老莊告子釋氏之宗指貴其自然以保其生誠見窮人欲而流於惡耆適足害生卽慕仁義爲善勞於問學殫思竭慮亦於生耗損於此見定而心不動其生之謂性之說如是也豈得合於孔子哉易論語孟子之書其言性也咸就其分於陰陽五行以成性爲言成則人與百物偏全厚薄淸濁昏明限於所分者各殊徒曰生而已矣適同人於犬牛而不察其殊朱子釋孟子有曰告子不知性之爲理而以所爲氣者當之蓋徒知知覺運動之蠢然者人與物同而不知仁義禮智之粹然者人與物異

也。如其說孟子但舉人物詰之可矣又何分於牛之性犬之性乎犬與牛之異非有仁義禮智

粹然者不得謂孟子以仁義禮智詰告子明矣在告子既以知覺運動爲性使知覺運動之

蠢然者人與物同告子何不可直應之曰然斯以見知覺運動之不可槪人物而目爲蠢然

同也凡有生卽不隔於天地之氣化陰陽五行之運而不已天地之氣化也人物之生生本

乎是由其分而有之不齊是以成性各殊知覺運動者統乎生之全言之也由其成性各殊

是以本之以生見乎知覺運動也亦殊氣之自然潛運飛潛動植皆同此生生之機肖乎天

地者也而其本受之氣與所資以養者之氣則不同所資以養者之氣雖由外而入大致以

本受之氣召之五行有生克遇其克之者則傷甚則死此可知性之各殊矣本受之氣及所

資以養者之氣必相得而不相逆斯外內爲一其分於天地之氣化以生本相得不相逆也。

氣運而形不動卉木是也凡有血氣者皆形能動者也由其成性各殊故形質各殊則其形

質之動而爲百體之用者利用不利用亦殊知覺云者如寐而寤曰覺心之所通曰知百體

皆能覺而心之知覺爲大凡相忘於習則不覺見異爲乃覺魚相忘於水其非生於水者不

能相忘於水也則覺亦有殊致有然矣聞蟲鳥以爲候聞鷄鳴以爲辰彼之感而覺覺而聲

應之又覺之殊致有然矣無非性使然也若夫烏之反哺鶰鳩之有別蜂蟻之知君臣豺之

祭獸獺之祭魚合於人之所謂仁義者矣而各由性成人則能擴充其知至於神明仁義禮

智無不全也仁義禮智非他也心之明之所止也知覺運動者人物之生知覺運動之所以異者人物之殊其性孟子曰心之所同然者謂理也義也聖人先得我心之所同然耳於義外之說必致其辨言理義之為性非言民之為理性者血氣心知本乎陰陽五行。人物莫不區以別焉是也而理義者人之心知。有思輒通能不惑乎所行也。孟子道性善言必稱堯舜非謂盡人生而堯舜自堯舜而下其等差凡幾則其氣稟固不齊豈得謂非性有不同然人之心知於人倫日用隨在而知惻隱知羞惡知敬恭辭讓知是非端緒可舉此之謂性善於其知惻隱則擴而充之仁無不盡於其知羞惡知敬恭辭讓知是非知恭敬辭讓則擴而充之禮無不盡於其知是非則擴而充之義無不盡於其目也孟子言今人乍見孺子將入井皆有怵惕惻隱之心然則所謂惻隱所謂仁者非心知之外別有如物焉藏於心也己知懷生而畏死故怵惕於孺子之危惻隱於孺子之死使無懷生畏死之心又焉有怵惕惻隱之心推之羞惡辭讓是非亦然使飲食男女與夫感於物而動者脫然無之以歸於靜歸於一又焉有羞惡有辭讓有是非此可以明仁義禮智非他不過懷生畏死飲食男女與夫感於物而動者之皆不可脫然無之以歸於靜歸於一而恃人之心知異於禽獸能不惑乎所行即為懿德耳古賢聖所謂仁義禮智不求於所謂欲之外不離乎血氣心知而後儒以為別如有物湊泊附著以為性由雜乎老莊釋氏之言終昧

於六經孔孟之言故也孟子言人無有不善以人之心知異於禽獸能不惑乎所行之爲善
且其所謂善也初非無等差之善卽孔子所謂苟得其養無物不長苟失其
養無物不消所謂求則得之舍則失之或相倍蓰而無算者不能盡其才者也卽孔子所云
習至於相遠不能盡其才言不擴充其心知而長惡逐非也彼悖乎禮義者亦自知其失也
是人無有不善以長惡逐非故性雖善不乏小人孟子所謂梏之反覆違禽獸不遠卽孔子
所云下愚之不移後儒未審其文義逐彼此扞格如使口之於味也其性與人殊若
犬馬之與我不同類也則天下何者皆從易牙之於味也言動心忍性是孟子矢口言之
無非血氣心知之性孟子言性曷嘗自歧爲二哉二之者宋儒也

答問理欲之辨

問宋以來之言理也其說爲不出於理則出於欲。故辨乎理欲之界以
爲君子小人於此焉分今以情之不爽失爲理是理者存乎欲者也然則無欲亦非歟曰孟
子言養心莫善於寡欲明乎欲不可無也寡之而已人之生也莫病於無以逐其生欲逐其
生亦逐人之生仁也欲逐其生至於戕人之生而不顧者不仁也不仁實始於欲逐其生之
心使其無此欲必無不仁矣然使其無此欲則於天下之人生道窮促亦將漠然視之已不
必逐其生而逐人之生無是情也然則謂不出於正則出於邪不出於邪則出於正可也謂

不出於理則出於欲，不出於欲則出於理。

往往有意見之偏，未能得理，而宋以來之言理欲也，徒以爲正邪之辨而已矣，不出於邪而

出於正，則謂以理應事矣。而宋以來之言理與事分爲二，而與意見合爲一，是以害事。至而應者心也。

心有所蔽，則於事情未之能得理乎？自老氏貴於抱一，貴於無欲，莊書則曰聖人之心

人之靜也，非曰靜也善，故靜也。萬物無足以撓心者，故靜也。水靜猶明，而況精神？聖人之心

靜乎？夫虛靜恬淡寂寞無爲者，天地之平而道德之至，周子通書曰聖可學乎？曰可。有要乎？

曰一者無欲也。無欲則靜虛動直，靜虛則明，明則通，動直則公，公則溥。

明通公溥庶矣哉！此即老莊釋氏之說。朱子亦屢言人欲所蔽，皆以爲無欲則無蔽，非中庸

雖愚必明之道也。有生而愚者，雖無欲亦愚也。凡出於欲，無非以生以養之事，欲之失爲私，而

不爲蔽。自以爲得理，而所執之實謬，乃蔽而不明。天下古今之人，其大患私與蔽二端而已。

私生於欲之失，蔽生於知之失，欲生於血氣，知生於心，因私而咎欲，因蔽而

咎知。因知而咎心，老氏所以言常使民無知無欲。彼自外其形骸，貴其眞宰，後之釋氏，其論

答似異而實同。宋儒出入於老釋，遂

程叔子撰明道先生行狀云，自十五六時聞周茂叔論道，厭科舉之業，慨然有求道之志，泛濫於諸家，出入於老釋者幾十年，返求諸六經，然後得之。横渠撰二程先生行狀云，范文正公勸讀中庸，先生讀之，知無所得返求之六經，先年來復讀其書，雖愛之，猶以爲未足，又訪諸老與釋，累年盡究其說，知無所得，返求之中庸，先生讀之。語類廖德明錄癸巳所聞先生言二三時，前二十四見本事愿中，敎以看聖賢言語，而其後復。方子看得分曉，考朱子慕禪學在十五六時，二十四見李愿中，以看他佛說得返相似，近年來復

入於釋氏，至癸巳年四十四矣，故雜乎老釋之言以為言詩曰民之質矣日用飲食記曰飲食男女人之大欲存焉聖人治天下體民之情遂民之欲而王道備人知老莊釋氏異於聖人者視古賢聖之說猶未之信也於宋儒則信以為同於聖人理欲之分人人能言之故今之治人者視古賢聖體民之情遂民之欲多出於鄙細隱曲不措諸意不足為怪而及其責以理也不難舉曠世之高節著於義而罪之尊者以理責卑長者以理責幼賤者以理達之於上幼者賤者以理爭之雖得謂之逆於是下之人不能以天下之同情天下所同欲達之於上上以理責其下而在下之罪人人死於法猶有憐之者死於理其誰憐之嗚呼雜乎老釋之言以為言其禍甚於申韓如是也六經孔孟之書豈嘗以理為如有物焉外乎人之性之發為情欲者而強制之也哉孟子告齊梁之君曰與民同樂曰省刑罰薄稅斂曰必使仰足以事父母俯足以畜妻子曰居者有積倉行者有裹囊曰內無怨女外無曠夫仁政如是王道如是而已矣。

答問關宋儒之言

問孟子闢楊墨韓退之闢老釋今子於宋以來儒者之言多辭而闢之何也曰言之深入人心者其禍於人也大而莫之能覺也苟莫之能覺也吾不知民受其禍之所終極彼楊墨者當孟子之時以為聖人賢人者也老釋者世以為聖人所不及者也論其人彼各行所知卓

乎同於躬行君子是以天下尊而信之而孟子韓子不能已於與辨為其言入人心深禍於

人大也豈尋常一名一物之訛舛比哉孟子答公孫丑問知言曰詖辭知其所蔽淫辭知其

所陷邪辭知其所離遁辭知其所窮生於其心害於其政發於其政害於其事作於其

從吾言矣答公都子問外人皆稱夫子好辯曰邪說者不得作於其心害於其事作於其

害於事害於政聖人復起不易吾言矣孟子兩言聖人復起誠見夫詖辭邪說之深入人心必

墨翟之歠染絲彼且悲人之受染失其本性老釋之學則皆貴於無欲宋以來儒

同於躬行君子天下尊而信之孟子胡以惡之哉楊朱衢途彼且悲求諸外者歧而又歧

者蓋以理之說其辨乎理欲猶之執中無權舉凡飢寒愁怨飲食男女常情隱曲之感則名

之曰人欲故終其身見欲之難制其所謂存理空有理之名究不過絕情欲之感耳何以能

絕曰主一無適此即老氏之抱一無欲故周子以一為學聖之要且明之曰一者無欲也天

下必無舍生養之道而得存者凡事為皆有於欲無欲則無為矣有欲而後有為而歸

於至當不可易之謂理老莊釋氏主於無欲無為故不言理聖人務在

有欲有為之咸得是故君子亦無私而已矣不貴無欲君子使欲出於正不出於邪不必

無飢寒愁怨飲食男女常情隱曲之感於是讒說詖辭反得刻議君子而罪之此理欲之辨

使君子無完行者爲禍如是也以無欲然後君子而小人之爲小人也依然行其貪邪獨執
此以爲君子者謂不出於理則出於欲不出於欲則出於理其言也如有物焉得於天而
具於心於是未有不以意見爲理之君子且自信不出於欲則曰心無愧怍夫古人所謂不
愧不怍者豈此之謂乎不嫌意見多偏之不可以理名而持之必堅意見所非則謂其人自
絕於理此理欲之辨適成忍而殘殺之具爲禍又如是也夫堯舜之憂四海困窮文王之視
民如傷何一非爲民謀其人欲之事惟順而導之使歸於善今既截然分理欲爲二治己以
不出於欲爲理人亦必以不出於欲爲理舉凡民之飢寒愁怨飲食男女常情隱曲之感
咸視爲人欲之甚輕者矣乃重天理也言雖美而用之治人則禍其人
至於下以欺僞應乎上則曰人之不善胡弗思聖人體民之情遂民之欲不待告以天理公
義而人易免於罪戾者之有道也孟子於民之放僻邪侈無不爲以陷於罪猶曰是罔民也
又曰救死而恐不贍奚暇治禮義古之言理也就人之情欲求之使之無疵之爲理今之言
理也離人之情欲求之使之忍而不顧其所謂欲乃帝王之所盡心於民其所謂理非古聖賢之所謂
僞之人爲禍何可勝言也哉其所謂欲天下之人盡轉移爲欺
理蓋雜乎老釋之言以爲言是以弊必至此也然宋以來儒者皆力破老釋不自知雜襲其
言而一一傅合於經遂曰六經孔孟之言其惑人也易而破之也難數百年於茲矣人心所

知皆彼之言。不復知其異於六經孔孟之言矣。世又以躬行實踐之儒。信焉不疑。夫楊墨老
釋皆躬行實踐勸善懲惡救人心贊治化天下尊而信之。帝王因尊而信之者也孟子韓子
關之於前聞孟子韓子之說。人始知其與聖人異而究不知其所以異至宋以來儒者之言
人咸曰是與聖人同也辯之是欲立異也此如嬰兒中路失其父母他人之而爲其父母
既長不復能知他人之非其父母雖告以親父母而決爲非也而怒其告者故曰破之也難
嗚呼使非害於事害於政以禍人方將敬其爲人而又何惡也惡之者爲人心懼也

陸燿　清吳江人字朗夫一字青來乾隆間累官湖南巡撫勤自勵所至有聲輯切問齋文鈔多經世之文道光
以來賀長齡等先後輯經世文編及續編三編大抵取法於其書所著有切問齋文集。

復戴東原書

來教舉近儒理欲之說。而謂其以有蔽之心發爲意見。自以爲得理而所執之理實謬所謂
切中俗儒之病乃原其病之所起則鶩名之一念實爲之蓋自宋儒言理而歷代推尊以爲
直接孔孟者程朱數大家而已未可以虛而附也夫理懸於虛事徵於實虛者易冒實者難
欺惟言理而著之於事證之以跡空虛無實之談庶不得而妄託西山大學衍義此其宗乎
至於朱陸王之辨近世尤多聚訟其所訟者皆在毫釐影響之間若盡舉朱子之創社倉
行荒政難進易退知無不言與象山之孝友於家化行於民陽明之經濟事功彪炳史册以

爲理學眞儒之左契則夔相之圖僅有存者矣顧以此求之詎易多得而擇其言之切於今
者莫如顧崑山行己有恥田簣山利之一字蝕人最深二語爲廢疾膏肓之藥石能用力於
此庶幾於風俗之盛衰吏治之得失民生之疾苦在在與民同好惡而不私於閣下之致得
毋近之而不止以其名乎近日從事文鈔一編大指如此惟是所見不多網羅難盡淺人易
眩決擇未精其中不無遺憾是以未敢郵正今大敎諄諄似欲匡其所不逮者又可不獻其
醜拙耶。

洪榜　清歙人字汝登一字初堂乾隆舉人。粹於經學江藩漢學師承記曰戴震著孟子字義疏證當時讀者莫能
盡其義惟洪榜好焉榜爲震行狀載與彭尺木書朱珪見之謂可不載戴氏所傳不在此榜遺書力爭不得震子
中立卒將此書删去案戴氏性理之說與顏李二子之學皆於宋明理學外別爲一派其說自有可觀而不能廢
置惟當時儒者篤於尊古故多非之而輓近時勢大殊學風一變凡事無不惟新異是尚故顏李戴三子之說喜
稱道之者轉盛要之三子之說與宋明諸儒之書俱在其異同之旨長短之故學者貴虛心察之自加刊斷愼不
可人云亦云如盲人之道黑白也。

上朱笥河書

洪榜頓首笥河先生閣下前者具狀戴先生行實俾其遺孤中立稽首閣下之門求志其墓
石頃承面諭以狀中所載答彭進士書可不必載性與天道不可得聞何圖更於程朱之外

復有論說乎。戴氏所可傳者不在此榜聞命唯惟惕於尊重不敢有辭退念閣下今為學者宗非漫云爾者其指大略有三。其一謂程朱大賢立身制行卓絕其所立說不得復有異同疑於緣隙奮筆加以釀嘲奪彼與此其一謂經生貴有家法漢學自漢宋學自宋今既詳度數精訓故乃不可復涉及性命之旨反迷所短以揣所長其一或謂儒生可勉而為聖賢不可學而至以彼砭砭稽古守殘謂是淵淵聞道知德曾無溢美必有通辭蓋閣下之旨出是三者仰見閣下論學之嚴制辭之慎然恐閣下尚未盡察戴氏所以論述之心與榜所以表章戴氏之意使榜且得罪不可以終無辭夫戴氏與彭進士書非難程朱也。正陸王之失耳非正陸王也。闢老釋之邪說耳。非關老釋也。闢夫後之學者實為老釋而陽為儒書援周孔之言入老釋之教以老釋之似亂周孔之真而皆附於程朱之學閣下謂程朱大賢立身制行卓絕豈獨程朱大賢立身制行卓絕陸王亦大賢立身制行卓絕即老釋亦大賢立身制行卓絕。唯其如是使後儒小生閉口不敢道。寧疑程朱而其才智少過人者。則又附援程朱以入老釋。彼老釋者幸漢唐之儒抵而排之矣。今論者乃謂先儒所抵排者。特老釋之粗而其精者雖周孔之微旨不是過也。誠使老釋之精者雖周孔不是過也。何以生於其心發於其事繆戾如彼哉。況周孔之書具在。苟得其解皆不可以強通使程朱而聞後學者之言如此。知必急急然正之也。然則戴氏之書非故為異同非緣隙釀嘲非欲奪

彼與此昭昭明甚矣至謂治經之士宜有家法非為宋學即為漢學心性之說賈馬服鄭所

不詳今為賈馬服鄭之學者亦不得詳夫言心亦不自宋以後與也周末諸子及秦漢

間著書立說者多及之其辭雖殊其意究無大異凡以勸學立教而已惟老聃莊周之書乃

有沖虛之說真宰之名不寄於事不由於學謂之返其性情而復其初魏晉之間此學盛興

而諸佛書流入中土亦適於此時為盛其書本淺妄無足道譯者雜以老莊之旨緣飾其說

大暢元風唐傳奕曾言其事矣然而未敢以入儒書也至乎昌黎韓氏力關佛老作為原道

等書使學者昭然知二氏之非而其時佛氏之說入人既深則又有柳子厚之徒謂韓氏所

罪者其迹也忿其外而遺其中譬之知石而不知韞玉彼其不可斥者往往與易論語合不

與孔子異道也此說一出後之學者往往執是說以求之易論語而所謂易論語者則又專

用魏王氏之注與何氏之集解其人本深於老釋其說亦雜於二家此則宜其有合也歷唐

之末逮宋之初此論紛紜固結而不可解於是讀易論語書者或往往先從事於二氏因卽

以其有得於二氏之精者以說易論語之書是以眉山蘇氏作六一居士集序曰新學以佛

老之似亂周孔之真識者憂之也宋熙寧以後此弊日深至於姚江王氏之學行則直以佛

書釋論孟矣彼賈馬服鄭當時蓋無是弊而今學者束髮受書言理言道言心言性所謂理

道心性之云則皆六經孔孟之辭而其所以為理道心性之說者往往雜乎老釋之旨使其

說之果是則將從而發明之矣如其說之果非則治經者果不可以默爾已也如使賈馬服

鄭生於是時則亦不可以默爾已也前之二說閣下詳察之亦知戴氏之非私於其學而

榜之非私於戴氏矣至於聞道之名不可輕以許人猶聖賢之不可學而至閣下以此爲

慮此其猶存乎後儒之見也孟子謂聖人人倫之至首陽之義孔子稱曰古之賢人夫聖賢

不可至蓋在是矣雖然安可以自棄乎哉若夫高談深遠者謂之知道不言而躬行者謂之

未聞道及夫治經訓者謂之儒林明性道者謂之道學此固戴氏所不道而榜所望於閣下

表揚之者亦不在是也夫戴氏論性道莫備於其論孟子之書而所以名其書者曰孟子字

義疏證焉耳然則非言性命之旨也訓故而已矣度數而已矣要之戴氏之學其有功於六

經孔孟之言甚大使後之學者無馳心於高妙而明察於人倫庶物之間必自戴氏始也惟

閣下裁察焉

宋史

元托克托等撰托克托一作脫脫蒙古人字大用順宗時賢相時詔修宋遼金元諸史托克托爲都總裁官

案自來正史敍錄學者除自有列傳者外多立儒林傳以類收之惟元托克托等作宋史因欲特示表章理之

學逐於儒林傳外復爲道學傳一說此傳之作實本於朱子所作伊洛淵源錄而稍加修補故雖理學如陸九淵

亦在所擯蓋純爲程朱一派之學術也其後元明二史皆不之從仍屬自來正史之例其識較爲卓越今存其序

第以識後世道學門戶之爭之所由起耳

道學傳序

道學之名古無是也三代盛時。天子以是道為政教。大臣百官有司以是道為職業黨庠術序師弟子以是道為講習四方百姓日用是道而不知是故盈覆載之間無一民一物不被是道之澤以遂其性於斯時也道學之名何自而立哉文王周公既沒孔子有德無位既不能使是道之用漸被斯世退而與其徒定禮樂明憲章刪詩修春秋贊易象討論墳典期使三五聖人之道昭明於無窮故曰夫子賢於堯舜遠矣孔子沒曾子獨得其傳傳之子思以及孟子沒而無傳兩漢以下儒者之論大道察焉而弗精語焉而弗詳異端邪說起而乘之幾至大壞千有餘載至宋中葉周敦頤出於春陵乃得聖賢不傳之學作太極圖說通書推明陰陽五行之理命於天而性諸人者瞭若指掌張載作西銘又極言理一分殊之情然後道之大原出於天者灼然而無疑焉仁宗明道初年程顥及弟頤寔生及長受業周氏已乃擴大其所聞表章大學中庸二篇與語孟並行於是上自帝王傳心之奧下至初學入德之門融會貫通無復餘蘊迄宋南渡新安朱熹得程氏正傳其學加親切焉大抵以格物致知為先明善誠身為要凡詩書六藝之文與夫孔孟之遺言顛錯於秦火支離於漢儒幽沈於魏晉六朝者至是皆煥然而大明秩然而各得其所此宋儒之學所以度越諸子而上接孟氏者歟其於世代之污隆氣化之榮悴有所關係也甚大道學盛於宋宋弗究於用甚

至有屬禁焉後之時君世主欲復天德王道之治必以來此取法矣邵雍高明英悟程氏實推

重之舊史列之隱逸未嘗今置張載後張栻之學亦出程氏既見朱熹相與博約又大進焉。

其他程朱門人考其源委各以類從作道學傳。（按道學傳所錄共二十三人其姓名如下周敦頤程顥程頤張載（弟戩附）邵雍劉絢李顓

謝良佐游酢張繹蘇昞尹焞楊時羅從彥李侗（以上十人皆程氏門人）朱熹張栻黃榦李燔張洽陳淳李方子黃灝（以上六人皆朱氏門人）

宋元學案

宋元學案　清黃宗羲原本全祖望修定宗羲里字見前祖望鄞人字紹衣一字謝山雍正舉人其學推本程朱。

博覽無方而尤以網羅文獻表章忠義為事著有經史答問鮚埼亭集是編之作大抵取材於宋元兩代諸家之

文集語錄而別為體例每家之中先述其人之事略次舉其重要之著作而加以評語又於各家前冠以其人之

師友弟子表用明夫學術授受之本末翦裁有法論述詳盡凡二百卷學者皆稱便焉。

宋元儒學案序錄

王梓材謹案學案序錄列本得之慈谿鄭氏二老閣莈檢盧氏

所藏原底間有異同詳略特與馮君雲濠附識於各條之後。

祖望謹案宋世學術之盛安定泰山為之先河程朱二先生皆以為然安定沈潛泰山高明

安定篤實泰山剛健各得其性稟之所近要其力肩斯道之傳則一也安定似較泰山為更

醇小程子入太學安定方居師席一見異之講堂之所得不已盛哉述安定學案卷第一

泰山之與安定同學十年而所造各有不同安定冬日之日也泰山夏日之日也故如徐仲

車宛有安定風格而泰山高弟為石守道以振頑懦則巖巖氣象倍有力焉抑又可以見二

家淵源之不紊也述泰山學案。卷第二

晦翁推原學術安定泰山而外高平范魏公其一也。高平一生粹然無疵而導橫渠以入聖

人之室尤爲有功孝宗嘗以朝臣之請將與歐陽兗公並入澤宮已而不果今卒舉行之公

是爲不泯矣述高平學案卷第三

楊文靖公有言佛入中國千餘年祇韓歐二公立得定耳說者謂其因文見道夫見道之文。

非聖人之徒亦不能也兗公之冲和安靜蓋天資近道稍加以學遂有所得使得遇聖人而

師之豈可量哉述廬陵學案。卷第四

梓材謹案,高平行輩不後於安定泰山者其意遠有端緒,故以高平廬陵次之,以梨州編次學案,託始於安定泰山並

安定泰山並起之時閩中四先生亦講學海上其所得雖未能底於粹然而略見大體矣。

是固安定泰山之流亞也宋人溯導源之功獨不及四先生似有關焉或曰陳烈亦嘗師安

泰山,而廬陵亦當時斯道之疏附也,謝山

定未知所據述古靈四先生學案卷第五

慶曆之際學統四起齊魯則有士建中劉顏夾輔泰山而與浙東則有明州楊杜五子永嘉

之儒志經行二子浙西則有杭之吳存仁皆與安定湖學相應閩中又有章望之黃晞亦古

靈一輩人也關中之申侯二子實開橫渠之先蜀有宇文止止實開范正獻公之先筆路藍

縷用啟山林皆序錄者所不當遺述士劉諸儒學案卷第六

雲濠謹案，序錄底本，古靈一輩句下，有江楚則有李覯

六字，而定本無之者，蓋以盱江學派併入高平故也。

小程子謂閱人多矣不雜者司馬邵張三人耳故朱子有六先生之目。自然於涑水。微嫌其格

物之未精於百源。微嫌其持敬之有歉伊洛淵源錄中遂祧之非今本朱子原本也，草廬因是謂

涑水尚在不著不察之列有是哉其妄也。述涑水學案第八卷

康節之學別爲一家或謂皇極經世祇是京焦末流然康節之可以列聖門者正不在此亦

猶溫公之造九分者不在潛虛也述百源學案第九卷

濂溪之門二程子少嘗遊焉其後伊洛所得實不由於濂溪是在高弟滎陽呂公已明言之。

其孫紫微又申言之汪玉山亦云今觀二程子終身不甚推濂溪並未得與馬邵之列可

以見二呂之言不誣也晦翁南軒始確然以爲二程子所自出自是後世宗之而疑者亦踵

相接焉然雖疑之而皆未嘗考及二呂之言以爲證則終無據予謂濂溪誠入聖人之室而

二程子未嘗傳其學則必欲溝而合之良無庸矣述濂溪學案第十一卷

梓材謹案，涑水與二程同行輩，百原在程氏父子之間，若濂溪則二程父執也，視安定稍

後，而與高平爲講友，宜在高平、廬陵之次，而謝山序錄與二程相比，反在馬邵後者，殆以

拘其論先後輩爾，序次不盡

大程子之學先儒謂其近於顏子蓋天生之完器然哉然哉故世有疑小程子之言若傷我

者而獨無所加於大程子。述明道學案第十四卷

雲濠謹案、底本然哉句上、有伊川
則先儒謂其近於曾子十一字、

大程子早卒向微小程子則洛學之統且中衰矣龜山先生嘗曰小程子大而未化然發明

有過於其兄者信哉述伊川學案第六卷

雲濠謹案、底本是條中作祖望謹案、伊川於六先生為晚出、亦最後死不特明道
弟子大半成就於伊川之手、即橫渠康節之徒亦多歸之者、其功大矣、與此異、

橫渠先生勇於造道其門戶雖微有殊於伊洛而大本則一也其言天人之故間有未當者。

梨洲稍疏證焉亦橫渠之忠臣哉述橫渠學案第十七卷

梓材謹案、朱子有司馬邵張之稱橫渠當次於馬邵之後、
且為二程表叔亦宜在二程之前謝山亦以序論次之、

慶歷以後尚有諸魁儒焉於學統或未豫而未嘗不於學術有功者范蜀公呂申公韓持國

一輩也呂汲公王彥霖又一輩也豐相之李君行又一輩也尚論者其敢忽諸述范呂諸儒
學案。第十卷

雲濠謹案、底本是條中數語作范蜀公呂申公之於涑水、韓持國王彥霖之於
明道呂汲公之於橫渠、皆有切磋之功以至李公擇李君行之徒、皆學者也、

涑水弟子不傳者多其著者劉忠定公得其剛健范正獻公得其純粹景迂得其數學而劉

范尤為眉目忠定之語錄譚錄道護錄今皆無完本然大略可考見矣述元城學案十第二

范正獻公之師涑水其本集可據也其師程氏則出自鮮于綽之誣伊洛淵源錄既疑之而
卷

又仍之誤矣陳默堂答范益謙曰向所聞於龜山乃知先給事之學與洛學同則其非弟子

涑水嘗令景迂續成潛虛景迂謝不敢然易玄星紀之譜足以紹師門矣。景迂又私淑康節

惜其晚年之好佛也然元城亦不免此呂成公曰景迂雖駁其學有不可廢者述景迂學案

第二十

二卷

榮陽少年不名一師。初學於焦千之盧陵之再傳也已而學於安定學於泰山學於康節亦

嘗學於王介甫而歸宿於程氏集益之功。至廣且大然晚年又學佛則申公家學未醇之害

也。要之榮陽之可以爲後世師者終得力於儒述榮陽學案第三卷第二十

雲濠謹案,是條本然字以下,作其然其晚年之差,亦有甚於諸公者,東發言之詳矣,

梓材謹案,榮陽之於小程子,在師友之間,故宜在程門諸子之前,猶西山蔡氏之先於朱門也,

洛學之魁皆推上蔡晦翁謂其英特過於楊游蓋上蔡之才高也。然其墮入葱嶺處決裂亦

過於楊游或曰是江民表之書誤入上蔡語錄中述上蔡學案第四卷第二十

明道喜龜山伊川喜上蔡蓋其氣象相似也龜山獨邀者壽遂爲南渡洛學大宗晦翁南軒

東萊皆其所自出。五峯紫微皆嘗學於龜山之門。然龜山之夾雜異學亦不下於上蔡述龜山學案第五卷第二十

薦山游蕭公在程門鼎足謝楊而遺書獨不傳以弟子亦不振五峯有曰定夫爲程門罪人。

何其晚謬一至斯歟予從諸書稍搜得其粹言之一二述薦山學案第六卷第二十

和靖尹蕭公於洛學最爲晚出。而守其師說最醇。五峯以爲程氏後起之龍象。東發以爲不

失其師傳者良非過矣。述和靖學案第七第二十卷

兼山以將家子知慕程門。卒死王事。白雲高蹈終身。和靖所記黨錮後事。恐未然也。郭門之

學雖孤行。然自謝良齊至黎立武綿綿不絕。述兼山學案第八第二十卷

洛學之入秦也。以三呂其入楚也。以上蔡司敎荊南其入蜀也。以謝湜馬涓其入浙也。以永

嘉周劉許鮑數君。而其入吳也。以王信伯信伯極爲龜山所許。而晦翁最貶之其後陽明又

最稱之。予讀信伯集頗啟象山之萌芽。其貶之者以此。其稱之者亦以此。象山之學本無所

承。東發以爲遙出於上蔡予以謂兼出於信伯蓋程門已有此一種矣。述震澤學案第九第二十卷

梓材謹案,震澤以楊門而入程門,故次於程門諸子專學案之末。

程子弟子最著者。劉李諸公以早卒。故其源流未廣。晉陵周氏兄弟亦爲和靖所許。其後馬

伸吳給以大節見。亦有不稱其薪傳者。如邵溥之委蛇儌命李處廉之以墨敗至於邪恕則

古公伯寮之倫也。與述劉李諸儒學案第十第三卷

關學之盛不下洛學。而再傳何其寥寥也。亦由完顏之亂。儒術並爲之中絕乎。伊洛淵源錄

略於關學三呂之與蘇氏以其曾及程門而進之。餘皆亡矣。予自范侍郎育而外於宋史得

游師雄种師道於胡文定公語錄得潘拯。於樓宣獻公集得李復。於童蒙訓得田腴。於閩書

得邵清及讀晁景迂集又得張舜民又於伊洛淵源錄注中得薛昌朝稍為關學補亡述呂

范諸儒學案第三十

世知永嘉諸子之傳洛學不知其兼傳關學考所謂九先生者其六人及程門其三則私淑也而周浮沚沈彬老又嘗從藍田呂氏遊非橫渠之再傳乎鮑敬亭輩七人其五人及程門晦翁作伊洛淵源錄累書與止齋求事蹟當無遺矣而許橫塘之忠茂竟不列其人何也予故謂為晦翁未成之書今合為一卷以志吾浙學之盛實始於此而林竹軒者橫塘之高弟也其學亦頗啟象山一派述周許諸儒學案第二卷第三十

梓材謹案呂范諸儒彙承張程之學而周許諸儒有以橫渠再傳而及程門者故又次之

百源弟子承密授者曰王豫曰張嶧皆早死故不傳伯溫雖授辟咡負劍之教然所得似淺東發謂漁樵問答乃伯溫作其中亦有名言所惜者聞見錄之溺於輪迴也予又為旁搜得

楊周等數人述王張諸儒學案第三卷第三十
雲濠謹案底本是條末云且豐公從子文遊卒能成中興昌明正學之功則源流有不可沒者

私淑洛學而大成者胡文定公其人也文定從謝楊游三先生以求學統而其言曰三先生義兼師友然吾之自得於遺書者為多然則後儒因朱子之言竟以文定列謝氏門下者誤矣今溝而出之南渡昌明洛學之功文定幾侔於龜山蓋晦翁南軒東萊皆其再傳也皆嘗

從籍。述武夷學案。第三十

溪

私淑洛學而未純者陳了齋鄒道鄉也。唐允之關止叔又其次也。了齋兼私淑涑水康節學

徒最盛建炎後多歸龜山。述陳鄒諸儒學案。第五卷

大東萊先生為滎陽冢嫡其不名一師亦家風也。自元祐後諸名宿如元城龜山鷹山了翁

和靖以及王信伯之徒皆嘗從遊多識前言往行以畜其德而溺於禪則又家門之流弊乎。

述紫微學案。第六卷

上蔡之門漢上朱文定公最著。三易象數之說未嘗見於上蔡之口而漢上獨詳之尹和靖

胡文定范元長以洛學見用於中興漢上實連茹而出。顧世之傳其學者稍寡焉。述漢上學

案。第三十卷

龜山弟子徧天下默堂以愛壻為首座。其力排王氏之學不愧於師門矣。惜其早侍了齋禪

學深入之而龜山亦未能免於此也。所以不得不輪正統於豫章。述默堂學案。第三十卷

豫章之在楊門所學雖醇而所得實淺當在善人有恆之間。一傳為延平則遂矣。再傳為晦

翁則大矣。豫章遂為別子甚矣弟子之有光於師也。述豫章學案。第三十卷

梓材謹案。默堂豫章並及伊川之門與震澤同。第震澤先事龜山故列於此

案第七卷

無漢上學案序錄、

梓材謹案、全本原底

而卒業於伊川默堂豫章則及事伊川而卒業於龜山故列於此

龜山弟子以風節光顯者無如橫浦而駁學亦以橫浦爲最晦翁斥其書比之洪水猛獸之災其可畏哉然橫浦之羽翼聖門者正未可泯也述橫浦學案十第四卷武夷諸子致堂五峯最著而其學又分爲二五峯不滿其兄之學故致堂之傳不廣然當洛學陷入異端之日致堂獨巋然不染亦已賢哉故朱子亦多取焉述衡麓學案一第四十卷紹興諸儒所造莫出五峯之上其所作知言東萊以爲過於正蒙卒開湖湘之學統今豫章以晦翁故祀澤宮而五峯闕焉非公論也述五峯學案二第四十卷白水籍溪屏山三先生晦翁所嘗師事也白水師元城兼師龜山籍溪師武夷又與白水同師謙天授獨屏山不知所師三家之學略同然似皆不能不雜於禪故五峯所以規籍溪者甚詳其時閩中又有支離先生陸祐者亦於三先生爲學侶焉述劉胡諸儒學案第三第四十卷中與二相豐國趙公嘗從邵子文遊魏國張公嘗從謙天授遊豐公所得淺而魏公則惑於禪崇然伊洛之學從此得昌魏公以曾用陳公輔得謗或遂疑其阻塞伊洛之學與豐公有異同未必然也陳公良翰芮公煜之徒亦吾道之疏附也述趙張諸儒學案第四十卷伊洛既出諸儒各有所承范香溪生婺中獨爲崛起其言無不與伊洛合晦翁取之又有襄

雲濠謹案，底本豐公所得淺四句，作二公所得並疏，雖不足以望元祐之得以同升者，則其功也。

陵許吏部得中原之文獻別爲一家蕭三顧則嘗學於伊洛而不肯卒業且以其所學孤行

亦猾者邪述范許諸儒學案。第四十

卷

梓材謹案，原底無范
許諸儒學案序錄。

玉山汪文定公受知於湍石其本師爲橫浦又嘗從紫微然橫浦紫微並佞佛而玉山粹

然一出於正斯其爲幹蠱之弟子也述玉山學案第四十

和靖高弟如呂如王如祁皆無門人可見鹽官陸氏獨能傳之艾軒於是紅泉雙井之間學

派興焉然愚讀艾軒之書似兼有得於王信伯蓋陸氏亦嘗從信伯遊也且艾軒宗旨本於

和靖者反少而本於信伯者反多實先槐堂之三陸而起特槐堂貶及伊川而艾軒則否故

晦翁於艾軒無貶詞終宋之世艾軒之學別爲源流述艾軒學案第四十

雲濠謹案，底本槐
堂之三陸作二陸，

楊文靖公四傳而得朱子致廣大盡精微綜羅八代矣。江西之學浙東永嘉之學非不岸然。

而終不能諱其偏然善讀朱子之書者正當偏求諸家以收去短集長之益若墨守而屏棄

一切爲則非朱子之學也述晦翁學案第四十八卷

梓材謹案，自楊而羅而李而朱，僅
得三傳，其云四傳者，統言之也，

南軒似明道晦翁似伊川向使南軒得永年所造更不知如何也。北溪諸子必欲謂南軒

從晦翁轉手是猶謂橫渠之學於程氏者欲尊其師。而反誣之斯之謂矣述南軒學案第五卷十

小東萊之學平心易氣不欲逞口舌以與諸公角大約在陶鑄同類以漸化其偏宰相之量

也惜其早卒晦翁遂日與人苦爭並詆及婺學而宋史之陋遂抑之於儒林然後世之君子

終不以為然也述東萊學案一卷第五十

永嘉之學統遠矣其以程門袁氏之傳為別派者自艮齋薛文憲公始艮齋之父學於武夷

而艮齋又自成一家亦入門之盛也其學主禮樂制度以求見諸事功然觀艮齋以參前倚

衡言持敬則大本未嘗不整然述艮齋學案二卷第五十

梓材謹案,艮齋為伊川再傳弟子,其行輩不後於朱;張,而次於朱張呂之後者,蓋永嘉之學別起一端爾。

永嘉諸子皆在艮齋師友之間其學從之出而各有不同止齋最稱醇恪觀其所得似較艮

齋更平實占得地步也述止齋學案三卷第五十

水心較止齋又稍晚出其學始同而終異永嘉功利之說至水心始一洗之然水心天資高

放言砭古人多過情其自曾子子思而下皆不免不僅如象山之詆伊川,要亦有卓然不

經人道者未可以方隅之見棄之乾淳諸老既歿學術之會總為朱陸二派而水心斷斷其

間遂稱鼎足然水心工文故弟子多流於辭章述水心學案第五十四卷、五十五卷

永嘉以經制言事功皆推原以為得統於程氏永康則專言事功而無所承其學更粗莽掄

魁晚節尤有慚德述龍川學案第五十卷

梓材謹案，永嘉之學，以鄭景望爲大宗，止齋水心皆鄭氏門人，鄭本私淑周浮沚，以追程氏者也，而龍川亦嘗及鄭門，宜次陳葉之後。

三　陸子之學，梭山啟之，復齋昌之，象山成之。梭山是一樸實頭地人，其言皆切近有補於實用。復齋且嘗從襄陵許氏入手，喜爲討論之學，宋史但言復齋與象山和而不同，考之包恢之言，則梭山亦然，今不盡得其可惜也。述梭山復齋學案第五十七卷。

象山之學，先立乎其大者，本乎孟子，足以砭末俗口耳支離之學。但言象山天分高出語驚人，或失於偏而不自知，是則其病也。程門自謝上蔡以後，王信伯、林竹軒、張無垢，至於林艾軒，皆其前茅，及象山而大成，而其宗傳亦最廣，或因其偏而更甚之，若世之耳食雷同，自以爲能羽翼紫陽者，竟詆象山爲異學，則吾未之敢信。述象山學案第五十八卷。

朱張呂三先生講學時最同調者，清江劉氏兄弟也，敦篤和平，其生徒亦偏東南，近有妄以子澄爲朱門弟子者，謬矣。述清江學案第五十二卷。

永嘉諸先生講學時最同調者，說齋唐氏也，而不甚與永嘉相往復，不可解也，或謂永嘉之學，說齋實倡之，則恐未然。述說齋學案第六十卷。

三陸先生講學時最同調者，平陽徐先生子宜、青田陳先生叔向也，陸氏之譜竟引平陽爲弟子，則又謬矣。述徐陳諸儒學案一卷。

西山蔡文節公，領袖朱門，然其律呂象數之學，蓋得之其家庭之傳，惜夫翁季錄之不存也。

嘉定而後足以光其師傳爲有體有用之儒者。勉齋黃文肅公其人與。玉峯東發論道統三

先生之後勉齋一人而已述勉齋學案第六十

慶源輔氏亦滄洲之最也遺書散佚世所葺語溪宗輔錄者特其糟粕述潛庵學案第四卷

雲濠謹案,是條序錄底本云,勉齋之外,慶源輔氏其
庶幾乎,故再傳而得黃東發韓恂齋,有以綿其緒焉,

永嘉爲朱子之學者自葉文修公與潛室始文修之書不可考木鐘集猶有存焉自是而永

嘉學者漸祧艮齋一派矣述木鐘學案第六十卷

南湖杜氏兄弟之在滄洲亦其良也再傳而有立齋爲嘉定以後宰輔之最聲望幾侔於涑水矣其學傳之車氏是時天台學者皆襲賞窗荊溪之文統車氏能正之述南湖學案第六十六卷

蔡氏父子兄弟祖孫皆爲朱學干城而文正之皇極又自爲一家述九峯學案第六十卷

雲濠謹案,底本作文正之
象數,則西山之嫡傳也,

滄洲諸子以北溪陳文安公爲晚出其衞師門甚力多所發明然亦有操異同之見而失之過者述北溪學案第六十卷

朱門授受徧於南方李敬子張元德廖槎溪李果齋皆宿老也其餘亦多下中之士存之以

附青雲耳李張諸子於書吾不得而見之矣迹滄洲諸儒學案。卷第六十九

雲濠謹案，是條底本附青雲句下云，纘伊洛淵源錄者，

牽合諸儒門下盡歸之朱子，可爲軒渠，今皆芟而正之，

宜公身後湖湘弟子有從止齋岷隱游者然如彭忠肅公之節概吳文定公之勳名二游文

清莊簡公之德器以至胡盤谷輩嶽麓之巨子也再傳而得漫塘實齋誰謂張氏之後弱於

朱平迹嶽麓諸儒學案一第七十卷

谷上有項平甫三字，

雲濠謹案，底本胡盤

宜公居長長沙之二水而蜀中反疏然自宇文挺臣范文叔陳平甫傳之入蜀二江之講舍不

下長沙黃兼山楊浩齋程滄洲砥柱岷峨蜀學之盛終出於宜公之緒迹二江諸儒學案第七

十二

明招學者自成公下世忠公繼之由是遞傳不替其與嶽麓之澤並稱克世長沙之陷嶽麓

諸生荷戈登陴死者十九惜乎姓名多無考而明招諸生歷元至明未絕四百年文獻之所

寄也迹麗澤諸儒學案第三卷第七十

雲濠謹案，底本有云，宋之公相

家講學以永其世者，吳如呂氏，

象山之門必以甬上四先生爲首蓋本乾淳諸老一輩也而壞其教者實慈湖。然慈湖之言

不可盡徙而行則可師黃勉齋曰楊敬仲集皆德人之言也而未聞道予因采其最粹且平

易者以志去短集長之意則固有質之聖人而不謬者述慈湖學案第七十卷

慈湖之與絜齋不可連類而語慈湖泛濫夾雜而絜齋之言有繩矩東發先我言之矣述絜齋學案

（雲濠謹案是條底本有再傳而有蒙齋六字有）

楊袁之年輩後於舒沈而其傳反盛豈以舒沈之名位下之與嘻是亦有之然舒沈之平實

（梓材謹案四先生定川最先卒後八年而廣平卒又二十五年而絜齋卒又二年而慈湖卒其生年則定川僅長慈湖二年謂楊袁之年輩後於舒沈尚未的實其先舒後沈者以）

又過於楊袁也四先生中沈先生師復齋宋史混而列之述廣平定川學案第七十卷六

槐堂之學莫盛於吾甬上而西江反不逮如曾潭如琴山以及黃鄧之徒今其緒言溯矣甬

（楊袁舒皆象山門人以類相比非有象山軒輊也）

上之西尚有嚴陵亦一大支也述槐堂諸儒學案第七十卷

康節之學不得其傳牛氏父子自謂有所授受世弗致信也張行成疏通其紕繆遂成一家

玉山汪文定公雅重之其後如祝子涇又稍不同至於廖應淮之徒則益誕矣康節本出於

（梓材謹案張覩物亦讞天授之徒且與玉山同時則是卷當在趙張玉山之間）

希夷其後卒流而為應淮所謂必復其始者與述張祝諸儒學案第七十卷

自淳熙至嘉定疏附先後諸家者有若邱忠定公劉文節公樓宣獻公之徒雖不入諸先生

之學派。然皆能用先聖之道。而柴獻蕭公尤醇。述邱劉諸儒學案。第七十
卷。

嘉定而後私淑朱張之學者惟鶴山魏文靖公兼有永嘉經制之粹而去其駁世之稱之者
以並之西山有如溫公蜀公不敢軒輊梨洲則曰鶴山之卓犖非西山之依門旁戶所能及。
予以為知言述鶴山學案。第八
卷。

西山之望直繼晦翁然晚節何其委蛇也東發於朱學最尊信而不滿於西山理度兩朝政
要言之詳矣宋史亦有微辭述西山眞氏學案。第八十
一卷。

勉齋之傳得金華而益昌說者謂北山絕似和靖魯齋絕似上蔡而金文安公尤為明體達
用之儒浙學之中興也述北山四先生學案。第八
十二卷。

雙峯亦勉齋之一支也獨惜其書之不傳述雙峯學案。第八十
三卷。

未足以少雙峯也雙峯晚年多不同於朱子以此詆之予謂是

鄱陽湯氏三先生導源於南溪傳宗於西山而晦靜由朱而入陸傳之東澗晦靜又傳之徑
畈楊袁之後陸學之一盛也年方回以為東澗晚述存齋晦靜息庵學案。第八
十四卷。

四明之學多陸氏深寧之父亦師史獨善以接陸學而深寧紹其家訓又從王子文以接朱

梓材謹案原底無張祝諸
儒邱劉諸儒二學案序錄。

梓材謹案是卷序錄原底所無而二老閱刊本有之但其作息庵晦
靜存齋學案息庵與存齋互誤今特爲正之而具其辯說於本卷。

三二六

氏從樓迁齋以接呂氏又嘗與湯東澗游東澗亦兼治朱呂陸之學者也和齊斟酌不名一

師宋史但夸其辭業之盛予之微嫌於深寧者正以其辭科習氣未盡耳若區區以其玉海

之少作爲足盡其底蘊陋矣述深寧學案第五卷

四明之專宗朱氏者東發爲最日鈔百卷躬行自得之言也淵源出於輔氏晦翁生平不喜

浙學而端平以後閩中江右諸弟子支離舛戾固陋無不有之其能中振之者北山師弟爲

一支東發爲一支皆浙產也其亦足以報先正惓惓浙學之意也夫述東發學案第八十卷

四明史氏皆陸學至靜清始改而宗朱淵源出於蓮蕩憂氏然嘗聞深寧不喜靜清之說易

以其嗜奇也則似乎未必盡同於朱其所傳爲程畏齋兄弟則純於朱者述靜清學案十七第八卷

卷

巽齋之崇晦翁不知所自考之滄洲弟子廬陵有歐陽謙之實嘗從游巽齋其後人邪其遺

書宗旨不可見然巽齋之門有文山徑畈之門有疊山可以見宋儒講學之無負於國矣

述巽齋學案第八十卷

雲濠謹案，是錄底本云，講學至殘宋，朱陸兩家，其流弊甚矣，所謂愈失其真者也，歐陽巽齋之爲朱學，不知所出，而所得甚醇，其弟子之最著者曰疊山，徐徑畈，世多推巽齋而詆晦巽齋之爲朱學，不知所出，而其節甚高，其弟子家其最著者曰文山，徐徑畈二先生學案，及定刊本，專爲巽齋學案，蓋徑畈疊山別見存齋晦

徑畈息庵予學合之，述歐徐二先生學案中矣，

靜案

梓材謹案、巽齋與江古心同時、蓋亦晦翁再傳也、當次於介軒、而前於三湯。

勉齋之傳、尚有自鄱陽流入新安者、董介軒一派也、鄱陽之學、始於程蒙齋、董盤澗、王拙齋。

而多卒業於董氏、然自許山屋外、漸流爲訓詁之學矣。述介軒學案。第八十卷。

梓材謹案、介軒爲晦翁再傳、與雙峯同爲勉齋之傳、當次於雙峯。

河北之學、傳自江漢先生、曰姚樞、曰竇默、曰郝經、而魯齋其大宗也、元時實賴之。述魯齋學案。第九卷。

靜修先生、亦出江漢之傳、又別爲一派、截山先生嘗曰、靜修頗近乎康節。述靜修學案。第九十一卷。

雲濠謹案、底本於魯齋云、當元之時、至與二程橫渠南軒、並加公爵、從祀廟庭、則似少過焉。

草廬出於雙峯、固朱學也、其後亦兼主陸學、蓋草廬又師程氏紹開、程氏常築道一書院、思和會兩家、然草廬之著書、則終近乎朱。述草廬學案。第九十二卷。

徑畈歿而陸學衰、石塘胡氏雖由朱而入陸、未能振也、中興之者、江西有靜明、浙東有寶峯。

述靜明寶峯學案。第九十卷。

繼草廬而和會朱陸之學者、鄭師山也、草廬多右陸、而師山則右朱、斯其所以不同。述師山學案。第九十四卷。

有元立國。無可稱者。惟學術尙未替。上雖賤之。下自趨之。是則洛閩之沾溉者宏也。如蕭勤齋同渠庵輩其亦許之徒乎。述蕭同諸儒學案第五卷庵與許魯齋同行輩而殿於有元諸儒者。以所附諸儒不一。故統載於此耳。

元祐之學二蔡二惇禁之中興。而豐國趙公弸之和議起秦檜又禁之紹興之末又弛之鄭丙陳賈忌晦翁又啟之。而一變爲慶元之錮籍矣此兩宋治亂存亡之所關嘉定而後陽崇之而陰摧之而儒術亦漸衰矣其事蹟已散見諸公傳又放大事表之意述元祐慶元黨案大略用道命。以至晚宋如周密之徒凡詆嘗諸儒者皆附之九十七卷

錄爲底本。梓材謹案自元祐慶元黨案以下，原底並失序錄者，鄭氏刊本也。

荊公淮南雜說初出見者以爲孟子老泉文初出見者以爲荀子已而聚訟大起三經新義累數十年而始廢而蜀學亦遂爲敵國上下學案不可不窮其本末也且荊公欲明聖學而雜於禪蘇氏出於縱橫之學而亦雜於禪甚西竺之能張其軍也述荊公新學及蜀學略。第九十八卷

關洛陷於完顏百年不聞學統其亦可嘆也李屛山之雄文。而溺於異端敢爲無忌憚之言盡取涑水以來大儒之書恣其狂舌可爲齒冷然亦不必辯也略擧其大旨使後世學者見而噗之其時河北之正學且起不有狂風怪霧無以見皎日之光明也述屛山鳴道集說略。

第一百卷

明儒學案　清黃宗羲撰

凡六十二卷是編體例除無表外餘與宋元學案相同其書省匯合數百年各家之學說提要鉤玄披覽粲然不愧稱爲吾國學術史之創作道光時唐鑑作國朝學案小識以續黃書唐乃恪守程朱之學以攻陸王者甄別敘錄失之過隘然其書於當時之爲程朱之學者網羅頗富亦未可竟廢也

明儒學案序錄

康齋倡道小陂一稟宋人成說言心則以知覺而與理爲二言工夫則靜時存養動時省察故必敬義夾持明誠兩進而後爲學問之全功其相傳一派雖一齋莊渠稍爲轉手終不敢離此矩矱也白沙出其門然自敘所得不關聘君當爲別派於戲椎輪爲大輅之始增冰爲積水所成微康齋爲得有後時之盛哉崇仁學案

有明之學至白沙始入精微其喫緊工夫全在涵養喜怒未發而非空萬感交集而不動至陽明而後大兩先生之學最爲相近不知陽明後來從不說起其故何也薛中離陽明之高第弟子也於正德十四年上疏請白沙從祀孔廟是必有以知師門之學同矣羅一峰曰白沙觀天人之微究聖賢之蘊充道以富崇德以貴天下之物可愛可求漠然無動於其中信斯言也故出其門者多清苦自立不以富貴爲意其高風之激遠矣白沙學案

河東之學恪守宋人矩矱故數傳之後其議論設施不問而可知其出於河東也

若陽明門下親炙弟子已往往皆其師說亦以其言之過高也然河東有未見性之譏所謂

此心始覺性天通者爲非欺人語可見無事乎張皇耳河東學案

關學大概宗薛氏三原又其別派也其門下多以氣節著風土之厚而又加之學問者也三

原學案

有明學術白沙開其端至姚江而始大明蓋從前習熟先儒之成說未嘗反身理會推見至

隱所謂此亦一述朱耳彼亦一述朱耳高忠憲云薛文清呂涇野語錄中皆無甚透悟亦爲

是也自姚江指點出良知人人現在一反觀而自得便人人有個作聖之路故無姚江則古

來之學脈絕矣然致良知一語發自晚年未及與學者深究其旨後來門下各以意見攙和

說玄說妙幾同射覆非復立言之本意矣先生之格物謂致吾心良知之天理於事事物物

則事事物物皆得其理以聖人教人只是一個行如博學審問慎思明辨皆自行也篤行之

者行此數者不已是也先生致之於事物致字卽是行字以救空空窮理只在知上討個分

曉之非乃後之學者測度想像求見本體只在知識上立家儅以爲良知則先生何不仍窮

理格物之訓先知後行而必欲自爲一說邪天泉問答無善無惡者心之體有善有惡者意

之動知善知惡是良知爲善去惡是格物今之解者曰心體無善無惡是性由是而發之爲

有善有惡之意由是而有分別其善惡之知由是而有爲善去惡之格物層層自內而之外

一切皆是粗機則良知已落後著。非不慮之本然故鄧定宇以爲權論也其實無善無惡者、

無善念惡念耳非謂性無善無惡也下句意之有善有惡亦只是有善念惡念耳兩句只完得

動靜二字他日語薛侃曰無善無惡者理之靜有善有惡者氣之動即此兩句也所謂知善

知惡者非意動於善惡從而分別之爲知知亦只是誠意中之好惡好必於善惡必於惡

是無非而不容已者虛靈不昧之性體也爲善去惡只是率性而行自然無善無惡之夾雜先

生所謂致吾心之良知於事事物物也四句本是無病學者錯會反致彼以無善無惡言性

者謂無善無惡斯爲至善一也而有有善之善有無善之善乃斷滅性種乎彼在發用

處求良知者認已發作未發致人在致知上著力是指月者不指天上之月而求地下之光

愈求愈遠矣得義說而存之而後知先生之無弊也<ruby>姚江學案</ruby>

姚江之教自近而遠其最初學者不過郡邑之士耳龍場而後四方弟子始益進爲郡邑之

以學鳴者亦僅僅緒山龍溪此外則椎輪績水耳然一時之盛吾欲尚講誦習禮樂絃歌之

音不絕其儒者不能一二數若山陰范瓘字廷潤號栗齋初師王司輿許半圭其後卒業於

陽明博考羣經恍然自悟以爲孔孟的傳惟周程得之朱陸而下皆弗及也家貧不以關懷

曰天下有至寶得而玩之可以忘貧作古詩二十章歷敍道統及太極之說其奧義未易測

也餘姚管州字子行號石屏官兵部司務每當入直諷詠抑揚司馬怪之邊警至司馬章皇

石屏曰古人度德量力公自料才力有限。何不引退以空賢路司馬諲爲好語謝之以京察

歸大洲有宿四祖山詩四子堂堂特地來。謂蔡白石沈右林龍溪石屏也范引年號半野講

學於青田從游者頗衆夏淳字惟初號復吾以鄉舉卒官思明府同知魏莊渠主天根天機

之說。復吾曰指其靜爲天根動爲天機則。可若以靜養天根動察天機是歧動靜而二之非

所以語性也柴鳳字後愚主教天眞書院衢嚴之士多從之孫應奎字文卿號蒙泉官右

副都御史以傳習錄爲規範董天眞之役聞人銓字邦正號北汀與緒山定文卿號刻使其子行世

卽以寒宗而論黃驥字德良尤西川紀其言陽明事黃文煥號吳南開州學正陽明其子

受業有東閣私鈔記其所聞黃嘉愛字懋仁號鶴溪正德戊辰進士官至欽州守黃元釜號

丁山黃夔字子韶號後川皆篤實光明墨守師說以此推之當時好修一世湮沒者可勝道

哉浙中王門學案

姚江之學惟江右爲得其傳東廓念菴兩峯雙江其選也。再傳而爲塘南思默皆能推原陽

明未盡之意是時越中流弊錯出挾師說以杜學者之口。而江右獨能破之陽明之道賴以

不墜蓋陽明一生精神俱在江右亦其感應之理宜也江右王門學案

南中之名王氏學者陽明在時王心齋黃五岳朱得之戚南元周道通馮南江其著也陽明

歿後緒山龍谿所在講學於是涇縣有水西會寧國有同善會江陰有君山會貴池有光岳

會。太平有九龍會。廣德有復初會。江北有南諧精舍。新安有程氏世廟會。泰州有復心齋講

堂。幾乎比戶可封矣。而又東廊南野善山先後官留都。與起者甚衆。略載其論學於後。其無

語錄可考見者附此戚賢字秀夫號南元江北之全椒人。嘉靖內戌進士仕至刑科都給事

中以薦龍谿失貴溪指謫官致仕陽明在滁州南元以諸生旅見。未知信向其後為歸安令

讀論學諸書始契公遂通書受學為會於安定書院論學者千聖之學不外於心惟梏於

意見蔽於嗜欲。始有所失。一念自反即得本心。在京師會中有談二氏者即正色阻之龍谿

偶舉黃葉止兒啼公案南元勃然曰君是吾黨宗盟一言假借便為害不淺龍谿為之愧謝。

南元談學不離良知而意氣激昂足以發之馮恩字子仁號南江華亭人嘉靖內辰進士陽

明征思田南江以行人使其軍因束修為弟子擢為南道御史劾都御史汪鋐大學士張孚

敬。下詔獄會審鋐執筆南江立而庭辯論成其後減成赦歸貢安國字元略號受軒宣州人。

師南野龍谿主水西同善之會緒山與之書曰昔人言鴛鴦繡出從君看莫把金鍼度與人。

吾黨金鍼是前人所傳實未繡得鴛鴦即嘵嘵然空持金鍼欲以度人人不見鴛鴦而見金

鍼非徒使之不信併願繡鴛鴦之心亦阻之矣後官山東守講學於志學書院查鐸字子

警號毅齋涇縣人嘉靖乙丑進士為刑科給事中不悅於新鄭外轉至廣西副使學於龍谿

緒山謂良知簡易直截其他宗旨無出於是不執於見即曰虛不染於欲即曰寂不累於物

即曰樂無有無無始終無階級俛焉日有孳孳終其身而已矣沈寵字思畏號古林宣城人登

嘉靖丁酉鄉書官至廣西參議師事受軒受軒學於南野龍谿而返謂古林曰王門之學在

南畿盡往從之於是古林又師南野龍谿在閩建養正書院在蘄黃建崇正書院近溪立開

元之會於宣州古林與梅宛溪主其席疾革有問其胸次如何曰已無物矣宛溪名守德字

也蕭彥號念渠戶部侍郎諡定肅涇縣人師事緒山蕭良幹字以寧號拙齋仕至陝西布政

純甫官至雲南左參政其守紹興時重修陽明講堂以龍谿主之式祕圖楊珂之間非俗吏

使師緒山龍谿水西講會之盛蕭氏之力也戚袞字補之號竹坡宣城人項城知縣初及東

廓南野之門已受業龍谿龍谿語之曰所謂志者以其不可奪也至於意氣則有時而衰良

知者不學不慮自然之明覺無欲之體也吾人不能純於無欲故有致知之功也者復其

不學之體也慮也者復其不慮之體也故學雖博而守則一非有假於外

也若見聞測識之知從外而入非良知之本然矣吾人謹於步趨循守方圓之辨也竹坡往來出

之學變通周流惟變所適蓋規矩在我而方圓自不可勝用此實毫釐之典要致知

入就正於師友者凡七八年於是始知意氣不可以為志聞識不可以為知格式不可以為

守志益定業益精其及人益廣也張榮字士儀號本靜涇縣人五歲口授諸書即能了夜

聞雞聲呼其母曰小學云事父母雞初鳴咸盥漱今雞鳴矣何不起母笑曰汝纔讀書便曉

其義耶曰便當爲之豈徒曉焉而已。南野爲司成因往從之。累年不歸從東廓緒山龍谿

歸而聚徒講學以收斂精神爲切要以對景磨瑩爲實切以萬物一體爲志願意氣眉睫之

間能轉移人心章時鸞號孟泉青陽人河南副使學於東廓程大賓字汝見號心泉歆人貴

州參政受學緒山謂之曰古人學問不離七情中用而病痛亦多由七情中作程默字

子木休寧人廣州府同知貧笈千里從學陽明疾革指六經謂其子曰當從此中尋我莫視

爲陳言也陳燭字景明歆人河間府判及東廓之門人見其衣冠質樸以爲率真者曰率真

未易言先須識真耳姚汝循字敍卿號鳳麓南京人嘉靖丙辰進士官終嘉定知州近溪嘗

論明德之學鳳麓舉曰說云德猶鑑也匪磨弗明近溪笑曰明德無體非喻所及。

且公一人耳爲鑑爲鏡復爲磨者可乎聞之遂有省浸浸悟入有妄子以陽明爲訴病鳳麓

曰何病曰惡其良知之說也曰世以聖人爲天授不可學久矣自良知之說出乃知人人固

有之即庸夫小童皆可反求以入道此萬世功也子曷病殷邁字時訓號秋溟留守衞人歷

官禮部侍郎與何善山游與聞緒言所著有懲忿窒慾編姜寶字廷善丹陽人歷官南禮部

尚書受業荊川之門。南中王門學案

楚學之盛惟耿天臺一派自泰州流入當陽明在時其信從者尚少道林閭齋劉觀時出自

武陵故武陵之及門獨冠全楚觀徐曰仁同游得山詩王文明應奎胡珊鳴玉劉瀷德重楊

籾介誠何鳳韶汝諧唐演汝淵龍起霄止之尙可考也然道林實得陽明之傳天臺之派雖

盛反多破壞良知學脈惡可較哉　楚中王門學案

北方之爲王氏學者獨少穆玄菴既無問答而王道字純甫者受業陽明之門陽明言其自

以爲是無求盆之心其後趨向果異不必列之王門非二孟嗣響卽有賢者亦不過跡象聞

見之學而自得者鮮矣　北方王門學案

嶺海之士學於文成者自方西樵始及文成開府贛州從學者甚衆文成言潮在南海之涯

一郡耳一郡之中有薛氏之兄弟子姪既足盛矣而又有楊氏之昆季其餘聰明特達毅然

任道之器以十數乃今之著者唯薛氏學耳西樵名獻夫字叔賢弱冠舉進士爲吏部主事

遷員外郞陽明起自謫所爲主事官階並於西樵一日與語西樵有當於心卽進拜稱弟子

未幾引疾歸將十餘年而大禮議起西樵自家上疏請追崇興獻帝后召入擢侍講學士至

禮部尙書加太子太保復引疾歸越年兼武英殿大學士未幾請歸十餘年卒贈太保諡

文襄薛尙賢以學行著於鄉中離自虔歸述其所聞於陽明者尙賢說之遂裒學焉後官國

子助教楊驥字仕德初從甘泉遊卒業於陽明陽明方征橫水謂之曰破山中賊易破心中

賊難未幾卒甘泉謂其是內非外失本體之自然爲文哀之誌墓非也楊仕鳴與兄同學初

錄所聞備載陽明之語陽明以爲不得其意其後直書己意所得反印可之仕鳴言日用講

求功夫只是各依自家良知所及自去其障擴充以盡其本體不可遷就氣習以趨時好又

謂東廓曰公往治舉子業竭其才否東廓曰然曰今致良知亦竭其才否東廓曰未能也曰

微竭才曷由見卓爾竭才二字希賢之的也東廓每舉斯語以告學者亦未幾卒梁焯字曰

孚南海人登進士第官至職方主事以諫南巡被杖武宗畜外國人爲駕下人曰孚以法繩

之不少貸曰孚嘗過贛從陽明學辨問居敬窮理悚然有悟同門冀闇齋死獄曰孚以棺斂

之鄭一初字朝朔揭陽人宏治乙丑進士居紫陌山閉門謝靜召爲御史陽在吏部因陳

世傑請受學聞其說以爲昔多歧而今大道也時朝朔已病人勸其緩學曰夕死可矣卒於

浙閩中自子莘以外無著者馬明衡字子莘莆人也父思聰死寧濠之亂子莘立志勇猛與

鄭善夫爲古文陽明曰草木之花千葉者無實其花繁者其實鮮嘉靖三年以御史諫上隆

興國而薄昭聖爲非禮下獄創籍粵閩王門學案

見羅從學於鄒東廓固亦王門以下一人也而別立宗旨不得不別爲一案今講止修之學

者興起未艾其以救良知之弊則亦王門之孝子也止修學案

陽明先生之學有泰州龍溪而風行天下亦因泰州龍溪而漸失其傳泰州龍溪時時不滿

其師說益啟瞿曇之祕而歸之師蓋躋陽明而爲禪矣然龍溪之後力量無過於龍溪者又

得江右爲之救正故不至十分決裂泰州之後其人多能赤手以搏龍蛇傳至顏山農何心

隱一派遂復非名教之所能羈絡矣顧端文曰心隱輩坐在利欲膠漆盆中所以能鼓動得
人只緣他一種聰明亦自有不可到處義以為非其聰明正其學術也所謂祖師禪者以作
用見性諸公掀翻天地前不見有古人後不見有來者釋氏一棒一喝當機橫行放下拄杖
便如愚人一般諸公赤身擔當無有放下時節故其害如是今之言諸公者大概本弇州之
國朝叢記弇州蓋因當時愛書節略之豈可為信義考其派下之著者列於下方顏鈞字山
農吉安人也嘗師事劉師泉無所得乃從徐波石學得泰州之傳其學以人心妙萬物而不
測者也性如明珠原無塵染有何覩聞著何戒懼平時只是率性所行純任自然便謂之道
及時有放逸然後戒愼恐懼以修之凡儒先見聞道理格式皆足以障道此大旨也嘗曰吾
門人中與羅汝芳言從性與陳一泉言從心餘子所言只從情耳山農遊俠好急人之難趙
大洲赴貶所山農偕之行大洲感之次骨徐波石戰沒元江府山農尋其骸骨歸葬頗欲有
為於世以寄民胞物與之志嘗寄周恭節詩云滾滾烟雨鎖江坄江上漁人爭釣臺夜靜得
魚呼酒肆湍流和月撥將來若得春風遍九垓世間那有三歸臺君仁臣義民安堵雉兔芻
蕘去復來然世人見其張皇無賢不肖皆惡之以他事繫南京獄必欲殺之近溪為之營救
不赴廷對者六年近溪謂周恭節曰山農與相處三十餘年其心體精微決難詐飾不肖敢
謂其學直接孔孟俟諸後聖斷斷不惑不肖菲劣已蒙門下知遇又敢竊謂門下雖知百近

溪不如今日一蔡山農子也山農以成出。年八十餘梁汝元字夫山其後改姓名爲何心隱。

吉州永豐人少補諸生從學於山農與聞心齋立本之旨時吉州三四大老方以學顯心隱

恃其知見。輒狎侮之謂大學先齊家。乃構萃和堂以合族身理一族之政冠婚喪祭賦役一

切通其有無行之有成會邑令有賦外之征心隱貽書以誚之令怒誣之當道下獄中孝感

程後臺在胡總制幕府檄江溪撫出之總制得心隱語人曰斯人無所用在左右能令人神王

耳。巳同後臺入京師與羅近溪耿天臺遊一日遇江陵於僧舍江陵時爲司業心隱率爾曰

公居太學知大學道乎江陵爲勿聞也者目攝之日爾意時時欲飛却飛不起也江陵去心

隱嗒然若喪日夫夫也異日必當殺我心隱在京師關各門會館招來四方之士

方技雜流無不從之是時政由嚴氏忠臣坐死者相望卒莫能動有藍道行者以乩術幸上

心隱授以密計偵知嵩有揭帖乩神降語今日當有一奸臣事上方遲之而嵩揭至上由

此疑嵩御史鄒應龍因論嵩敗之然上猶不忘嵩尋死道行於獄心隱跟蹌南過金陵謁何

司寇。司寇者故爲江撫脫心隱於獄者也然而嚴氏仇心隱逸去從此蹤跡何

不常所游半天下江陵當國御史傅應禎劉台連疏攻之皆吉安人也江陵因仇吉安人而

心隱故嘗以術去宰相江陵不能無心動心隱方在孝感聚徒講學遂令楚撫陳瑞捕之未

獲而瑞去王之垣代之卒致之心隱曰公安敢殺我亦安能殺我殺我者張居正耳遂死獄

中心隱之學不墜影響。有是理則實有是事。無聲無臭藏於理。有象有形理顯於事。故曰

無極者流於無君父者也。必皇建其有極乃有君而有父也。必會極必歸極乃君

君也乃有親親以父父也。又必易有太極乃不墜於弒君弒父。乃不流於無君無父。乃乾坤

其君臣也乃乾坤其父子也。又曰孔孟之言無欲。非濂溪之言無欲也。欲惟寡則心存而心

之寡也。欲仁非欲乎得仁而不貪。非寡欲乎從心所欲不踰矩。非寡欲乎此即釋

不能以無欲也欲魚欲熊掌欲也。舍魚而取熊掌欲之寡也。舍生而取義欲

氏所謂妙有也。蓋一變而爲儀秦之學矣。鄧豁渠初名鶴號太湖蜀之內江人爲諸生時不

說學趙大洲爲諸生談聖學於東壁渠爲諸生講舉業於西序朝夕聲相聞未嘗過而問焉。

已漸有入卒摳衣出遊遍訪知學者以爲性命甚重非拖泥帶水可以成

就逐落髮爲僧訪李中溪元陽於大理訪鄧東廓劉師泉於江右訪王東崖於泰州訪蔣道

林於武陵訪耿楚侗於黃安與大洲不相聞者數十年大洲起官過衛輝渠適在焉出迎郊

外大洲望見驚異下車執手徒行十數里彼此濟然流涕大洲曰誤子者余也言言學過

高致子於此吾業重矣。今尚在亟歸廬而父墓側終身可也吾割

田租百石贍子因書券給之時有來大洲問學者大洲乃令渠答之大洲聽其議論大悲曰

吾藉是以試子近詣乃荒謬至此大洲入京渠復遊齊魯間初無歸志大洲入相乃來京候

謂大洲拒不見屬宦蜀者攜之歸至涿州死野寺中渠自序爲學云己亥禮師聞良知之學

不解入青城山參禪十年至戊申入雞足山悟人情事變外有個擬議不得妙理當時不遇

明師指點不能谿然通曉癸丑抵天池禮月泉陳雞足所悟泉曰第二機卽第一機渠遂認

現前昭昭靈靈的百姓日用不知渠知之也甲寅盧山禮性空戊午居灃州八年每覺無日

新之益入黃安居楚空茅屋始達父母未生前的先天地生的水窮山盡的百尺竿頭外的

所謂不屬有無不屬眞妄不屬生滅不屬言語常住眞心與後天事不相聯屬向日雞足所

參人情事變的谿然通曉被月泉所誤二十餘年丙寅以後渠之學日漸幽深玄遠如今也

沒有我也沒有道泛泛然如虛舟飄瓦而無著落脫胎換骨實在於此渠學之誤只主見性

不拘戒律先天是先天後天是後天第一義是第一義第二義是第二義身之與性截然分

爲二事言在世界外行在世界內人但議其縱情不知其所謂先天第一義者亦只得完一

個無字而已嗟乎是豈渠一人之誤哉方與時字湛一黃陂人也弱冠爲諸生一日棄而之

太和山習攝心術靜久生明又得黃白術於方外乃去而從荊山遊因得遇龍溪念菴皆目

之爲奇士車轍所至縉紳倒屣老師上卿皆拜下風然尙玄虛侈談論耿楚空初出其門久

而知其僞去之一日謂念菴曰吾儕方外學亦有祕訣得人而傳談聖學何容易耶念菴然

之湛一卽迎至其里道明山中短榻夜坐久之無所得而返後臺心隱大會礦山車騎雍容

湛一以兩僮舁一籃與往甫揖心隱把臂謂曰假我百金湛一唯唯卽千金惟命已入京師
欲挾術以干九重江陵聞之曰方生此鼓從此撾破矣無何嚴世蕃聞其爐火而豔之湛一
避歸胡盧山督學以其昔嘗誑念庵也櫪有司捕治湛一乃跳而入新鄭之幕新鄭敗走
匿太和山病瘵死程學顏字二蒲號後臺孝感人也官至太僕寺丞
泣其篤志如此心隱死其弟學博曰梁先生以友爲命友中透於學者同文外獨吾兄耳
同文字懷蘇福之與化人知祁門縣入爲刑部主事累轉至郡守與心隱友善懷蘇嘗言學
道人堆堆只在兄弟欵欵中未見有掙上父母欵者管志道字登之號東溟蘇之太倉人隆慶
辛未進士除南京兵部主事改刑部江陵秉政東溟上疏條九事以譏切時政無非欲奪其
威福歸之人主其中有憲綱一條則言兩司與巡方抗禮國初制也今之所行非是江陵卽
出之爲廣東僉事以難之使之爲法自斃也果未幾御史龔懋賢劾之謫鹽課司提舉明年
外計以老疾致仕萬歷戊申卒年七十三東溟受業於耿天臺著書數十萬言大抵鳩合儒
釋浩汗而不可方物謂乾元無首之旨與華嚴性海渾無差別易道與天地準故不期與佛
老之祖合而自合孔教與二教峙故不期與佛老之徒爭而自爭教理不得不圓教體不得
不方以仲尼之圓圓宋儒之方而使儒不礙釋釋不礙儒以仲尼之方方近儒之圓而使儒
不濫釋釋不濫儒唐宋以來儒者不主孔奴釋則崇釋卑孔皆於乾元性海中自起藩籬故

以乾元統天一案兩破之也其為孔子闡幽十事言孔子任文統不任道統一也居臣道不

居師道二也删述六經從遊七十二子非孔子定局三也與夷惠易地則為夷惠四也孔子

知天命不傳以理兼通氣運五也一貫尚屬悟門實之必以行門六也敦化通於性海川流

通於行海七也孔子曾師老聃八也孔子從先進是黃帝以上九也孔子得位必用桓文做

法十也按東溟所言亦只是三教膚廓之論平生尤喜談鬼神夢寐其學不見道可知泰州

張皇見龍東溟關之然決儒釋之波瀾是其派下人也泰州學案

王濯兩家各立宗旨濯氏門人雖不及王氏之盛然當時學於濯者或卒業於王者

或卒業於濯亦猶朱陸之門下遞相出入也其後源遠流長王氏之外名濯氏學者至今不

絕即未必仍其宗旨而淵源不可沒也甘泉學案

諸儒學案者或無所師承得之於遺經者或朋友夾持之力不令放倒而又不可系之朋友

之下者或當時有所興起而後之學者無傳者俱列於此上卷則國初爲多宋人規範猶在

中卷則皆驟聞陽明之學而駁之有此辨難足以發明陽明之學所謂他山之石可以攻

玉也下卷多同時之人半歸忠義所以證明此學也否則爲僞而已諸儒學案

今天下之言東林者以其黨禍與國運終始小人旣資爲口實以爲亡國由於東林稱之爲

兩黨即有知之者亦言東林非不爲君子然不無過激且倚附者之不純爲君子也終是東

漢黨錮中人物嗟乎此寐語也東林講學者不過數人耳其為講院亦不過一郡之內耳昔

緒山二溪鼓動流俗江浙南幾所在設教可謂之標榜矣東林無是也京師首善之會主之

為南皐少墟於東林無與乃言國本者謂之東林爭科場者謂之東林攻逆閹者謂之東林

以至言奪情奸相討賊凡一議之正一人之不隨流俗者無不謂之東林若是乎東林標榜

遍於域中延於數世東林何不幸而有是也然則東林豈真有名目哉

亦小人者加之名目而已矣論者以東林為清議所宗禍之招也子言之君子之道辟則坊

與清議者天下之坊也夫子之議臧氏之竊位議季氏之旅泰山獨非清議乎清議熄而後

有美新之上言媚閹之紅本故小人之惡清議猶黃河之礪砥柱也熹宗之時龜鼎將移其

以血肉撐拒沒虞淵而取墜日者東林也毅宗之變攀龍髯而蓼蟲蟻者屬之東林乎屬之

攻東林者乎數十年來勇者燔妻子弱者埋土室忠義之盛度越前代猶是東林之流風餘

韻也一堂師友冷風熱血洗滌乾坤無知之徒竊竊然從而議之可悲也夫　東林學案

今日知學者大概以高劉二先生並稱為大儒可以無疑矣然當高子遺書初出之時羲侍

先師於舟中自禾水至省下盡日翻閱先師時摘其闌入釋氏者以示羲後讀先師論學書

有答韓位者云古之有朱子今之有忠憲先生皆半雜禪門又讀忠憲三時記謂釋典與聖

人所爭毫髮其精微處吾儒俱有之總不出無極二字弊病處先儒具言之總不出無理二

字。其意似主於無此釋氏之所以爲釋氏也卽如忠憲正命之語本無生死亦是佛語故先

師救正之曰先生心與道一盡其道而生盡其道而死是謂無生死非佛氏所謂無生死也

忠憲固非佛學然不能不出入其間所謂大醇而小疵者若吾先師則醇乎其醇矣後世必

有能辨之者戊申歲義與惲日初同在越城半年日初先師高第弟子其時爲劉子節要臨

別拜於河滸曰初執手謂義曰知先師之學者今無人矣吾二人宗旨知先師之學者不可不

序嗟乎義豈能知先師之學哉然觀日初高劉兩先生正學說云忠憲得之悟其畢生黽勉

祇重修持是以乾知統攝坤能先師得之修其末後歸趣亟稱解悟是以坤能證入乾知夫

天氣之謂乾地質之謂坤氣不得不凝爲質質不得不散爲氣兩者同一物也乾知而無坤

能則爲狂慧坤能而無乾知則爲盲修豈有先後彼徒見忠憲旅店之悟以爲得之悟此是

禪門路徑與聖學無當也先師之愼獨非性體分明愼是愼個恁麼以此觀之日初亦便未

知先師之學也使其知之則於先師言意所在迎刃而解矣此義不序節要之意也惜當時

不及細論負此良友今所錄一依原書次第先師著述雖多其大概具是學者可以無未見

之恨矣蕺山學案

中華經典套書─語文類

國學治要 第四編 理學治要

作　　者／張文治　編
主　　編／劉郁君
美術編輯／中華書局編輯部

出 版 者／中華書局
發 行 人／張敏君
行銷經理／王新君
地　　址／11494 台北市內湖區舊宗路二段181巷8號5樓
客服專線／02-8797-8396　　傳　　真／02-8797-8909
網　　址／www.chunghwabook.com.tw
匯款帳號／華南商業銀行　　西湖分行
　　　　　179-10-002693-1　　中華書局股份有限公司

法律顧問／安侯法律事務所
製版印刷／維中科技有限公司　海瑞印刷品有限公司
出版日期／2015年11月三版一刷
版本備註／據1971年12月二版復刻重製
定　　價／NTD 410（平裝）

國家圖書館出版品預行編目（CIP）資料

國學治要：第四編 理學治要 ／ 張文治編. ─
三版. ─ 臺北市 ： 中華書局, 2015.11
　冊 ； 公分. ─（中華語文叢書）
　ISBN 978-957-43-2889-5(第4冊 ： 平裝)

1.漢學

030　　　　　　　　　　　　　104020474